CÉREBRO DE ESCASSEZ

OUTRA OBRA DE MICHAEL EASTER

A Crise do Conforto

MICHAEL EASTER
Professor no departamento de jornalismo da Universidade de Nevada

CÉREBRO DE ESCASSEZ

Ajuste a Sua Mentalidade de Desejo e Reprograme os Seus Hábitos para Prosperar com o Suficiente

ALTA BOOKS
GRUPO EDITORIAL
Rio de Janeiro, 2025

Cérebro de Escassez

ISBN: 978-85-508-2384-3

Alta Life é uma Editora do Grupo Editorial Alta Books.

Translated from original Scarcity Brain © 2023 by Michael Easter. ISBN 978-0-593-23662-8. This translation is published and sold by Penguin Random House, the owner of all rights to publish and sell the same. PORTUGUESE language edition published by Starlin Alta Editora e Consultoria Eireli, Copyright © 2025 by STARLIN ALTA EDITORA E CONSULTORIA LTDA.

Impresso no Brasil — 1ª Edição, 2025 — Edição revisada conforme o Acordo Ortográfico da Língua Portuguesa de 2009.

Dados Internacionais de Catalogação na Publicação (CIP)
(BENITEZ Catalogação Ass. Editorial, MS, Brasil)

E12c
1.ed. Easter, Michael
Cérebro de escassez : ajuste a sua mentalidade de desejo e reprograme os seus hábitos para prosperar com o suficiente / Michael Easter ; tradução Beatriz Bezerra. - 1.ed. - Rio de Janeiro : Alta Books ; Alta Life, 2025.
288 p.; il.; 15,7 x 23 cm.

Título original: Scarcity Brain
ISBN 978-85-508-2384-3

1. Autoajuda. 2. Cérebro - Desenvolvimento. 3. Felicidade - Aspectos psicológicos. 4. Mentalidade positiva. 5. Mudanças de hábitos. I. Bezerra, Beatriz. II. Título.

11-2024/63 CDD 158.1

Índice para catálogo sistemático:
1. Autoajuda : Mentalidade : Mudanças de hábitos : Psicologia 158.1

Aline Graziele Benitez - Bibliotecária - CRB-1/3129

Grupo Editorial Alta Books

Produção Editorial: Grupo Editorial Alta Books
Diretor Editorial: Anderson Vieira
Editor da Obra: Ibraíma Tavares
Vendas Governamentais: Cristiane Mutüs
Gerência Comercial: Claudio Lima

Produtor Editorial: Thiê Alves
Tradução: Beatriz Bezerra
Copidesque: Thaís Cotts
Revisão: Paulo Aragão
Revisão Técnica: Thabata Medeiros
Diagramação: Catia Soderi

ALTA BOOKS
GRUPO EDITORIAL

Rua Viúva Cláudio, 291 — Bairro Industrial do Jacaré
CEP: 20.970-031 — Rio de Janeiro (RJ)
Tels.: (21) 3278-8069 / 3278-8419
www.altabooks.com.br — altabooks@altabooks.com.br
Ouvidoria: ouvidoria@altabooks.com.br

Editora **afiliada à:**
ASSOCIADO

Para Leah, obviamente.

SUMÁRIO

INTRODUÇÃO

Nosso Cérebro de Escassez

Qutaiba Erbeed, meu guia no Iraque, é a pessoa mais cheia de lábia que conheço. Foi assim que logo me convenceu a ir a um complexo policial bem protegido na periferia de Bagdá.

Estávamos sentados sobre um banco em uma sala de espera improvisada. Fotos de terroristas e chefões do tráfico enchiam a parede atrás de nós. Cada foto mostrava um homem algemado, com armas e compostos químicos confiscados espalhados à sua frente. Sacos grandes de comprimidos, tijolos de pó, AK-47s, bombas improvisadas, lançadores de granadas com propulsão por foguete. Legendas em árabe apresentavam a pessoa, o local, a captura.

Uma televisão de circuito interno suspensa em um canto mostrava vídeos ao vivo das celas. Uma delas, fortemente vigiada, continha oito dos homens mais procurados e perigosos da região.

Esperávamos para conversar com Mohammed Abdullah, o chefe de repressão às drogas de Bagdá. Erbeed havia me convencido a ir para o Iraque com um "itinerário" detalhado, que dizia que ele havia providenciado todos os tipos de reuniões importantes, uma das quais acompanhar o time de elite de Abdullah enquanto atacavam células de traficantes e terroristas.

Mas depois de quatro dias no Iraque, nada havia acontecido. Quando cheguei e o paguei, Erbeed admitiu: "O itinerário foi… hum… *proposto.* Sim, foi uma *proposta.*"

Mas agora, parecia que ele havia convencido os melhores policiais de Bagdá a deixarem que os acompanhássemos. "Eles concordaram, mas devemos usar coletes à prova de balas", disse Erbeed, satisfeito consigo. "Agora esperamos a resposta final."

Enquanto aguardávamos sentados, detetives da divisão iraquiana de narcóticos — em trajes civis, bigodes grossos, com pistolas na cintura das calças jeans — saíam de seus escritórios como coiotes, todos tentando entender por que este americano desengonçado estava em sua sala de espera. Eles me cercavam, mas não interagiam. Em vez disso, todos conversavam, fumando um cigarro atrás do outro, e me olhavam de soslaio.

Finalmente um deles saiu de um escritório e se aproximou de nós. Começou a falar. "Vão nos acompanhar?", indagou. "Quem disse que vocês podem fazer isso? Não. Isso não pode acontecer. É muito perigoso."

"Perigoso como?", perguntei.

"Levei três tiros na semana passada", disse o policial. Erbeed e eu tentamos demonstrar tranquilidade.

"Os traficantes estão ficando mais violentos", continuou. "Muitos estão transportando e vendendo uma quantidade tão grande de droga que podem ser sentenciados à pena de morte. Assim, farão de tudo para escapar."

Erbeed e eu nos recompomos, conversamos e pensamos a respeito. Então explicamos que aceitávamos o risco e ficaríamos bem atrás deles.

O policial olhava nos meus olhos enquanto apontava metodicamente para três pontos em seu peito. "Eu estaria morto se não estivesse usando um colete à prova de balas na semana passada", disse.

Em seguida deu de ombros. "Mas tudo bem, vou solicitar."

Andou com cuidado até o escritório de Abdullah, batendo suavemente na porta e baixando a cabeça ao entrar.

Bagdá é considerado um bom lugar para jornalistas independentes serem sequestrados e vendidos para o Estado Islâmico, qualquer que seja o motivo pelo qual estejam lá. Eu estava pelas drogas.

Investigava a propagação de uma droga similar à metanfetamina, chamada captagon. Ela é pouco conhecida nos Estados Unidos, mas está causando estragos no Oriente Médio e se espalhando. O motivo de eu ter ido para o Iraque, no entanto, merece uma explicação.

A resposta curta: foi a pandemia, eu não estava pensando racionalmente. Mas há uma resposta mais longa.

Como jornalista científico e professor, tenho interesse em entender o comportamento humano. Todo mundo gosta de se dedicar ao desenvolvimento de novos hábitos bons. Mas quero entender como podemos superar os comportamentos que mais nos prejudicam. Porque esta é a questão: não importa o quanto nos esforcemos para desenvolver novos hábitos bons; se não superarmos os ruins, ainda estaremos com um pé no freio.

Eu havia começado a perceber um traço comum nos comportamentos que mais nos prejudicam. Podemos repeti-los rapidamente. Os piores hábitos são coisas que podemos fazer de novo e de novo em rápida sucessão — quase sempre em nosso detrimento. Esses comportamentos geralmente são divertidos e recompensadores no curto prazo, mas produzem efeitos negativos no longo prazo.

Todos fazemos coisas assim, de uma forma ou de outra. E mesmo que percebamos que esses comportamentos se tornaram contraproducentes, sentimos dificuldade em parar.

Todo mundo sabe que qualquer comportamento não é prejudicial se for realizado com moderação. Mas por que temos tanta dificuldade em moderar? Por que continuamos comendo mesmo quando estamos satisfeitos? Por que continuamos comprando mesmo quando já temos muito? Por que continuamos a beber mesmo quando já estamos meio bêbados? Por que continuamos nas redes sociais mesmo quando elas nos fazem sentir péssimos? Por que maratonamos mais um episódio mesmo quando sabemos que uma vida mais significativa está se passando além da tela? Por que ficamos presos? Presos ao fazer a mesma coisa pela qual nos arrependemos de novo e de novo.

Aprendi que esses comportamentos são, geralmente, reações a sentimentos de "escassez". E basta um pequeno "sinal de escassez" para provocá-los.

Um sinal de escassez é uma informação que dispara o que pesquisadores chamam de nossa mentalidade de escassez. Ele nos leva a crer que não temos o suficiente. Então instintivamente nos concentramos em obter ou fazer aquela coisa que, pelo que acreditamos, irá resolver nosso problema e nos fazer sentir completos.

Sinais de escassez são como o ar: sempre à nossa volta e dentro de nós. Eles podem nos alcançar por meio das propagandas, redes sociais, notícias, conversas com colegas de trabalho, caminhadas pelo bairro e muito mais. Podem ser diretos e amplos, como uma economia em queda ou uma pandemia global. Ou sutis e pequenos, como quando o nosso vizinho compra um carro novo e reluzente.

Nossa reação à escassez não é nada novo. É um sistema de comportamento antigo que evoluiu de forma natural na mente humana para ajudar nossos ancestrais a sobreviverem.

Cientistas detalharam nossa mentalidade de escassez e reação aos sinais de escassez em 1795. E agora o assunto é uma área de pesquisa intensa por psicólogos, antropólogos, neurocientistas, sociólogos, economistas e biólogos.

Hoje é reconhecido que, na maior parte da história humana, obedecer ao sinal de escassez e constantemente desejar e consumir mais nos manteve vivos. Evoluímos em ambientes difíceis que tinham uma coisa em comum: eram mundos de menos, mundos de escassez.

Coisas fundamentais à nossa sobrevivência, como comida, informação, influência, posses, tempo de vida, coisas que podíamos fazer para nos sentirmos bem — e muito mais — eram escassas, difíceis de encontrar e duravam pouco tempo. As pessoas que sobreviveram e transmitiram seus genes buscavam mais. Elas comiam mais, acumulavam coisas e informação, buscavam ter influência sobre outros e sobre os seus ambientes, e buscavam prazer e impulsos de sobrevivência em excesso.

A obediência a esses desejos evolutivos nos manteve vivos e ainda faz sentido para todas as espécies. Exceto uma.

Enquanto os humanos descobriram como fabricar coisas de maneira mais rápida e barata durante a Revolução Industrial, nossos ambientes de escassez rapidamente se tornaram ambientes de abundância. Nos anos 1970, os benefícios dessa revolução haviam alcançado a maioria das pessoas nos países desenvolvidos. Desde então, eles têm se espalhado pelo mundo.

Agora nós temos abundância — alguns chamam de sobrecarga — das coisas que a evolução nos fez desejar. Coisas como comida (principalmente as salgadas, gordurosas, açucaradas), posses (casas cheias de coisas compradas online), informação (a internet), reguladores de humor (drogas e entretenimento) e influência (redes sociais).

No entanto, ainda estamos programados para pensar e agir como se não tivéssemos o suficiente. Como se ainda estivéssemos naqueles tempos antigos de escassez. Aquele agrupamento de nervos de 1,5kg que fica no nosso crânio está sempre examinando o ambiente, captando e priorizando os sinais de escassez e nos fazendo consumir mais.

Ainda somos compelidos a comer mais do que nossos corpos precisam, a buscar impulsivamente mais informação, a comprar mais coisas desnecessárias, a obter mais influência sobre outros, a fazer o que pudermos para conseguir outro momento fugaz de prazer, a nos concentrarmos em alcançar o que não temos em vez de usar e desfrutar do que já possuímos. Nós temos um cérebro de escassez.

A ciência mostra que nosso cérebro de escassez nem sempre faz sentido no nosso mundo moderno de abundância. Agora ele geralmente trabalha contra nós e forças externas estão explorando-o para influenciar nossas decisões. Está na raiz dos comportamentos contraproducentes que não conseguimos nos livrar. Os hábitos que nos impedem de melhorar nossa saúde física e mental, nossa felicidade e capacidade de alcançar todo o nosso potencial. A adicção, a obesidade, a ansiedade, as doenças crônicas, as dívidas, a destruição do meio ambiente, as disputas políticas, as guerras e muito mais, não são todos gerados pelo nosso desejo por… mais?

A humanidade já experimentou grandes sinais de escassez. Mas a pandemia de covid-19 aconteceu em um momento estranho, no qual a tecnologia acelerou para entregar acesso abundante a tudo o que somos programados para desejar, enquanto também deu informações sem precedentes às empresas, sobre como poderiam aproveitar nosso cérebro de escassez para influenciar nosso comportamento, principalmente aqueles que podemos repetir várias vezes em sucessão rápida — quase sempre em nosso detrimento. É como se houvesse um padrão de comportamento maior em jogo… quase como um ciclo de escassez. Até comecei a chamar esse padrão observado de "ciclo de escassez". E ele parece ser um assassino em série da moderação.

A pandemia pode ter acabado, mas a onda de desejo e consumo que ela causou não diminuiu. Sempre quisemos mais. E sinais de escassez muito menores sempre orientaram sutilmente as nossas vidas. Eles nos levaram ao padrão de comportamento de ciclo de escassez, com consumo rápido e repetitivo até nos melhores momentos.

E é por isso que eu estava em um complexo policial em Bagdá. Suspeitava que o crescimento da nova droga captagon nessa cidade traiçoeira provocaria implicações em todos nós. Isso poderia nos ajudar a entender o que acontece quando nosso cérebro de escassez encontra uma abundância repentina de uma substância que pode nos levar a um ciclo de escassez — nos satisfazendo no curto prazo, mas nos prejudicando no longo prazo. E a partir dali eu poderia começar a desvendar o que podemos fazer em relação a todo tipo de comportamento contraproducente.

O Iraque era apenas um dos lugares que eu tinha que ir. Meu desejo de entender o cérebro de escassez e encontrar soluções para ele me levou a uma jornada de 2 anos e 64 mil km. Além de Bagdá, viajei para selvas da Bolívia, um monastério nas montanhas do Novo México, laboratórios em todo o país, interior de Montana e até mesmo para o espaço sideral (ou algo assim).

Queria entender o nosso cérebro de escassez, o ciclo de escassez e encontrar pessoas inovadoras que encontraram uma forma de fugir disso. Elas entendem as desvantagens de desejar mais. No entanto, também percebem que há algo muito errado na forma como tentamos solucionar muitos dos nossos problemas modernos.

Se e quando percebemos que o consumo excessivo está causando os nossos problemas, nos dizem que a solução é simplesmente buscar menos. Coma menos para perder peso. Compre menos coisas ou se desfaça daquelas desnecessárias para suscitar alegria. Passe menos tempo diante das telas para ser mais feliz. Trabalhe menos para evitar ansiedade e esgotamento profissional. Gaste menos dinheiro para organizar suas finanças ou remodelar seus negócios.

Entretanto, descobri que o menos traz o seu próprio conjunto de problemas. Novas pesquisas robustas mostram que buscar cegamente o menos pode nos tornar piores. Há momentos em que devemos buscar o excesso.

As pessoas que conheci na minha jornada estão fazendo as mais profundas e desafiadoras perguntas. Mas seus esforços revelam respostas que funcionam. Elas descobriram que a mudança permanente e a satisfação duradoura residem em encontrar o *suficiente*. Nem muito. Nem pouco. Alguns até inverteram o ciclo de escassez para um "ciclo de abundância", usando-o para fazer coisas mais benéficas.

A porta do escritório do coronel Mohammed Abdullah se abriu. A sala ficou em silêncio. O coronel apareceu.

"Onde está o americano?", ele perguntou. Todos olharam para mim.

O Ciclo de Escassez

Muito antes do Iraque, minha jornada começou na minha terra natal, Las Vegas, uma cidade que é para o cérebro de escassez o que a Cidade do Vaticano é para o catolicismo. Poucos lugares condensam tão bem, em apenas um lugar, a nossa moderna habilidade de consumir.

Mas de tudo o que essa cidade oferece, nada parece ser um gatilho maior para o cérebro de escassez do que os caça-níqueis. Las Vegas não foi construída com vencedores. Foi construída com rolos giratórios envoltos em caixas que zunem, tilintam e piscam, nas quais as pessoas jogam repetidas vezes — quase sempre em seu próprio detrimento. Isso explica por que as máquinas estão em todos os lugares.

Os cassinos da *Strip*[1] de Las Vegas são, sem surpresa alguma, vastos labirintos compostos delas. Mas caça-níqueis também estão presentes nos nossos postos de gasolina, mercados, bares, restaurantes e terminais de aeroporto. E as pessoas jogam neles em todas as horas do dia, por muitas horas. Jogam em mercados às 6h da manhã, no restaurante local no almoço ou no jantar. E uma vez vi um cara plantado diante de um caça-níquel em uma 7-Eleven encomendar uma pizza.

Perguntei para o caixa se isso era normal. "Está de brincadeira?", ele perguntou. "Nós temos clientes regulares."

---

[1] Avenida mais famosa de Las Vegas, também chamada de Las Vegas Boulevard, que concentra grandes hotéis e cassinos. [N. da T.]

Mas Las Vegas não é o único lugar cheio de pessoas regularmente irregulares. Há 34 estados que permitem caça-níqueis. E assim como Nevada, muitos estados permitem os caça-níqueis fora dos cassinos — em todos os cantos e recantos da vida diária. E tornam-se vacas leiteiras em todos os lugares que os colocamos.

As máquinas caça-níqueis produzem sozinhas mais de US$30 bilhões a cada ano nos Estados Unidos, ou cerca de US$100 por americano por ano. É mais do que gastamos com cinema, livros e música *juntos*. E o valor cresce 10% todo ano.

Queria entender o motivo. Por que as máquinas são tão cativantes? Imagine: deixar seus produtos perecíveis estragarem porque você foi sugado por um caça-níquel chamado *Kitty Glitter* no mercado, às 8h da manhã de uma terça-feira.

Comecei a entrar em contato com vários pesquisadores que estudam a adicção em jogo.

Foi um beco sem saída. Sem saída mesmo.

Os pesquisadores acusaram os cassinos de usarem métodos estranhos e quase subversivos para nos fazer jogar mais. Provavelmente todos nós já ouvimos falar sobre alguns deles. Por exemplo, um cientista me disse que cassinos removem os relógios para que percamos a noção do tempo enquanto jogamos. Outro pesquisador contra a prática de jogos de azar, um PhD, me disse: "Os cassinos nunca têm ângulos de 90°". O argumento foi que ângulos retos supostamente forçam a ativação da parte racional e de tomada de decisões do nosso cérebro. "Ângulos retos o tornam uma pessoa que toma decisões, o que poderia diminuir sua taxa de jogo na máquina", o pesquisador disse. Outro me explicou que as músicas dos caça-níqueis apenas tocam no agradável tom de C, conhecido por nos relaxar e, por sua vez, relaxar as nossas carteiras. Todas essas afirmações já foram reportadas amplamente em meios de comunicação como *The Atlantic* e *The New York Times*.

Mas nada muito conclusivo.

Um pouco de senso comum e algumas visitas a cassinos provaram que essas afirmações eram mitos ou práticas-padrão de negócios. Por exemplo: cassinos não colocam relógios em todas as paredes. Mas as lojas da Costco, Macy's e Home Depot também não. A maioria das empresas não colocam relógios em todos os lugares, creio eu, porque seres humanos usam relógios de pulso e celulares.

E quando visitei alguns dos cassinos mais lucrativos de Las Vegas, encontrei ângulos retos em todo lugar. Em todo lugar mesmo. Fala sério, as telas dos caça-níqueis são quadradas. Algumas áreas dos cassinos pareciam que foram projetadas por cubistas.

Até entrei em contato com Peter Inouye, um compositor de músicas para caça-níqueis. "Posso assegurar que nem sempre uso o tom de C", disse. Ele compõe os *jingles* das máquinas em todos os tons.

Entretanto, outra coisa misteriosa não parecia fazer sentido. A maioria daqueles mitos dos "truques subversivos" que os cassinos usam para nos fazer jogar nos caça-níqueis já eram falados desde, pelo menos, a década de 1960. No entanto, o jogo nessas máquinas não era popular naquela época. Elas não estavam ausentes somente em postos de gasolina ou supermercados; raramente se via uma nos cassinos.

Então, por volta de 1980, os caça-níqueis se espalharam como um vírus. Encheram os cassinos e passaram da baixa geração de renda para 85% da receita desses estabelecimentos.

Talvez seja por causa de todos aqueles ângulos retos que eu vi, mas tive um momento de epifania e racionalidade. Em vez de conversar com pessoas que querem nos fazer *parar* de jogar, eu precisava conversar com pessoas que queriam nos fazer *começar* a jogar. Tinha que fazer o que sempre leva um jornalista às melhores respostas. Precisava seguir o dinheiro.

Isso me levou a um curioso cassino a apenas 15 minutos da minha casa.

Era o mais novo e mais moderno da cidade. Tinha os caça-níqueis mais fascinantes, as mesas mais chiques, os quartos de hotel mais confortáveis e os melhores restaurantes que a indústria dos jogos de azar poderia oferecer.

Mas eis a questão: A maioria dos cassinos fará qualquer coisa para você entrar nele. Nesse, em especial — não diferente de uma delegacia em Bagdá —, você não é bem-vindo.

BAR

O Black Fire Innovation ergue-se como um cubo mágico gigante perto da beira do deserto de Mojave, em Las Vegas. O prédio tem 10 mil m^2 e 4 andares — todas as janelas são quadradas e suas linhas são *clean* e modernas. Está a poucos minutos de distância da rocha vermelha e dos cactos do deserto. Mas a paisagem rural se transforma em asfalto, e de lá todas as estradas levam ao coração da cidade.

Das grandes janelas de vidro do escritório de Robert Rippee, pude vê-la: a Strip de Las Vegas. Os raios incessantes do sol do deserto brilhavam nos seus hotéis-cassino. Catedrais do consumo vestidas de neon se estendiam pelos mais de 6km do Las Vegas Boulevard.

Rippee estava sentado à sua mesa, com as costas eretas. Havia diplomas de cursos de pós-graduação pendurados nas paredes de seu escritório. Mas ele não tinha um jeito "nerd", de PhD, como eu esperava. Óculos de grife transparentes emolduravam seu rosto, e contas de orações budistas envolviam seu pulso. Tinha um corpo de triatleta, uma barba com alguns fios grisalhos perfeitamente aparada e roupas feitas sob medida.

Esse ar de sofisticação vem dos anos em que ele foi executivo de um dos maiores e mais lucrativos cassinos da Strip de Las Vegas. O trabalho exigia que analisasse dados de comportamento humano e tomasse decisões que alterassem as ações de milhões de visitantes. Entrou para o mundo acadêmico após os 50 anos para estudar o assunto formalmente. Rippee queria entender, de maneira profunda, o que nos motiva.

Meia década antes do nosso encontro, ele almoçava com um executivo do Caesars, uma das maiores empresas de cassino do mundo. O Caesars possui mais de cinquenta propriedades de cassino espalhadas pelos Estados Unidos, onde apostadores gastam U$S10 bilhões por ano. Esse executivo reclamava sobre um problema específico.

O Caesars estava comprando todos os tipos de novas tecnologias que, disseram, melhorariam seus resultados financeiros. Por exemplo, um caça-níquel com características parecidas com um videogame, que faria as pessoas jogarem por mais tempo. Ou um rastreador de dados alimentado por inteligência artificial (IA) que criava perfis detalhados de visitantes individualmente, com base em como apostavam, comiam, bebiam e compravam, e então gerava gatilhos para que gastassem mais dinheiro no cassino.

Mas o Caesars não teria ideia da eficácia da nova tecnologia até gastar milhões de dólares para implementá-la. Era um tipo de aposta do próprio cassino. E, nesse caso, a casa estava perdendo.

E se, Rippee propôs, ele fizesse uma parceria com a Universidade de Nevada, Las Vegas? Era lá que Rippee e equipes de outros cientistas estudavam como a tecnologia afeta o comportamento humano em cassinos. A UNLV e seus vários outros parceiros de pesquisa são como uma mistura de Harvard, Cambridge e Área 51, que se uniram para moldar as decisões humanas na Strip de Las Vegas e além.

Sabem o que *funciona.* E isso não tem muito a ver com geometria ou notas musicais.

E se eles criassem um laboratório de cassino? E se construíssem um cassino, mas usassem-no totalmente para pesquisa? Criar um cassino de verdade, mas enchendo-o de PhDs, mentes brilhantes da tecnologia para estudar os participantes. Seria um lugar para testar jogos e como as pessoas apostam depois de receberem gatilhos óbvios versus subliminares. Ou investigar como os menores ajustes em um caça-níquel nos levam a fazer uma coisa ou outra. Poderia ser uma incubadora onde pessoas com uma grande ideia poderiam colaborar, encontrar financiamento de capital de risco e acessar as mentes de cientistas brilhantes e de membros da indústria.

O resultado é esse lugar. Black Fire Innovation. Um tipo de cassino além da imaginação.

"Nós somos um laboratório gigante que imita um hotel cassino na Strip de Las Vegas", disse Rippee. "Um lugar onde podemos explorar novas tecnologias, mudanças comportamentais e mais. Emulamos todo o hotel-cassino integrado. Desde os quartos até alimentos e bebidas, entretenimento, apostas e até mesmo as compras e sinalizações."

Rippee me disse isso enquanto saíamos do seu escritório até o lugar que era efetivamente um cassino. A exceção é que não havia gente fumando e havia mais dispositivos científicos e pessoas com nível mais elevado de formação.

"Esta área imita um *sportsbook*[2]", contou. Múltiplas *betting windows*[3] e quiosques se enfileiravam em uma parede. Cadeiras estofadas de couro cinza-escuro ficavam na frente de uma tela gigante, tão fina quanto um cartão de crédito, que transmitia um jogo Twins versus Yankees. Ao lado dela, telas menores informavam as apostas esportivas do dia. Astros -190 contra Rangers. Red Sox -125 contra Mariners. Mets empatam com Cardinals.

---

[2] Lugar onde um jogador pode apostar em diversas competições esportivas. [N. da T.]

[3] Áreas dos cassinos para apostas em eventos esportivos que são operadas por atendentes que auxiliam os jogadores a entenderem as opções de apostas, calcular probabilidades e processar transações de apostas. [N. da T.]

Então caminhamos até uma fileira de mesas de feltro verde revestidas de madeira escura e couro. Cadeiras de couro preto e vermelho as rodeavam. "Essas são mesas de jogos tradicionais onde podemos testar jogos novos, tecnologias e rastrear comportamentos", ele disse.

Rippee então apontou para uma máquina redonda rodeada por seis cadeiras com uma tela grande no meio dela. "Nós também temos mesas de jogos eletrônicos", comentou. Nelas, os participantes dos estudos apostam em telas individuais enquanto um distribuidor virtual na tela central maior embaralha cartas ou gira uma roleta. Pode acreditar que a revolução da IA não passou despercebida pela indústria de apostas.

Depois Rippee apontou para um corredor no canto mais distante da sala. No fim havia duas portas lado a lado, cada uma com uma entrada por cartão-chave. "Leva a dois quartos de hotel", disse. Perto ficava uma grande cozinha aberta. Atrás havia um bar de coquetéis. Depois uma cafeteria. Nesses lugares, pesquisadores podem testar como cada detalhe dos quartos do cassino, a alimentação e as bebidas influenciam toda a experiência de um visitante.

O tour continuou. Ele apontou para as paredes cheias de telas que exibiam anúncios de teste. Depois, para um espelho inteligente interativo projetado para guiar apostadores a pontos importantes do cassino. Depois, para um "saguão digital para experimentação técnica", observou. "E ali tem uma arena de *e-sports*."

"Portanto, a ideia geral", Rippee me contou, "é conseguir trazer um monte de pessoas e expô-las a cenários diferentes. Depois podemos medir suas expectativas e comportamento. A partir daí podemos entender como o comportamento muda conforme avançamos na tecnologia."

"E tudo isso é possível", continuou, "porque temos 73 empresas parceiras para nos proporcionar dinheiro e equipamento." O Caesars é o líder parceiro. Mas gigantes da tecnologia e dos jogos como Adobe, Intel, LG, Hewlett-Packard, Panasonic, Zoom, Boyd Gaming e DraftKings também investiram.

Os cassinos de Las Vegas não são mais locais administrados pela máfia, como já foram um dia. Agora são laboratórios de pesquisa e locais de teste. Vastos bancos de dados de comportamento humano. É por isso que, antes dos construtores trazerem mesas de dados e roletas para esse lugar, instalaram seu cérebro: um servidor de dados de supercomputação. Rippee apontou para ele.

O dispositivo vivia em uma sala de vidro com ar-condicionado e tinha o tamanho de quatro geladeiras. Ele zumbia, respirava. Fios de várias cores emergiam dele. Ficavam agrupados e rastejavam parede acima como veias, finalmente desaparecendo no teto.

Assim como os servidores de dados em toda Las Vegas, esse daqui estende seus tentáculos por tudo o que se passa. O que acontece em Vegas não fica mais em Vegas[4]. Toda ação humana e sua cadeia de reações resultantes vão para a nuvem, onde é vasculhada, revirada e superanalisada.

Rippee então me levou para o maior recurso desse lugar. A razão pela qual eu vim para cá. Um pilar para entender o passado, o presente, e o futuro do comportamento humano. Uma metáfora de uma nova era da humanidade onde somos compelidos a ter comportamentos que rapidamente repetimos, e repetimos, e repetimos. Por razões que podemos não entender completamente.

"Aqui estão os caça-níqueis", disse. Eles se enfileiravam em uma parede. Suas caixas cromadas brilhavam e suas telas pulsavam. "Mas eu quero que você converse sobre isso com outra pessoa", Rippee disse. "O nome dele é Daniel Sahl."

As pessoas que transformam a humanidade não são mais os barões do petróleo, como no início do século XX, nem os magnatas de Wall Street dos anos 1980.

São pessoas como Sahl. Tipos matemáticos que também "entendem o que vai fazer as pessoas engajarem", como ele diz. Sahl estava usando calças jeans e um casaco esportivo que cobria uma camiseta estampada com o logo do Pizza Planet, do filme *Toy Story*. Seu cabelo era bagunçado. Ele não fez contato visual ao passar pelos caça-níqueis e pelas mesas de cartas, dados e roleta enquanto andava comigo por seu laboratório.

Para entender por que somos compelidos tão profunda e rapidamente a buscar mais, você precisa entender a mecânica do ciclo de escassez. E não há maneira melhor de fazer isso do que desvendando uma mudança peculiar que ocorreu na indústria dos caça-níqueis nos anos 1980. Ela amplificou o ciclo de escassez e o tornou popular. Isso me trouxe ao Centro de Inovação em Jogos.

O Centro de Inovação em Jogos é parte do Black Fire Innovation, que começou em 2013, quando Sahl era um estudante de pós-doutorado que pesquisava

---

[4] Adaptação do ditado americano "*What happens in Vegas, stays in Vegas*", que significa "O que acontece em Vegas, fica em Vegas". [N. da T.]

como aplicar teorias de videogames em caça-níqueis. Era uma teoria não muito aceita na época, mas ele tinha um dom especial para inventar jogos de cassino que faziam as pessoas jogarem em rápida sucessão. Apenas dois anos depois, a UNLV deu o laboratório a Sahl.

Os jogos criados em seu laboratório arrecadaram quantias incontáveis de dinheiro. Milhões de dólares voltaram para ele. "Nós temos quase trinta patentes e o número continua crescendo. Vendemos mais de trinta jogos para cassinos em todo o mundo", Sahl me contou depois de sentarmos em uma mesa de cartas em forma de semicírculo no laboratório. "E todo esse dinheiro volta para o Centro e para os estudantes. Não é sempre que você pode assistir a uma aula, ter uma ideia e seis meses depois receber um cheque que equivale a um ano de mensalidade."

E os formandos do laboratório não acabam trabalhando apenas nos maiores cassinos do mundo, fabricantes de caça-níqueis e aplicativos de apostas. Eles também seguem o dinheiro. Estão desenvolvendo novas tecnologias de modificação de comportamento para empreiteiros militares dos EUA, autoridades policiais, startups de tecnologia e grandes varejistas da internet. Imagine que possa projetar um jogo tão envolvente que uma pessoa irá jogá-lo centenas de vezes, mesmo sabendo que provavelmente perderá dinheiro. Nesse caso, você pode projetar produtos que fazem as pessoas repetirem outros tipos de comportamentos também. Esses formandos são os futuros cultivadores da mentalidade de escassez.

Nos anos 1970, executivos de cassinos ignoravam os caça-níqueis e os deixavam nos cantos. Charles Hirsch, executivo de cassino da Las Vegas dos anos 1970, chamou os caça-níqueis de "brinquedos para ocupar e distrair os amigos e a família dos verdadeiros clientes do cassino — os jogadores de cartas e dados".

Jogos de cartas e de dados geravam muito mais dinheiro para os cassinos naquela época. Os apostadores preferiam esses jogos porque faziam barulho, eram sexys e emocionantes. Além disso, esses "jogos de mesa" permitiam que os apostadores experimentassem a emoção de uma vitória quase metade das vezes em que jogavam. Eles tinham 40% a 49% de chances de ganhar qualquer jogo.

Os caça-níqueis, por outro lado, eram entediantes. Por isso, poucas pessoas jogavam. As máquinas eram complexas e quietas engenhocas analógicas. Os apostadores sentavam sozinhos em silêncio, puxando uma alavanca e assistindo rolos de aço feios girarem. Então *clunk, clunk, clunk* — os rolos paravam. E provavelmente o apostador perderia.

Esse era o maior problema. Os jogadores podiam apostar em apenas uma combinação de símbolos em cada jogo. Portanto, para ganhar, o jogador precisava que os símbolos certos se alinhassem perfeitamente na linha do meio. Isso acontecia com raridade: apenas 3% das jogadas em um caça-níquel eram vitoriosas.

O senso comum diz que nós logo paramos de fazer algo que não nos dá nada. Um século de pesquisas psicológicas também confirma isso. Por exemplo, se girarmos a chave do nosso carro e o motor não ligar, podemos girá-la mais algumas vezes. Mas se nada acontecer, não vamos continuar girando a chave. Vamos desistir e abrir o capô ou chamar um reboque.

Os psicólogos chamam de "extinção" esse ato de abandonar os comportamentos que não recompensam. Isso aparece em todos os animais que estudamos. E quando se tratava de causar extinção, os caça-níqueis daquela época eram como o cometa que aniquilou os dinossauros. Eles eram tão bons em causar extinção que muitos não tinham nem cadeiras. Poucas pessoas jogavam neles tempo suficiente para precisarem sentar.

Então chegou um homem chamado Si Redd. Isso foi por volta de 1980. Redd, nascido em 1911, era filho de um pobre meeiro do Mississippi. Crescer durante a Grande Depressão havia alterado sua psique. Isso o marcou com uma determinação e energia implacáveis que ele focou completamente em ficar rico. Com apenas 18 anos, começou a construir um império de máquinas de *pinball* e *jukeboxes* no Sul e Nordeste. Redd teve tanto sucesso que, no fim dos anos 1950, a máfia fez uma proposta injusta: venda-nos o seu negócio ou te matamos.

Por isso, ele levou seus talentos para Las Vegas. Redd perambulou pela cidade em ternos de poliéster marrom, óculos escuros grandes e gravatas *bolo tie* cravejadas com pedaços de turquesa do tamanho de bolas de golfe. Uma mistura de caubói com *Rat Pack*[5]. Vegas à moda antiga.

No fim dos anos 1970, Redd percebeu que o novo videogame Atari prendia a atenção das crianças por horas. Para ele, isso era bobagem — porque quando essas crianças ganhavam em um jogo de videogame, elas não ganhavam nada tangível. Mas isso lhe deu uma ideia.

---

[5] Apelido dado a um grupo de artistas populares das décadas de 1950 e 1960 nos Estados Unidos. [N. da T.]

Redd entendeu a psicologia da extinção. Ele sabia que passar por muitas perdas seguidas não era divertido. Apostar é muito mais interessante quando estamos vencendo — mesmo que essas vitórias sejam pequenas.

Ele se perguntou se conseguiria digitalizar os caça-níqueis. Em vez daqueles rolos analógicos desajeitados que ofereciam apenas uma linha de símbolos para apostar e péssimas chances, Redd começou a fabricar caça-níqueis com telas. Isso queria dizer que quando os jogadores puxassem a alavanca, um computador seria acionado e os "rolos" apareceriam girando na tela.

As telas abriram um mundo de possibilidades para apostar e vencer. Ele programou as máquinas para que os jogadores pudessem apostar em mais de uma combinação, ou linha, de símbolos por jogo. Algumas permitiam que os jogadores apostassem em cem linhas de símbolos em um único jogo. Imagine todos os tipos de linhas inconstantes percorrendo uma grade de símbolos de cinco por cinco. Linhas retas, linhas inclinadas para baixo, linhas inclinadas para cima, linhas em forma de V, linhas em forma de M e muito mais. E *qualquer* uma delas podia dar a vitória.

Apostando um ou cinco centavos em cada uma das dez, vinte, quarenta, ou até mesmo cem linhas diferentes em todos os jogos, os jogadores tinham mais probabilidade de ganhar *alguma coisa* em uma linha ou duas. As chances de vencer em qualquer caça-níquel disparou para cerca de 45%.

Poderia ser uma grande vitória. Entretanto, quase sempre era bem menos dinheiro do que a aposta original. Por exemplo, um jogador podia apostar US$1 e "ganhar" 50 centavos.

Achar que isso era uma "vitória" pode parecer estranho. Burrice total, até. Mas a ciência que remonta aos anos 1950 confirma que Redd sabia de algo fundamental sobre o comportamento humano. Ele entendia que o cérebro humano não enxerga esse resultado como *perder* 50 centavos. Isso leva a ignorar o US$1 investido e a enxergar como *ganhar* 50 centavos. Os cassinos chamam ganhar menos do que apostamos de "perdas disfarçadas de vitórias".

Pesquisadores da Noruega descobriram recentemente que os nossos cérebros respondem a essas "perdas disfarçadas de vitórias" como pequenas vitórias, ao invés de pequenas perdas. Elas nos levam a jogar por mais tempo e gastar mais dinheiro porque mantêm a esperança, o suspense e a animação.

Depois de aproveitar essa peculiaridade do cérebro, Redd a intensificou, apropriando-se de uma "jogada" retirada da psicologia. Fez com que as máquinas quase induzissem a pessoa a ter um ataque epiléptico. Os caça-níqueis digitais permitiram adicionar sons animados e barulhentos, luzes piscantes claras e gráficos de tela interessantes. Ele programou as máquinas para emitirem aqueles barulhos, luzes e gráficos animadores tanto para "vitórias" verdadeiras *quanto para* "perdas disfarçadas de vitórias". O que acontece depois, os psicólogos chamam de *condicionamento*. Assim como os cachorros de Pavlov salivavam com o som de um sino, os humanos começaram a associar as reações fantásticas das máquinas não apenas a vitórias grandes e verdadeiras, mas também a perdas disfarçadas de vitórias.

Para entender essa mudança, digamos que vamos jogar em um caça-níquel antigo e em um caça-níquel de Redd. Vamos fingir que temos US$10 e apostamos US$1 em cada jogo. Isso é o que iria acontecer:

Nos caça-níqueis antigos

Jogo: Perda, perda, perda, perda, perda, perda, perda, perda, ganho de US$2, perda, perda, perda, perda.

Resultado líquido: Perda de US$10.

Tempo total de jogo: 1 minuto.

Animação e probabilidade de jogar novamente: Preferiríamos nos submeter a um canal dentário.

Caça-níqueis de Redd

Jogo: Perda, ganho de US$0,50, ganho de US$0,80, ganho de US$1,50, perda, ganho de US$0,40, perda, ganho de US$0,80, ganho de US$0,25, perda, perda, ganho de US$4,00, perda, ganho de US$0,50, ganho de US$6,00, perda, perda, ganho de US$0,20, perda, perda, e assim vamos até...

Resultado líquido: Perda de US$10.

Tempo total de jogo: 15 minutos.

Animação e probabilidade de jogar novamente: Posso pegar US$10 emprestado?

Os caça-níqueis passaram de uma queima rápida e entediante para uma chama longa, lenta, cativante e divertida. Uma que nos faz jogar de novo. Às vezes até saímos com mais dinheiro do que quando começamos.

Para quem não aposta, jogar com perdas disfarçadas de vitórias pode parecer irracional. Mas isso é o básico do comportamento humano. Vamos voltar para o exemplo do nosso carro ruim. Imagine que giramos a chave do carro e nada acontece. Então giramos a chave de novo. Nada. Mas quando giramos a chave pela terceira vez, o motor dá partida e gira por um segundo, fazendo sons como se fosse ligar. Em seguida, fica em silêncio e não funciona. Com essa "perda disfarçada de vitória" nós vamos, com certeza, girar a chave de novo imediatamente. Vamos ficar lá sentados girando a chave enquanto o motor nos der sinais de vida. É o conjunto de muitas tentativas fracassadas que nos leva a abrir o capô ou chamar um reboque. Um motor fastidioso mantém a nossa atenção por mais tempo do que um que não funciona.

Ao tornar as "vitórias" frequentes e adicionar luzes, sons e gráficos interessantes, Redd solucionou o problema de tédio dos caça-níqueis.

Mas ele tinha mais um problema para solucionar. As pessoas não *perceberam* que seus novos caça-níqueis eram tão divertidos. Elas ainda achavam que eram bandidos entediantes de um braço só. Redd precisava atrair as massas.

As telas e a digitalização permitiram que ele solucionasse aquele problema da mesma forma que solucionamos muitas questões. Com dinheiro.

As chances de *jackpot* das máquinas antigas eram determinadas pelo número de símbolos que os engenheiros conseguiam fazer caber em um rolo. Esses jackpots eram bons — talvez de US$500 a US$1 mil. Mas qualquer idiota poderia ganhar essa quantidade de dinheiro com mais facilidade se apostasse US$100 e tivesse sorte em alguns jogos de *blackjack* ou roleta.

Os caça-níqueis digitais poderiam ser programados com quaisquer chances que Redd quisesse. Digamos uma em 250 mil chances de um jackpot. Isso lhe permitiu oferecer prêmios maiores. Os jackpots médios das novas máquinas dispararam para a faixa de cinco e seis dígitos. Redd até conectou as máquinas em todo o estado de Nevada e juntou seu dinheiro para oferecer jackpots multimilionários. Ele chamou isso de "jackpots progressivos de grande área". É como se fosse um *Powerball*[6] dos caça-níqueis.

Essa oportunidade de ganhar um jackpot que poderia mudar a sua vida apostando apenas US$1 atraiu as massas para experimentarem os caça-níqueis. Como quando o prêmio do Powerball alcança nove dígitos, e no seu posto de gasolina local há uma fila de pessoas do lado de fora da porta, se amontoando para comprar bilhetes de loteria.

Mais pessoas experimentaram os caça-níqueis. E uma vez que começaram, se divertiam e continuavam jogando. Os jogadores dos caça-níqueis sabiam que iam ganhar rápido. Mas quão rápido? E quanto iriam ganhar? A sua aposta de US$1 os retornaria 40 centavos? Ou US$40 milhões, como aconteceu com um desenvolvedor de software de 25 anos que ganhou essa quantia em um "jackpot progressivo de grande área" em um cassino de Las Vegas em 2003?

Redd não parou ali. Estava sempre à procura do próximo gatilho que faria as pessoas jogarem mais. Aquelas alavancas complexas em caça-níqueis podiam fazer com que o jogo parecesse um trabalho manual. Então livrou-se delas e adicionou os botões Girar. Ele não se importava com seu braço cansado, mas se importava com seu resultado financeiro. Botões Girar permitem que o apostador vá mais rápido para o jogo seguinte. O apostador médio passou de trezentos jogos em uma hora para novecentos jogos.

As máquinas de Redd deslancharam. As pessoas imploravam para jogar nelas. Executivos dos cassinos aumentaram em cinco vezes o número de caça-níqueis em seus andares de jogos. Redesenharam os andares dos cassinos para colocar os caça-níqueis na frente e no centro. Eles até tiveram que encomendar milhares de cadeiras porque os apostadores das máquinas jogavam por horas e precisavam se sentar.

Todo mundo ficou rico. Exceto você, eu e todos que jogaram nos caça-níqueis.

A revolução das máquinas de Redd foi uma daquelas mudanças drásticas que acontecem uma vez em um século. Assim como quando a Netflix permitiu que seus clientes assistissem seus filmes via *streaming*, em vez de enviá-los na forma de DVDs, mudando para sempre a forma como consumimos televisão e filmes. Ou quando a Amazon pensou em vender mais do que apenas livros e mudou nossa forma de comprar.

---

[6] Loteria americana. [N. da T.]

Redd havia explorado instintivamente uma peculiaridade poderosa da mente humana. Os comportamentos que temos em rápida sucessão — desde apostar, até comer demais, até comprar demais, até maratonar séries, até beber demais, e muitos outros — são alimentados por um "ciclo de escassez". Ele tem três partes.

Oportunidade → *Recompensas Imprevisíveis* → *Repetibilidade Rápida*

Esse ciclo é o maior gatilho da mentalidade de escassez. O que Redd descobriu foi o consumo repetido quase compulsivo. Não importa o comportamento, quanto mais temos a oportunidade e o desejo de repeti-lo rapidamente, maior é seu efeito em nós.

A intuição de Redd, de como a mentalidade de escassez funciona e o que a desperta, aumentou a renda dos caça-níqueis em dez vezes e tornou os jogos de mesa um espetáculo secundário.

Agora, novas gerações de engenheiros de comportamento como Sahl estão refinando o trabalho de Redd. Usam um século de pesquisas psicológicas e dados de cassinos para otimizar o ciclo de escassez e tornar os jogos ainda mais atraentes. Tudo para aumentar a ligeira vantagem da casa.

Depois de Sahl falar tudo sobre o sucesso do laboratório, ele queria conversar sobre matemática. Essa era sua zona de conforto.

"Todo jogo de cassino devolve uma média de 87 a 98 centavos para cada dólar que um jogador aposta", contou. Isso dá aos cassinos uma margem de cerca de 7%. É uma quantia relativamente baixa. Os lucros estão no volume. Fazer muitas pessoas jogarem por muito tempo.

Agora ao ciclo de escassez. Sahl começou a descrever por que apostas em caça-níqueis são tão atraentes. "Quando os rolos estão girando, o que acontece no jogador é...", disse enquanto olhava para a mesa. Então parou.

"Aqui, deixe-me mostrar para você", disse. Sahl levou-nos até uma máquina. O nome do jogo era *Scarab*. Seu tema era o Egito antigo. A tela mostrava símbolos decorativos que pareciam hieróglifos. Sahl começou a golpear o botão Girar da máquina.

Os rolos giraram na tela da máquina enquanto ela projetava uma enxurrada de sons e brilhos dourados, concentrando nossa atenção nos símbolos valiosos. Então Sahl começou uma introdução sobre os caça-níqueis e o seu poderoso uso do ciclo de escassez.

1. Oportunidade

A primeira parte do ciclo de escassez é a oportunidade. Uma oportunidade de conseguir algo de valor que melhore a nossa vida.

Mas essa oportunidade vem com um risco. Nós podemos conseguir algo de valor. Por exemplo, dinheiro, posses, comida, ou até mesmo status. Mas nós também podemos não conseguir — ou até perder.

"Jogos de azar são muito atraentes porque há um risco quantificável associado à recompensa", Sahl me contou. "Não é possível apenas ganhar. Também é possível perder algo que tem valor para a sociedade. Dinheiro é tangível. Os riscos e oportunidades estão claros."

Uma pesquisa realizada na Universidade de Columbia confirma essa afirmação. Os cientistas descobriram que, quanto mais um evento pode levar a recompensas ou perdas claras — por exemplo, ganhar um jackpot ou saber o resultado de um diagnóstico médico —, mais entramos em um estado de fixação parecido com um transe enquanto esperamos pelo resultado.

2. Recompensas Imprevisíveis

A segunda fase do ciclo de escassez são as recompensas imprevisíveis. As recompensas de ações cotidianas são previsíveis. Se nós sentimos uma coceira e a coçamos, sabemos que será aliviada. A recompensa, a coceira aliviada, é previsível.

Mas décadas de pesquisas mostram que essas recompensas previsíveis podem ser entediantes.

Recompensas *imprevisíveis*, por outro lado, não são. Se sabemos que vamos ganhar uma recompensa mas não temos certeza de quando,

> somos atraídos. Experimentamos um tipo de emoção, uma ansiedade de suspense conforme esperamos para ver se essa ocasião entregará tal recompensa. Nossos cérebros se concentram na imprevisibilidade. Eles naturalmente reprimem os sistemas que absorvem outras informações e nos concentramos no que é imprevisível. Um estudo descobriu que recompensas imprevisíveis "despertam aspectos fundamentais da emoção e cognição humanas".

Entre os giros, Sahl explicava os detalhes dessa segunda fase do ciclo de escassez. Sua atenção se voltava para mim com uma frequência suficiente para me lembrar de que ele não me ignorava completamente para jogar no caça-níquel. "A chave da aposta é que você está antecipando uma recompensa", disse. "Você sabe que uma hora vai ganhar uma recompensa, mas não sabe quando ou o que exatamente será."

Ele apertou de novo o botão Girar. "Com esse giro", disse enquanto os rolos giravam e começavam a parar, "vamos ficar decepcionados? Ou vamos ficar felizes? E vamos ficar apenas um pouco felizes ou vamos ficar muito, muito felizes? É isso que anima. O resultado de um giro pode resultar em nada. Ou pode transformar a sua vida."

E há, Sahl me contou, outras formas de aumentar a antecipação das recompensas imprevisíveis. Ele elabora com maestria como uma potencial vitória se desdobra.

Lembre-se de que comportamentos cotidianos ocorrem da mesma forma todas as vezes, como o nosso exemplo da coceira. Os caça-níqueis mudam essa dinâmica.

Sahl apertou o botão Girar da máquina *Scarab*. Seus cinco rolos começaram a girar. Os rolos um, dois e três pararam mostrando símbolos que indicavam o início de uma combinação vitoriosa. "Então agora nós conseguiremos uma grande vitória se os últimos dois rolos pararem nos símbolos certos", disse. "Mas como designer de jogos, não quero que esses dois rolos finais realizem os movimentos-padrão e parem rapidamente, com a mesma velocidade que parariam se os primeiros três rolos indicassem uma perda. Quero estender essa experiência de vitória potencial."

Os dois rolos restantes continuaram a girar por muito mais tempo do que o normal. Uma luz branca cintilante delineou o quarto rolo, iluminando nossos rostos enquanto a máquina girava e emitia uma música fantástica e misteriosa com o tema do Egito antigo.

Para falar a verdade, eu estava cativado. Com certeza meu rosto parecia estar sendo iluminado por uma nave espacial marciana. Não estava prestando muita atenção quando Sahl disse alguma coisa do tipo "então o que está acontecendo agora é que isso está aumentando o suspense e nos mantendo na experiência por mais tempo e de forma mais intensa".

Esses momentos em que esperamos para descobrir o resultado de uma recompensa imprevisível são, de fato, tão emocionantes que neurocientistas de Stanford descobriram que eles se tornam recompensadores por si mesmos. Os circuitos de emoção e recompensa do cérebro reagem com mais intensidade durante os momentos em que estamos esperando para saber se vamos receber uma recompensa.

O quarto rolo parou. Nós ainda podíamos ter uma vitória. A música continuou e a luz mudou para circular o quinto rolo, que girava e girava.

"Droga!" gritei, me surpreendendo quando o último rolo parou. Não conseguimos o símbolo que nos daria uma grande vitória.

"Não, nós não ganhamos", disse Sahl, sem reagir ao meu ataque. "Você sabe que não estávamos jogando com dinheiro de verdade, não sabe?"

Eu apenas sorri e dei de ombros. Uma vitória é uma vitória. Sahl continuou: "Veja... nós *quase* ganhamos, mas perdemos". O motor, apesar de todos os barulhos que indicavam o contrário, parou.

"Cassinos chamam o que acabou de acontecer de uma situação de 'quase acerto'", Sahl explicou. "E quase acertos são importantes. Aparecem em todos os jogos, mas são essenciais nos caça-níqueis. Proporcionam entretenimento, emoção, estímulo e fazem com que as pessoas joguem de novo rapidamente. Mas em caça-níqueis, perdas são matematicamente muito mais prováveis de ocorrer do que vitórias, portanto, você se diverte, mas a casa não tem que te pagar nada."

A ideia de que um quase acerto nos leva a jogar de novo imediatamente é mais uma daquelas coisas que parecem estranhas, mas não são. Psicólogos observam isso há décadas. Eles até conseguem representar isso em gráficos. Digamos que façamos algo e esperamos que alguma coisa aconteça. Se essa "coisa" não acontecer, imediatamente repetimos o comportamento. Rápida e intensamente. Por exemplo, nós apertamos um botão de elevador. Se o botão não acender, nós rapidamente apertamos o botão várias vezes seguidas. Outro exemplo: Uma criança chama "Mãe" e é ignorada. Ela continuará chamando "Mãe. Mãe. MÃE, MÃE, MÃE, MÃE..."

Engenheiros de caça-níqueis recorrem a uma matemática elegante que resulta em situações de quase acertos constantes, fazendo com que as pessoas joguem de novo mais rápido. Equipes de cientistas em Israel e no Canadá descobriram que quase acertos frequentes — a mesma quantidade que vemos nos caça-níqueis modernos — levam as pessoas a apostarem por 33% mais tempo. Os cientistas escreveram que quase acertos "revigoram o jogo", porque os nossos cérebros registram esses quase acertos da mesma forma que as vitórias. Como Sahl disse, as situações de quase acerto se tornam divertidas e recompensadoras por si mesmas, ainda que percamos.

Agora que o nosso jogo havia acabado, o caça-níquel *Scarab* estava quase sem vida. "Você vê como a máquina ficou quieta quando o último rolo não fez uma combinação vitoriosa?" Sahl perguntou. "Isso foi de propósito. Nós perdemos. Próximo jogo. Por que iríamos querer chamar atenção para um resultado decepcionante?"

"Mas se tivéssemos ganhado", disse Sahl, "aquela experiência seria prolongada ainda mais. Se você conseguir uma combinação de símbolos que te paga 150 vezes o que apostou, vou mostrar aquelas luzes e barulhos e projetar gráficos especiais na tela pelo maior tempo que puder. Quero te contar isso em uma história de dois minutos." Tudo se torna um espetáculo além do dinheiro que ganhamos, fazendo com que apertar aquele botão Girar de novo seja ainda mais atraente.

3. Repetibilidade Rápida

A terceira fase do ciclo de escassez é a repetibilidade rápida.

A maioria dos comportamentos cotidianos possuem um início e um fim claros e não os repetimos imediatamente.

Se temos uma coceira, coçamos e ela acaba. Ou se nossas mãos estão sujas, nós as lavamos e elas ficam limpas. Não temos nenhum motivo para nos coçar ou lavar as mãos segundos depois. Na verdade, repetir rapidamente esses comportamentos pode nos fazer mal; iríamos arrancar a nossa pele ou lavar nossas mãos até se desgastarem. (E se continuarmos, chamamos esse comportamento de compulsivo.)

Ciclos da escassez, por outro lado, são repetíveis imediatamente. Nós vemos a oportunidade, às vezes recebemos recompensas e fazemos tudo de novo. Quantas vezes quisermos.

Sahl apresentou um monte de material técnico sobre o "intervalo de repetição" e "reforço". Mas a conclusão é que repetibilidade mais rápida é melhor.

"As pessoas hoje realmente tomam decisões que envolvem oportunidade e recompensas imprevisíveis, como nossas escolhas de dieta, planejamento financeiro ou a compra de uma casa. Mas nós raramente obtemos as soluções de forma rápida", ele falou. "Pode levar dez, trinta ou até cinquenta anos para sabermos se a nossa casa é uma mina de ouro ou um buraco financeiro, ou se a nossa dieta resultou em saúde ou doença."

Jogos de azar são diferentes, me disse Sahl. Caça-níqueis permitem que saibamos em segundos se a oportunidade nos recompensou e nos incentivam a jogar de novo imediatamente. Pesquisas mostram que quanto mais rápido pudermos repetir um comportamento, maior a probabilidade de repetirmos. A velocidade mata. A intuição de Redd de diminuir o tempo entre jogos provou-se certa.

E é isso. Essas são as três condições para que um comportamento caia no ciclo de escassez: oportunidade, recompensas imprevisíveis e repetibilidade rápida.

Mas como saímos dele? Uma pessoa presa no ciclo de escassez para somente por três motivos, todos os quais freiam o ciclo.

Primeiro, a oportunidade pode acabar. Para apostadores, isso pode acontecer quando o dinheiro acaba ou, em uma ocasião mais rara, quando se ganha tanto dinheiro que ele se sente satisfeito para parar.

Segundo, as recompensas podem parar de chegar. Para um apostador, isso significa sofrer muitas perdas seguidas, o que explica por que tão poucas pessoas jogavam nos primeiros caça-níqueis.

Terceiro, a repetição pode parar de ser rápida. Isso é mais raro para os apostadores, mas pode acontecer quando se está fisicamente cansado ou se o botão de Girar começar a travar.

Para Sahl e eu, foi a primeira opção. Acabou o dinheiro falso que havíamos colocado na máquina. "Bem", ele disse, "isso foi divertido. Quer jogar em outra máquina?"

Todos os jogos de cassino podem nos levar ao ciclo de escassez. Blackjack e dados, por exemplo, têm oportunidade, recompensas imprevisíveis e repetibilidade rápida. É por isso que eram os carros-chefe dos cassinos antes de Si Redd chegar.

Mas os caça-níqueis venceram porque amplificaram o ciclo. Mais, mais rápido e com mais intensidade. Por exemplo, o jogador médio de blackjack pode jogar de 60 a 105 mãos em uma hora. Mas nesse mesmo tempo, um jogador médio de caça-níquel joga de seiscentos a mil jogos. Digamos que ele está apostando quarenta linhas em um jogo, o que é um número normal. Isso representa de 24 mil a 40 mil apostas individuais — com uma fantástica gama de recompensas imprevisíveis.

"Ok, interessante", eu disse a ele. "Mas por que as pessoas jogam nos caça-níqueis mesmo sabendo que provavelmente não recuperarão o dinheiro?"

"Você está certo ao afirmar que todo mundo sabe que a casa sempre ganha", disse Sahl. "Mas está fazendo a pergunta errada. Está presumindo que as pessoas apenas jogam para ganhar. As apostas nos permitem experimentar riscos e emoções, e isso é divertido."

Pesquisas, de fato, mostram que a maioria das pessoas não apostam com uma quantia de dinheiro que irá afetar suas finanças. Na verdade, apostar é um hobby.

De uma perspectiva econômica, qualquer hobby que custa tempo ou dinheiro é uma empreitada em que perdemos. Da mesma forma, o apostador poderia perguntar: "Por que pagar US$50 em um ingresso de show se você sabe que não vai recuperar o dinheiro? Por que pagar US$100 para jogar uma rodada de golfe se sabe que não vai recuperar o dinheiro?"

Se um apostador perde dinheiro jogando num caça-níquel mas ainda assim se diverte, de certa forma, tem uma vitória. Se acontecer de sair do cassino com mais dinheiro, ele tem uma vitória dupla.

Veja, essa é a questão: Cair no ciclo de escassez pode ser divertido. A combinação de oportunidade, recompensas imprevisíveis e repetibilidade rápida proporciona a estrutura para o jogo perfeito. Mas se jogarmos com muita frequência e recorrermos a isso por razões além da diversão, os problemas podem se acumular, me disse Sahl.

"Apostas em caça-níqueis dependem de um sistema extremamente poderoso", ele disse. "Extremamente poderoso. Com certeza há algumas pessoas que apostam usando uma grande quantia da sua renda e eu tenho pena delas."

E Redd também tinha. Quando os índices de problemas com apostas dispararam graças aos seus novos caça-níqueis, muitas pessoas o acusaram de alimentar a adicção. Em 2001, dois anos antes de sua morte, um jornalista do *Las Vegas Sun* perguntou a ele sobre isso. "É claro que me machuca quando essas coisas são ditas, eu acho que é porque é verdade. Nunca quis que isso acontecesse. Nunca imaginei o sucesso que essas máquinas teriam." Cerca de 1% a 2% da população em geral se classifica como apostador compulsivo.

Comecei a pensar sobre alguns dos meus próprios comportamentos do presente e do passado. Estou me recuperando do alcoolismo desde 2014. Como sem pensar. Rolo a tela sem parar. Compro pela *Amazon Prime* para me distrair do trabalho intenso e difícil. Será que algumas dessas coisas, ou todas elas, estão conectadas ao meu cérebro de escassez e à tendência de cair no ciclo de escassez?

Antes de ir embora, eu tinha mais uma pergunta para fazer a Sahl. "Entendo que apostar é divertido", falei. "Mas por que isso é tão envolvente? Qual a razão mais profunda?"

Ele apenas deu de ombros. Eu teria que conversar sobre isso com outra pessoa.

Como o Ciclo de Escassez nos Prende

Thomas Zentall começou a estudar psicologia nos anos 1960. Enquanto outras pessoas de vinte e poucos anos na Baía de São Francisco usavam ácido ou participavam de protestos, ele cursava o PhD na Universidade da Califórnia, Berkeley. Formou-se em 1968, enquanto acontecimentos como o incidente do Golfo de Tonquim[1] e o programa MK-Ultra[2] da CIA revelavam à nação que forças maiores do governo e das corporações geralmente nos arrastam em direções que nem sempre temos ciência.

Zentall agora está na casa dos oitenta anos. Ele se aposentou oficialmente em 2019, mas fez um acordo com a Universidade de Kentucky, onde conduziu pesquisas pioneiras em psicologia por cinco décadas. Lecionaria de graça para a pós-graduação se o deixassem ficar com seu escritório e laboratório. Ele ainda passa 60 horas por semana no laboratório.

Eu queria entender por que o ciclo de escassez é tão cativante. Zentall era a pessoa que deveria procurar.

---

[1] Em 1964, forças navais americanas reportaram um ataque de lanchas torpedeiras do Vietnã do Norte contra um destróier americano que estava em missão de espionagem e vigilância no Golfo de Tonquim, na costa daquele país. Isso fez com que o congresso americano autorizasse o presidente Lyndon Johnson a entrar na guerra como aliado do Vietnã do Sul. Anos depois, foi descoberto que houve fraude nos documentos que confirmavam a presença das lanchas inimigas. [N. da T.]

[2] Projeto da CIA que funcionou dos anos 1950 até os anos 1960, em que a agência realizou experiências ilegais com humanos, utilizando tortura e drogas com fins de controle mental e lavagem cerebral. [N. da T.]

Depois de conquistar seu PhD, Zentall começou a acompanhar a pesquisa contraintuitiva conduzida pelo famoso psicólogo B. F. Skinner nos anos 1940. Skinner começou a desvendar o poder do ciclo de escassez ao trabalhar com ratos de laboratório.

Ele dava aos ratos o petisco favorito deles todas as vezes que acionavam uma alavanca. Mas seu estoque foi diminuindo. Aparentemente, Skinner estava com preguiça, porque não fez o suficiente. Economizou os restantes, dando-os aos ratos em intervalos imprevisíveis quando acionavam a alavanca. Presumiu que eles ficariam entediados ou desmotivados. Afinal, estavam recebendo bem menos recompensas por acionar a alavanca.

Ele estava errado. Aconteceu o oposto: Os ratos desenvolveram um afeto similar ao TOC por acionarem a alavanca. Isso os prendeu ao ciclo da oportunidade, recompensas imprevisíveis e repetibilidade rápida.

A observação de Skinner fascinou Zentall, e ele concordou em fazer uma videoconferência comigo. Seu cabelo era branco e seu rosto pálido e afável por passar décadas em seu laboratório iluminado por luzes fluorescentes.

"Comecei a conduzir pesquisas em animais porque estava interessado em entender como o aprendizado e o comportamento humanos podem ser explicados em processos simples que vemos em animais", Zentall me contou. "Os mesmos mecanismos psicológicos que afetam os animais afetam os seres humanos." Desde então, ele descobriu que é um tanto quanto fácil transformar pombos em apostadores compulsivos.

Conduziu um estudo onde pombos escolhiam um entre dois jogos. No primeiro jogo, os pombos recebiam quinze unidades da sua comida favorita a cada duas vezes que bicavam uma luz. Portanto, 50% das suas bicadas geravam comida. Algo do tipo, bicada: sem comida. Bicada: comida! Bicada: sem comida. Bicada: comida! E assim sucessivamente.

No segundo jogo, eles ganhavam comida a cada cinco bicadas. Então apenas 20% das bicadas geravam comida. Mas esse jogo tinha duas pegadinhas.

A primeira pegadinha do segundo jogo era que a vitória era maior. Quando os pombos ganhavam, eram vinte em vez de quinze unidades da mesma comida deliciosa.

A segunda pegadinha é que as vitórias eram imprevisíveis. Então esse jogo era assim:

Bicada: sem comida

Bicada: sem comida

Bicada: sem comida

Bicada: muita comida!

Bicada: sem comida

Mas a segunda rodada de cinco poderia ser algo assim:

Bicada: sem comida

Bicada: muita comida!

Bicada: sem comida

Bicada: sem comida

Bicada: sem comida

Você entendeu.

Zentall explicou que a matemática mostra que faz muito mais sentido jogar o primeiro jogo. Se um pombo joga o primeiro jogo 100 vezes, ele acabará com um total de 750 unidades de comida. Mas no segundo jogo, embora uma vitória valha mais, daria ao jogador um total de apenas 400 unidades de comida. Na verdade, há uma ideia científica chamada "teoria do forrageamento ótimo" que diz que animais fazem tudo que podem para conseguir a maior quantidade de comida pelo menor esforço. Então essa teoria, junto com o senso comum, nos diz que qualquer pombo que escolher o segundo jogo é um completo idiota.

Nós sabemos que toda sociedade — seja de humanos, pombos, ratos ou qualquer outra coisa — contém bastantes idiotas. Mas quando Zentall realizou esse experimento, "com apenas algumas sessões, os pombos começaram a preferir o segundo jogo, que lhes dá menos comida", ele disse. Exatamente 96,9% dos pombos escolheram o segundo jogo.

Seus olhos estavam arregalados com um olhar que gritava "Você acredita nisso?", enquanto me dizia que o mesmo fenômeno é visto em baratas, macacos, ratos, camundongos, outros pássaros e mais. Animais de laboratório jogam consistentemente o jogo de azar mesmo que isso lhes dê menos recursos. Alguns escolherão o jogo de azar mesmo que o jogo previsível dê a eles 700% mais comida. "700%", Zentall repetiu.

Continuou: "Sempre observamos que o valor ou recompensa de um comportamento depende, em parte, da frequência com que o indivíduo acredita que receberá a recompensa. Se estiver quase certo de que a receberá, é bom. Mas se estiver incerto de que receberá a recompensa, então fica muito feliz quando a recebe. Tanto, que tomará decisões subótimas. E nós vemos isso nos humanos toda hora, em todos os diferentes aspectos".

"Mas por quê?", perguntei. "Se não é a melhor decisão, por que fazer isso?"

Zentall riu. Fez uma pausa e inclinou o queixo em direção ao teto enquanto inspirava longamente. "Ah", ele disse. "Sempre me perguntam isso."

A resposta está no ciclo de escassez. Na nossa atração enraizada por ele e desenvolvida graças a uma aposta importante que todas as espécies realizam todos os dias. Uma que os humanos costumavam fazer diariamente, mas não fazem mais. Encontrar comida.

Os humanos evoluíram para andar por grandes distâncias em busca de comida. No passado, normalmente andávamos ou corríamos de 8km a 20km por dia enquanto caçávamos e coletávamos. Essa era a forma antiga de conseguir alimentos. A diferença é que não fazíamos ideia de onde estava a comida. Por isso, examinávamos muito o terreno. Essas antigas buscas eram como jogar um caça-níquel moderno.

"Quando nossos ancestrais não encontravam comida suficiente em três, quatro ou cinco lugares, isso não os parava", Zentall explicou. "Eles continuavam procurando." Encontrar comida é a nossa oportunidade original e mais importante de sobreviver e melhorar a nossa vida. Se nós não continuássemos procurando — acionando e acionando de novo a alavanca do caça-níquel metafórico — morreríamos de fome, uma morte lenta e dolorosa.

Íamos para uma área onde achávamos que haveria comida (aciona a alavanca e os rolos giram e param). Não tinha nada ali. Então íamos para outro lugar (aciona a alavanca e os rolos giram e param). Nada. Em seguida, outra área (aciona a alavanca e os rolos giram e param). Nada. Para o lugar seguinte (aciona a alavanca e os rolos giram e começam a se alinhar...).

Jackpot. Esse lugar tinha todos os tipos de comida (o caça-níquel se ilumina, fica frenético e começa a cuspir dinheiro).

Assim como um jogo de caça-níqueis, as nossas buscas mantinham suspense em relação às recompensas imprevisíveis. Sabíamos que uma hora encontraríamos comida. Mas quando? E quanta comida?

Como Daniel Sahl falou, "O jogo não acontece quando você faz uma aposta ou descobre se ganhou ou não. O jogo acontece quando as cartas, os rolos dos caça-níqueis ou os dados estão em movimento". Ou, no passado, quando nós, caminhando com fome, examinávamos o terreno em busca de comida.

Enquanto procurávamos, experimentávamos as situações de quase acertos e de perdas disfarçadas de vitórias, aqueles momentos em que chegamos perto da vitória mas não vencemos ou ganhamos menos do que apostamos. Digamos que víamos, de longe, um arbusto com frutinhas. "A probabilidade de encontrar comida então muda", Zentall explicou.

Era um arbusto solitário e sem frutas, como um quase acerto? Ou tinha pouca fruta, não o suficiente para repor a energia que gastamos andando até ele, como uma perda disfarçada de vitória? Ou era uma vitória de verdade? Esse arbusto estava cheio de frutinhas e nos arredores de um bosque inteiro de arbustos de frutinhas?

Se estivéssemos caçando, aquele animal à distância seria magrinho e pequeno ou grande e gordo? E estaria sozinho ou em bando? (Os rolos do caça-níquel se alinham indicando uma vitória e esperamos em suspense para saber quão grande será). Passaríamos por uma situação de quase acerto se o animal fugisse.

E, é claro, repetiríamos esse comportamento pela maior parte do dia, todos os dias. A evolução incutiu a atração pelo ciclo de escassez em nossa mente. É exatamente por isso que nossos cérebros reforçam a queda no ciclo de escassez. Ele era uma oportunidade para que sobrevivêssemos e melhorássemos nossas vidas com recompensas imprevisíveis que repetíamos rapidamente.

Mas esse jogo antigo não se aplicava apenas à comida, me disse Zentall. Aplicava-se a qualquer coisa que nos dava a oportunidade de melhorar nossas vidas. Isso poderia ser conquistar posses ou outros recursos, informação, status social ou qualquer outra coisa que nos fizesse sentir bem e viver mais um dia.

Para que sobrevivêssemos, nosso cérebro de escassez precisava desenvolver sistemas que nos empurrassem para o ciclo, o que nos leva à dopamina, o neurotransmissor que é tão famoso quanto mal compreendido.

Por volta de 1990, cientistas viram que a dopamina está associada a todas as coisas divertidas que os humanos fazem. Descobriram que sexo, drogas e apostas fazem com que nosso cérebro dispare dopamina. "Por isso a dopamina era considerada o neurotransmissor do prazer", disse Kent Berridge, um neurocientista da Universidade de Michigan. A teoria era que essas ações eram apenas meios de buscar um pico de dopamina.

"Essa ideia persiste até hoje", Berridge me contou. Desde então, a dopamina alcançou um status mítico na psicologia popular. Ouvimos dizer que somos uma nação de zumbis viciados em dopamina, todos ansiando pela próxima dose. Ouvimos sobre pessoas que agem de todas as formas contraproducentes e depravadas em busca do pico de dopamina.

Por exemplo, um artigo da revista *Forbes* intitulado "Viciado em Tiro" culpou a dopamina por pessoas gostarem de armas de fogo. Houve também um da NBC News intitulado "Por que Seguidores do QAnon Parecem Viciados". Aparentemente, a dopamina, explicou essa história, fez com que pessoas acreditassem que "uma cabala de pedófilos canibais e satânicos operam uma rede global de tráfico sexual de crianças que conspira contra o então presidente Donald Trump" (como o QAnon foi descrito).

Até ouvimos que um "jejum de dopamina" solucionará os nossos problemas. Mas isso é basicamente apenas uma forma da neurociência popular dizer: "Pare de fazer coisas que você não quer mais fazer". O que significa que a dopamina se tornou um tipo de bode expiatório para todo comportamento humano ruim.

Entretanto, a dopamina não é o "neurotransmissor do prazer". E não nos *leva* a fazer ou acreditar em nada. "Ela nos torna mais propensos a buscar recompensas, mesmo em situações em que essa recompensa seja inadequada", Berridge me contou. Também é uma cidadã versátil e honrada. É um neurotransmissor, o que significa que transmite informações entre células nervosas do nosso cérebro e do nosso corpo.

Também age como algo que é chamado de mensageiro parácrino. Isso significa que funciona como um empreiteiro de construção, comandando todos os tipos de processos para que aconteçam. Regula o movimento. A doença de Parkinson, por exemplo, é causada por células cerebrais específicas que não produzem dopamina. Ela nos ajuda a urinar. Influencia na maneira como a comida se movimenta no nosso sistema digestório. Ajuda a controlar nossa produção de glóbulos brancos, que nos permitem combater vírus invasores e tumores que podem nos matar. Regula a insulina, que por sua vez regula o nosso metabolismo e como queimamos as calorias que consumimos.

Se fizéssemos um "jejum total de dopamina", morreríamos rápido. De doença de Parkinson, bexiga cheia, um vírus, ou qualquer outra doença vil.

Quando se trata de comportamento, a dopamina nos ajuda a associar certas condições em nosso ambiente, ou sinais, com o recebimento de uma recompensa. Uma vez que sabemos que algo é agradável ou recompensador, a dopamina é liberada principalmente quando estamos *buscando* e *antecipando* o recebimento dessa coisa agradável, e não *no momento* em que estamos recebendo-a.

Portanto, a maioria das discussões populares sobre a dopamina são formas neurocientíficas de explicar uma fórmula um tanto quanto básica e observável sobre como todos os animais aprendem e desejam e, por sua vez, se comportam. A fórmula é a seguinte: *Nós fazemos uma coisa. Se essa coisa for recompensadora, agora estamos mais propensos a fazê-la novamente em condições iguais.*

Essa fórmula orienta comportamentos diários. Por exemplo, digamos que chegamos em casa estressados por causa do trabalho e bebemos uma taça de vinho. Se essa taça de vinho aliviar o nosso estresse, é como se nosso cérebro dissesse: "Ahá! Isso foi bom. Lembre-se disso."

Nos dias seguintes, quando chegarmos em casa estressados, nosso cérebro provavelmente liberará dopamina para criar um desejo por uma taça de vinho. E esse processo está profundamente enraizado. Pense nos viciados em drogas em recuperação. Eles podem estar limpos por anos. Mas se estiverem perto de um lugar onde costumavam conseguir a droga, seus cérebros ainda liberarão dopamina, fazendo com que a desejem.

Mas o ciclo de escassez é tão poderoso porque se aproveita de uma falha da fórmula de aprendizado e comportamento. Como os trabalhos de Skinner e Zentall mostram, todos os animais, incluindo os humanos, desejam *infinitamente* mais uma recompensa se não tivermos certeza de que a receberemos. Se ela for recebida de forma imprevisível. A imprevisibilidade nos torna obsessivos e muito mais propensos a repetir rapidamente o comportamento.

"A expectativa de *possivelmente* receber uma recompensa estimula muito mais o sistema de dopamina", disse Zentall. "Ela chega ao pico quando não sabemos se vamos receber a recompensa." Recompensas imprevisíveis nos arrastam para um turbilhão de suspense. Situações de quase acertos e de perdas disfarçadas de vitória alimentam o sistema para que ele estimule a repetição rápida.

Portanto, a variação da fórmula básica do aprendizado e comportamento é a seguinte: *Nós fazemos uma coisa. Mas não temos certeza de quando receberemos a recompensa ou quão recompensadora será. Isso nos faz querer muito a recompensa. Por isso, ficamos propensos a continuar tentando, e tentando, e tentando, e tentando até receber essa recompensa.*

Coisas previsíveis são entediantes. Coisas imprevisíveis nos cativam e nos tornam propensos a repetir de novo e de novo.

Pense no caça-níquel. Seria legal se pagasse a mesma quantia em todo jogo. Mas jogá-lo não seria emocionante. Seria chamado de trabalho. Isso é, literalmente, o que são os empregos com salário fixo ou por hora. Nós repetimos um comportamento e um empregador nos dá uma recompensa previsível.

Logo, o ciclo é um jogo antigo desenvolvido para nos manter vivos. Ele nos fez persistir diante da incerteza e fazer tudo novamente. Quem desiste morre.

Hoje em dia, a sobrevivência é mais fácil e não precisamos passar nossos dias procurando recursos. Mas o ciclo de escassez ainda cativa o nosso cérebro.

Onde o Ciclo de Escassez Vive

Quando comecei a pesquisar sobre o ciclo, eu o vi em todo lugar. "A propósito, esse sistema não está presente apenas em caça-níqueis", Sahl me contou. "Agora ele está presente no projeto de muitos outros produtos também. Está em todo lugar", integrado em muitas instituições, tecnologias e experiências que impactam nossas vidas.

Oportunidade ⟶ *Recompensas Imprevisíveis* ⟶ *Repetibilidade Rápida*

Esse elegante sistema de três partes parecia estar enraizado em muitos dos nossos comportamentos diários. E ele alterava nossas ações como nenhum outro. Agora eu conseguia perceber que ele estava me fazendo gastar mais dinheiro, capturando e prendendo meu tempo e atenção e me instigando a repetir hábitos que eu queria limitar.

Veja como ele funcionou durante a pandemia. Quando o lockdown acabou, eu tinha 4kg a mais, passava mais horas em frente às telas, tinha menos dinheiro na minha conta bancária e todos os tipos de coisas desnecessárias. Isso porque eu trabalhava no balcão da minha cozinha e comia comida calórica e crocante quando o trabalho se tornava frustrante; porque assistia televisão e mergulhava em buracos insanos e intermináveis de informação e redes sociais; porque apostava em esportes duvidosos e comprava coisas inúteis na internet para ter algo estimulante para fazer; e muito mais.

Entender o que estava acontecendo foi igual à sensação que você pode ter quando percebe que esqueceu uma reunião importante de trabalho. É um pânico crescente seguido de tentativas desenfreadas e infrutíferas de suavizar a inépcia irreversível e constrangedora.

No entanto, na sua essência, o ciclo não tinha nada a ver com a pandemia — ele sempre fez parte das nossas vidas, nos afetando nos melhores e piores momentos. A única coisa que eu podia fazer a partir dali era me tornar consciente do ciclo e de como ele estava afetando a mim e as pessoas à minha volta. Eu comecei a investigá-lo.

REDES SOCIAIS

Obviamente o ciclo faz as redes sociais "funcionarem". O ato de postar nos proporciona uma oportunidade de melhorar a nossa posição social e cada notificação dá a mesma sensação de imprevisibilidade de rolos girando. Será que muitas pessoas comentaram ou nos mandaram mensagens? Quantas? E isso nos dá indícios de aceitação social, como curtidas ou comentários positivos? Ou de rejeição? Poucas curtidas ou algum comentário sarcástico.

Rolar o *feed* também nos faz entrar no ciclo. É uma busca por algo que pode nos fazer felizes, tristes, irritados, indignados, invejosos ou surpresos. Rolar a tela infinitamente nos permite ter repetição rápida e interminável.

E-MAIL

O ciclo vive no nosso e-mail, que se tornou obrigatório para a nossa vida pessoal e profissional. Atualizar nossa caixa de entrada ou receber uma notificação cria um momento imprevisível de suspense onde podemos receber notícias boas, ruins ou normais.

COMPRAS

A repetibilidade rápida e compulsiva oferecida pela Amazon Prime é uma coisa. Mas não é nada se comparada a novos aplicativos como Temu, uma loja online parecida com um cassino que vende coisas de fábricas da China direto para o consumidor. É uma mistura de Amazon, com TikTok, com um caça-níquel. "Usar o Temu é como se você estivesse sendo encurralado em uma conversa com um vendedor movido por IA que te conduz por mesas intermináveis de produtos diversos à venda, *agora mesmo*, com ofertas especiais crescentes, promoções encadeadas, descontos exclusivos por tempo limitado, e muitas, muitas coisas de graça", explicou a revista *New York*.

O ciclo de escassez também está presente na publicidade. Analistas de anúncios da Adweek divulgaram recentemente que mais anunciantes digitais estão usando a imprevisibilidade parecida com a dos cassinos para gerar vendas. Imagine girar uma roleta virtual para determinar o tamanho de um desconto. Uma pesquisa da Deloitte descobriu que anúncios integrados com recompensas imprevisíveis aumentaram em 40% o engajamento do cliente e gerou uma taxa de conversão 7 vezes maior.

FINANÇAS PESSOAIS

O ciclo de escassez agora está presente nos nossos aplicativos de finanças pessoais. Novos aplicativos populares de negociação de ações como o Robinhood estão impulsionando ainda mais as recompensas imprevisíveis e a repetibilidade mais rápida. Robinhood não cobra taxas sobre as negociações de seus usuários. Em vez disso, embute taxas de negociações em uma prática única e controversa chamada fluxo de ordem de pagamento. Muitos usuários repetem rapidamente as negociações e realizam centenas de transações diariamente esperando acumular pequenas vitórias imprevisíveis.

O diretor executivo do Conselho Nacional de Problemas com Apostas passou alguns minutos no aplicativo e contou à NBC News: "Muito disso [as táticas que o Robinhood usa] é tirado diretamente da experiência do usuário de cassinos: ele encoraja o imediatismo e o engajamento frequente".

Por causa disso, o aplicativo recentemente quadruplicou o seu valor e ganhou 13 milhões de usuários, elevando seu total para cerca de 23 milhões. Agora, imitadores como Webull e TradeStation apareceram. Até mesmo plataformas de negociação antigas e confiáveis como E*TRADE e Charles Schwab estão usando táticas iguais às do Robinhood. O mundo das finanças, acreditam os analistas, continuará buscando novas formas de explorar o ciclo de escassez.

APOSTAS NO CELULAR

Nós não temos mais a barreira e a espera de ter que viajar para um cassino para jogar em caça-níqueis ou apostar em esportes. O cassino está no nosso bolso. "A maior inovação nas apostas é o jogo no celular", disse Sahl. "Apostas em celulares foram um divisor de águas. Elas expandiram totalmente os jogos de azar." Apostas esportivas aumentaram a repetibilidade rápida ao nos permitir apostar em momentos do jogo, como, por exemplo, se um time vai marcar na próxima jogada.

Graças a essa nova acessibilidade e facilidade de repetição rápida, apostas em celulares recentemente cresceram 270% em um único trimestre e valem 14 dígitos apenas nos EUA.

TELEVISÃO

O ciclo de escassez está no que assistimos.

Robert Sweeney, o desenvolvedor que construiu o recurso de reprodução automática da Netflix, disse: "A reprodução automática aumentou drasticamente o número de horas assistidas. Ela, de longe, [levou ao] maior aumento no número de horas assistidas [...] do que qualquer outra funcionalidade que testamos". Ele continuou: "A Netflix quer que você passe mais horas assistindo à Netflix, e a equipe de produto está projetando-a com base na ciência para fazer com que seja mais viciante".

O ciclo é mais pernicioso no YouTube. A tecnossocióloga Zeynep Tukekci descobriu que o algoritmo de reprodução automática do YouTube nos leva a vídeos cada vez mais extremos e polarizantes. O conteúdo extremo cativa você, eu e todos que conhecemos porque a atenção humana é orientada naturalmente para informações que implicam perigo ou drama. É um mecanismo de sobrevivência antigo sendo aproveitado para capturar a nossa atenção.

SAÚDE

O ciclo de escassez está mudando os nossos hábitos de saúde. Considere o monitor de atividades WHOOP e outros como ele, que usam métodos não tradicionais para tirar proveito do ciclo de escassez.

Os dispositivos não têm métricas concretas previsíveis e fáceis de modificar, como contagem de passos. Em vez disso, eles se aproveitam do suspense das recompensas imprevisíveis ao dar aos usuários diferentes "pontuação de recuperação" e "pontuação de esforço", diariamente. O que fazemos ao longo do dia muda essas pontuações abstratas de maneiras imprevisíveis.

A imprevisibilidade faz com que os usuários queiram ver e rever suas pontuações ao longo do dia, todos os dias.

Para os dedicados, a pontuação de recuperação determina o curso do dia: se a pessoa descansará ou se irá para a academia, o que fará lá, e quão pesados serão seus exercícios. Esse ciclo de escassez da saúde está mudando comportamentos de formas estranhas. Um dos meus amigos, um fisioterapeuta renomado, me contou que alguns dos seus clientes dizem que se sentem ótimos, mas se recusam a fazer exercícios muito intensos porque o seu dispositivo está lhes dizendo que sua pontuação de recuperação está baixa. "Estamos tomando decisões relacionadas à saúde a partir de dados e suposições muito questionáveis, baseando decisões importantes em alguns números abstratos e gamificados", ele disse. "É uma loucura."

Com o sucesso do WHOOP, outros monitores de saúde como Oura Ring, Fitbit, Apple Watch e Lumen adotaram abordagens parecidas que se aproveitam da imprevisibilidade. Isso provoca uma confiança maior no dispositivo. É por isso que agora começaram a oferecer assinaturas mensais de US$5 a US$30.

APPS DE NAMORO

Apps de namoro são um excelente caso do uso do ciclo para orientar comportamentos e lucros. Pense no Tinder. É um dos aplicativos mais rentáveis de todos os tempos. Ele fez com que deslizar o dedo para a esquerda ou para a direita se tornasse algo famoso e revolucionou não apenas os aplicativos de namoro, mas os aplicativos em geral. E fez isso usando a oportunidade de realizar uma das nossas maiores motivações — sexo e companheirismo — e empurrando-a para um ciclo de escassez.

Brian Norgard, o inventor do Tinder, disse em um podcast: "Quando você pensa no Tinder, é um jogo de recompensa [imprevisível]. Deslizar, deslizar, deslizar, *match*. Meu Deus, isso foi maravilhoso. Deslizar, deslizar, deslizar, espero que consiga outro match", ele disse. "Nós pegamos muitas coisas da indústria [de jogos de azar]… Nós fizemos isso de uma forma sutil, mas de uma forma que muitas pessoas tiveram que pagar pelo acesso".

O Tinder é de graça, mas o acesso pago dá aos usuários a oportunidade de comprar recursos que aumentam as suas chances de ter um match. Alguns caça-níqueis têm um recurso parecido: você pode pagar mais por giro para ter mais probabilidade de conseguir um recurso bônus.

Então, quando uma pessoa paga pelos recursos avançados, "você desliza o dedo mais para a direita, vê mais pessoas parecidas com você, e imediatamente vive uma experiência maravilhosa", disse Norgard. "E você vê [o que mudou], e pode dizer: 'Bem, isso foi porque eu comprei [os recursos avançados]!' Por isso, se [empresas] conseguem unir causa e efeito em uma ferramenta do consumidor, grandes coisas acontecem. Grandes coisas acontecem."

Uma equipe de pesquisadores canadenses descobriu que solteiros passaram a depender mais dos apps de namoro depois da pandemia. "Tudo hoje são apps de namoro", um amigo me contou como a maioria dos solteiros conhecem pessoas especiais.

VIDEOGAMES

"Nos jogos de celular, recompensas são concedidas de maneira imprevisível", segundo Daria Kuss, uma cientista que estuda a psicologia ligada ao uso da tecnologia. Ela me disse: "O suspense que se cria mantém o jogador engajado porque ele sabe que, se continuar jogando, em algum momento vai conseguir uma recompensa".

O mundo dos videogames roubou tantos truques dos cassinos que pesquisadores criaram um termo para esse fenômeno. Eles o chamam de "a virada das apostas". Isso está acontecendo nos jogos de celular, computador e nos videogames.

Em um estudo um tanto quanto estranho, cientistas do Canadá colocaram todos os tipos de dispositivos de monitoramento em um grupo de pessoas. Monitores de batimentos cardíacos, monitores de estresse e por aí vai. Então eles fizeram as pessoas jogarem *Candy Crush* por meia hora. Eles descobriram que os corpos dos participantes reagiam mais às situações de quase acertos presentes no jogo. Isso fazia com que fossem para o jogo seguinte mais rápido e jogassem por mais tempo. "Concluindo," escreveram os cientistas, "os quase acertos parecem gerar impactos psicológicos e fisiológicos nos jogadores de *Candy Crush* iguais aos que geram em jogadores de caça-níqueis".

TRABALHO INFORMAL

O *New York Times* relatou que a Uber, assim como muitas empresas de trabalho informal, "realiza um experimento fascinante em ciência comportamental por trás das cortinas para manipular [os motoristas] a serviço do crescimento da empresa".

A Uber, por exemplo, usa as recompensas imprevisíveis e gatilhos que induzem ao suspense para instigar os motoristas a dirigem por mais horas e por onde a empresa quer que eles estejam. Ela também está usando a psicologia dos quase acertos. Quando um motorista quer parar, a Uber oferecerá uma isca com uma oportunidade, alertando-o: "Falta apenas [insira uma soma de dinheiro] para você obter [uma soma de dinheiro arredondada]. Você tem certeza de que quer parar?" Por exemplo: "Faltam apenas US$21 para você obter US$250".

Como a *Times* afirmou, a conclusão é que "acionar 'alavancas psicológicas' pode se tornar a abordagem dominante para gerenciar o trabalhador americano".

NOTÍCIAS

Elementos do ciclo de escassez estão presentes no nosso ambiente abrangente de notícias, que funciona 24 horas por dia, 7 dias por semana. Estudiosos da mídia dizem que as notícias políticas de antes de 2016 pareciam um caça-níquel antigo e entediante, enquanto as notícias políticas após aquele ano são mais parecidas com os caça-níqueis de Redd. Isso obviamente começou com o presidente Donald Trump, que recebeu quatro vezes mais cobertura da mídia do que Obama. Mas os políticos em geral começaram a agir de forma mais impetuosa e imprevisível — nos mantendo em suspense em relação ao que iriam fazer ou *tweetar* e como isso nos faria sentir.

Muitos de nós nos concentramos nos jornais, esperando a próxima notícia bombástica. Por causa disso, meios de comunicação políticos como a CNN e o *New York Times* tiveram seus anos mais lucrativos de todos os tempos.

Assim como todos os cassinos mudaram seus caça-níqueis para as máquinas de Redd, as notícias também mudaram. Analistas de mídia da *Columbia Journalism Review* acreditam que a mídia ficou tão concentrada nas pontuações e lucros da era pós-2016 que isso criará um ciclo de retorno. Os políticos se comportarão de forma mais imprevisível para conseguirem mais atenção da mídia. Esta, por sua vez, mostrará as histórias de forma diferente para atrair a atenção do público. Um estudo recente sugere que os analistas estão certos. Descobriu-se que os políticos mais imprevisíveis e polêmicos de ambos os lados conseguiram mais engajamento em sites de notícias e nas redes sociais.

O ciclo de escassez ocorre em muitos outros aspectos. Brian Norgard, o fundador do Tinder, disse que usá-lo "se tornou um padrão que muitas [empresas] seguem". É um impulsionador de comportamento mais poderoso.

Atualmente, a pessoa média passa de 11 horas a 13 horas usando mídias digitais. Ela está nos nossos celulares, televisões, computadores e muito mais.

Mas esses são apenas os mais novos lugares onde vive o ciclo de escassez. Os lugares que os especialistas da tecnologia estão programando para manipular nossos comportamentos. Lembre-se de que o ciclo de escassez é antigo. Pesquisadores estão encontrando-o em algumas das nossas instituições mais influentes, como os nossos sistemas modernos de alimentação, saúde e educação.

Eles acreditam que o ciclo está no centro de todos os tipos de condições e comportamentos humanos contraproducentes, como gastos exagerados, obesidade, adicção e esgotamento profissional. Ele é até mesmo uma parte de como nós pensamos e processamos a felicidade. E se nós focarmos apenas a tecnologia, perderemos grande parte da equação.

Tudo isso pode parecer só desgraça e tristeza. Mas Sahl me lembrou de que o ciclo de escassez "funciona" porque é muito envolvente. É um jogo poderoso. Não há nada melhor em captar sua atenção, prendê-la e induzi-lo a um comportamento de rápida repetição.

E coisas envolventes, geralmente, também são divertidas. Nem todas as minhas quedas no ciclo foram negativas. Nem um pouco. Por exemplo, agora eu gosto muito de jogar em caça-níqueis uma vez por mês ou a cada 2 meses e parar quando os meus US$40 acabam. Isso é entretenimento. Não é diferente de pagar US$40 para ir ao cinema, e eu como muito menos pipoca amanteigada que entope minhas artérias. Às vezes até ganho e saio de lá com mais de US$40.

Eu também fiz novos amigos cativantes e tive interações positivas em algumas plataformas de redes sociais. É claro, nem tudo o que vejo nas redes sociais melhoram a minha sanidade. E, sim, eu geralmente me pego rolando a tela sem pensar por muito tempo. Mas isso não é ruim de todo.

E talvez as "pontuações de esforço" idiotas no meu monitor de atividades me façam ser um pouco mais ativo.

Apesar das críticas que as novas tecnologias recebem, elas proporcionaram muitos benefícios sociais. Para citar apenas um exemplo, alguns dados sugerem que houve uma queda na taxa de suicídio entre jovens LGBTQIAPN+ depois das redes sociais, que conectaram esses jovens em cidades pequenas. Eles conseguiram formar uma rede de apoio que não existia antes. A tecnologia também permitiu que muitos de nós trabalhássemos e que estudantes aprendessem durante o lockdown da covid.

Muitos especialistas em ética da tecnologia, pensadores públicos e políticos estão pedindo mais regulação da tecnologia. Eles acreditam que ela deveria ser reprojetada para ser menos envolvente.

Mas nós queremos mesmo isso? O Instagram ou o YouTube deveriam projetar a si mesmos para serem entediantes? Nós queremos viver em um mundo sem a oportunidade de gastar US$40 em um caça-níquel? Ou sem apostar no nosso time favorito da NFL para tornar o jogo mais emocionante? Até onde podemos aplicar essa lógica?

Espero que não tão longe. É possível descobrir o que é o *suficiente* no ciclo de escassez — sem exagerar nele?

William James, nascido em 1842, é considerado o pai da psicologia americana. Suas ideias deram o fundamento do pensamento psicológico moderno. James compreendeu algo profundo acerca desse breve período de consciência que chamamos de vida. No fim de tudo, ele dizia, a nossa vida é um conjunto das coisas a que nós damos atenção.

A indústria de apostas recebe muitas críticas. Mas Sahl destacou corretamente que os jogos de azar são altamente regulados. "Há leis rígidas sobre as chances e as características que os caça-níqueis podem ter", ele disse. Muitos produtos e serviços populares podem usar o ciclo da forma que quiserem. E eles têm trilhões de pontos de dados e décadas de pesquisas que mostram o que cativa os nossos recursos mais preciosos repetidas vezes. Alguns estão usando o ciclo com segundas intenções.

Por exemplo, a empresa que monitora comportamentos, Nielsen, recentemente lançou um relatório sobre mudanças nos hábitos de visualização e publicidade. Ela destacou alguns estudos de caso impressionantes, que diziam que corporações estão pagando empresas de *streaming*, como a Netflix, para incluir seus produtos profundamente nas histórias das séries que mais assistimos. E isso não é apenas um *product placement*[1] aqui e ali. As marcas estão se tornando parte fundamental das narrativas. A Nielsen mencionou uma empresa que se tornou essencial para a história de uma série de sucesso da Netflix e recebeu "mais de 8 milhões de impressões de espectadores acima de 21 anos, um grupo etário chave" para o produto, escreveu a Nielsen. Nós achamos que estamos consumindo uma programação televisiva emocionante e envolvente. Na verdade, também estamos vendo um anúncio de vários episódios.

Há também os jogos para celular. "*Candy Crush* e outros jogos similares são muito parecidos com caça-níqueis; eles apenas operam em um modelo econômico diferente", Sahl me contou. "Tentam te prender, então te levam ao ponto onde você está travado em um nível esperando que o jogo te dê uma combinação de símbolos que, quando executados dentro das suas habilidades, permite que você alcance os objetivos e siga em frente. Mas isso pode exigir uma combinação de símbolos que tem uma em quinhentas chances de acontecer. Então eles te levam ao ponto de você querer ir para o próximo nível e estar disposto a pagar US$5 ou o que for para seguir em frente." Muito parecido com apps de namoro.

Esse modelo de prender e depois cobrar, o relatório da Nielsen previu, se tornará uma regra no futuro. "O alcance e a influência [...] nessa área emergente é uma oportunidade tentadora para as marcas, muito boa para ser desperdiçada!", o relatório afirmou. Tentadora, de fato. Incorpore esse ciclo sedutoramente simples, cativante e prazeroso em um produto e veja a atenção e o dinheiro fluírem.

Em 1928, o gênio da propaganda e pai das relações públicas Edward Bernays escreveu: "Em quase toda ação das nossas vidas diárias [...] nós somos dominados por um número relativamente pequeno de pessoas [...] que entendem os processos mentais e padrões sociais das massas [...]. Nós somos governados, nossas mentes moldadas, nossos gostos formados, nossas ideias sugeridas, principalmente por [pessoas] de quem nunca ouvimos falar... São elas que puxam os fios que controlam a mente do público".

---

[1] Também conhecida como *merchandising*, publicidade indireta ou marketing indireto, *product placement* é uma estratégia de marketing que consiste em inserir produtos em produções audiovisuais sem divulgá-los explicitamente. [N. da T.]

William James e Edward Bernays se preocupavam com forças que cooptavam nossa atenção com segundas intenções há um século. E isso foi muito antes de qualquer pessoa compreender o controle que o ciclo de escassez exerce sobre nós.

É um jogo antigo e profundamente atraente que nos pega pela mão e nos leva a querer mais. E há uma razão para isso.

Por que Desejamos Mais

A romancista Margaret Atwood disse uma vez que os humanos têm um "talento para a insaciabilidade". O psicólogo pioneiro Abraham Maslow nos descreveu como o "animal que deseja sempre".

Eles não foram os primeiros a perceberem isso. Há muito tempo a humanidade já reconheceu que constantemente desejamos e consumimos mais, e nos alertou sobre os aspectos negativos dos nossos desejos. Pense nos ensinamentos cristãos sobre luxúria, gula, cobiça e inveja. E a visão do budismo de que os desejos e apegos causam todos os nossos sofrimentos. Ou histórias como a lenda grega de Midas, o conto hindu de Kirtimukha e a lenda chinesa de T'ao T'ieh. Esses ensinamentos religiosos e mitos antigos nos advertem sobre o mesmo fenômeno: quando nos rendemos ao nosso apetite ilimitado por mais, acabamos devorando a nós mesmos.

Parece que acreditamos que nossas condições internas e externas ficarão perfeitas e poderemos finalmente "conquistar" e descansar assim que realizarmos o nosso próximo desejo. Isso é uma ilusão. Quando satisfazemos o desejo do momento — não importa se for grande ou pequeno — nossos cérebros parecem fabricar o próximo. É uma sensação de que estamos a um passo de onde queremos chegar. Mas quando realizamos a jogada triunfante, a fronteira se expande.

Vi isso acontecer comigo mesmo. Passei a maior parte dos meus vinte anos buscando um destino perfeito que acreditava estar escondido no copo seguinte. Eu nunca o encontrei. A busca quase me matou.

Quando eu fiquei sóbrio, aos 28 anos, parei de me devorar. Isto é, até começar a procurar algo novo para desejar. O meu eu desejoso nunca se foi. Na realidade, mudou o seu foco para querer mais de outras coisas: dinheiro e status, estímulos de compras rápidas ou a próxima refeição em um restaurante.

Mas por quê? Essa pergunta me levou ao trabalho de Leidy Klotz.

Klotz tem bacharelado em engenharia civil, mestrado em engenharia de construção e PhD em engenharia arquitetônica. Todos esses diplomas foram obtidos nas melhores faculdades de engenharia do país. Agora ele é cientista e professor de engenharia na Universidade da Virginia, onde investiga grandes questões sobre design e como melhorar o mundo e nossa experiência nele. Ganhou dezenas de milhões de dólares em bolsas e foi consultor dos Departamentos de Energia e Segurança Interna, Institutos Nacionais de Saúde e Banco Mundial.

Mas o problema de ser um especialista em algo é que a nossa expertise pode, às vezes, nos arrastar para o buraco negro do que aprendemos, ouvimos, fomos condicionados a fazer e a pensar de tal forma que não conseguimos ver nada fora dessa bolha. Até as mentes mais talentosas e brilhantes recorrem a comportamentos e padrões de pensamento que podem não perceber que são, no melhor dos casos, não ideais. Ou, no pior dos casos, simplesmente tolos.

Klotz descobriu seu ponto cego há alguns anos. Isso aconteceu quando aprendeu engenharia com uma pessoa que tinha dificuldades com o troninho e acreditava fervorosamente no Coelhinho da Páscoa. Era seu filho de três anos, Ezra.

O professor estava ensinando os fundamentos da engenharia ao seu filho. Estavam construindo uma ponte com Legos. Fizeram a travessia — a parte da ponte onde as pessoas andam ou dirigem — e cada um construiu um pilar para elevar a travessia.

Mas quando conectaram tudo, a ponte estava torta. O pilar de Ezra era mais baixo do que o de Klotz, deixando a travessia com um ângulo estranho.

O engenheiro PhD tinha a solução. Procurou mais blocos no balde de Lego para aumentar o pilar mais baixo. Quando encontrou os blocos certos, levantou os olhos e viu que Ezra havia feito algo extraordinário. Ele removera alguns blocos do pilar mais alto.

"E claramente essa era a melhor coisa a se fazer, em vez de acrescentar mais blocos", Klotz me contou. A ponte não estava apenas nivelada. Ela também estava mais firme porque não ficou muito alta. A solução de Ezra também precisou de menos peças de Lego, o que deu aos dois mais recursos para construir uma cidade completa em volta da ponte.

Foi um momento esclarecedor para ele. Uma espiada fora do buraco negro. Remover blocos nunca havia passado pela sua cabeça.

"Então eu me questionei", Klotz contou. "Será que eu ignoro a subtração como uma forma de mudar as coisas?"

Klotz removeu Legos de um dos pilares para que a ponte ficasse torta novamente. Então começou a levar a ponte desalinhada e as peças extras de Lego para todos os lugares que ia. Quando estudantes de engenharia iam ao seu escritório, a ponte estava aguardando na mesa. Quando tinha reuniões improvisadas com seus colegas professores de engenharia, tirava a ponte e as peças de Lego da sua maleta. "Conserte isso", dizia para todos eles.

Essas pessoas tinham centenas de anos de estudo em solução de problemas com design eficiente. Mas todas fizeram o que Ezra não fez. Adicionaram mais peças. Todas foram superadas por uma criança de 3 anos.

"Queria entender por que a subtração parecia tão contraintuitiva", Klotz disse. Então ele preparou uma série de experimentos.

Cada experimento dava para um grupo de pessoas um problema a ser resolvido. Em um experimento, os participantes tinham que — você adivinhou — estabilizar uma plataforma de Lego. Em outro, eles tinham que melhorar o fluxo de um buraco de minigolfe. Outros experimentos pediam para os participantes aprimorarem dissertações, receitas ou roteiros turísticos. Havia oito experimentos no total.

Em cada um, os participantes podiam solucionar o problema adicionando ou subtraindo elementos. Mas havia uma pegadinha: a subtração era sempre a solução mais eficiente.

Pense na estabilização da plataforma de Lego. Ela parecia uma mesa de pé desalinhado. Remover o único apoio faria com que a plataforma ficasse alinhada e estável. E o buraco de minigolfe? Uma bagunça. Parecia um buraco de um acumulador. Tinha forma de L com ângulos, obstáculos de areia e coisas do tipo.

Klotz até fez o que pôde para dissuadir os participantes da adição e incentivar a subtração. Ele "cobrava" um dinheiro falso dos participantes para cada peça que acrescentavam à estrutura ou recurso que instalavam no buraco de minigolfe. Em alguns dos experimentos, ele até falou às pessoas: "Tenham em mente que vocês podem adicionar coisas, bem como removê-las".

Não importava. Os participantes entravam em ação — e imediatamente começavam a adicionar elementos. Acrescentaram todos os tipos de pilares extras de Lego na estrutura. Instalaram moinhos de vento, amortecedores inclinados e obstáculos de areia no buraco.

Ao adicionarem mais Legos e obstáculos, os participantes resolveram o problema, de fato. Mas fizeram isso de maneira ineficiente e com custos mais elevados. Suas soluções demandaram mais tempo e recursos.

Klotz me contou que as críticas imediatas a esses experimentos, principalmente o de Lego, "é que as pessoas dizem: 'Bem, nós somos condicionados a adicionar e construir com Legos.' E minha resposta sarcástica é: 'Bem, por que nós somos condicionados a adicionar e construir com Legos?' Mas eu entendo. Por isso fizemos um estudo de grade".

Nesse "estudo de grade", ele pediu aos participantes que trabalhassem em uma grade de dez por dez em uma tela de computador. Alguns dos quadrados da grade eram aleatoriamente coloridos de verde e os outros eram brancos (pense no jogo de palavras cruzadas). O objetivo era colocar os quadrados verdes em um padrão simétrico. Os participantes podiam fazer isso clicando nos quadrados brancos para torná-los verdes ou nos quadrados verdes para torná-los brancos. Ao contrário da construção de Legos, Klotz disse, esse experimento era desprovido de contexto social.

"Dava para solucionar o problema acrescentando doze quadrados verdes ou subtraindo quatro", Klotz me disse. "E nós até falamos para as pessoas: 'Solucione com menos movimentos e o mais rápido possível.' Obviamente, acrescentar era errado." E mesmo assim, a grande maioria dos participantes clicaram mais. Acrescentaram mais quadrados verdes em vez de tornarem brancos os quadrados verdes em excesso.

Ele até inverteu a equação em um dos experimentos. Deu aos participantes um cronograma extremamente cheio para um roteiro turístico de um dia em Washington, D.C., com doze passeios diferentes. Então perguntou ao grupo: "Como vocês poderiam *piorar* esse roteiro?" A maioria dos participantes achava que o pior era remover passeios. Fazer menos coisas. Mesmo que, objetivamente, ter menos passeios tornasse o cronograma mais tranquilo e o roteiro realista.

A conclusão de todos esses experimentos é esta: No cérebro humano, menos é ruim, pior, improdutivo. Mais é bom, melhor, produtivo. Nosso cérebro de escassez tende a querer mais e raramente considera o menos. E quando consideramos o menos, geralmente achamos ruim.

"As pessoas ignoram sistematicamente a subtração", Klotz me disse. "Se as pessoas pensassem nas opções de adicionar e subtrair, e então escolhessem adicionar, seria uma coisa. Mas se as pessoas não estão nem considerando a opção da subtração, isso é um grande problema. Essa é, provavelmente, a questão mais importante sobre como mudamos e fazemos as coisas melhorarem. Vou acrescentar, fazer mais, ou vou remover, fazer menos? E estamos descobrindo que as pessoas sistematicamente ignoram a opção da subtração e de fazer menos."

Sua pesquisa foi parar na capa do prestigiado periódico *Nature*, em 2021.

Uma vez que descobrimos esse fenômeno, nós o vemos em todos os lugares. Alguns exemplos aleatórios recentes: As regulações federais estão dezessete vezes maiores do que em 1950. Casas americanas estão três vezes maiores do que eram em 1970. Nós temos 233% mais roupas do que tínhamos em 1930. O tamanho dos pratos dos restaurantes estão quatro vezes maiores se comparados com o tamanho dos pratos em 1950. Tudo, desde nossos carros, geladeiras, micro-ondas, até nossas cafeteiras estão maiores e cheias de recursos tecnológicos inteligentes (por exemplo, por que a minha lava-louças precisa estar conectada à nuvem?). Novos reitores de universidades estão quase dez vezes mais propensos a acrescentar novos programas do que a subtrair os que não estão funcionando. "Sim, e..." é a regra da comédia de improviso, e a frase foi adotada como lema pela comunidade empresarial. Indústrias inteiras, como o setor acadêmico e a medicina tiveram um aumento de 44% de administradores profissionais desde o início dos anos 2000. Nós criamos e consumimos 90 vezes mais dados e informação hoje do que há apenas 15 anos. Funcionários de alto nível passam, em média, 130% mais tempo em reuniões hoje do que na década de 1960. Vou parar agora.

Mas não há evidências sólidas que indicam que qualquer uma dessas adições sejam melhores. Pense nas reuniões. Mais de dois terços dos gerentes dizem que a maioria de suas reuniões são improdutivas e ineficientes. Disseram que esse novo fluxo de reuniões impede que eles e seus funcionários completem tarefas importantes, interrompe seus pensamentos e (de forma bastante contraintuitiva) acaba por afastar suas equipes.

Não é surpresa que estamos passando pelo que pesquisadores chamam de "escassez de tempo". É um sentimento de que não temos tempo suficiente. A verdade é que agora temos mais tempo do que nunca tivemos, graças aos avanços na longevidade humana e à natureza mutável do trabalho. Ainda assim, enchemos nossas vidas com tanta atividade compulsiva, coisas "a fazer", que nos sentimos pressionados.

Todo o nosso sistema econômico, na verdade, favorece a adição em detrimento da subtração. Julgamos o poder e prosperidade de um país pela medida do seu produto interno bruto (PIB). É uma medida de todos os produtos e serviços que o país produz. A única forma de melhorar o PIB? Acrescentar. Fazer mais, produzir mais e extrair mais.

Esse fenômeno da adição não é novo. O que *é* novo é que agora temos muitas, muitas novas formas de adicionar e peças com as quais adicionar. Klotz explicou que existe, de fato, uma "gama de forças biológicas, culturais, históricas e econômicas que nos empurram para mais".

A seleção natural é igual aos bifes de US$3,99 que os cassinos antigos usavam para atrair jogadores. Foi grelhada à exaustão. Ela é, provavelmente, a teoria científica mais estudada de todos os tempos e propõe o seguinte: Traços que nos fazem ter mais descendência e sobreviver se tornam mais prevalecentes ao longo do tempo. Traços que não o fazem são eliminados.

É aí que entra a escassez. Antropologistas de Harvard afirmam que "a seleção natural é mais forte não em momentos de abundância, mas em momentos de estresse e escassez". Eles dizem que esse aspecto alterou profundamente nossas mentes e corpos. Ela nos fez conquistar e consumir.

Por exemplo, humanos começaram a se diferenciar dos nossos ancestrais macacos em algum momento entre 9,3 milhões e 6,5 milhões de anos atrás, quando um período de resfriamento global provocou escassez de comida na selva. Os macacos que ficavam um pouco mais eretos e percorriam distâncias maiores eram capazes de conseguir mais comida, sobreviver e espalhar seus genes. Ao longo das gerações, esses macacos começaram a ficar eretos e a andar sobre dois pés porque isso os permitia percorrer distâncias ainda maiores para evitar os perigos da escassez. Eles se tornaram os primeiros humanos. Evoluímos para acrescentar, e isso quase sempre fazia sentido no nosso mundo antigo de escassez, então se tornou o nosso padrão.

Entretanto, atualmente, décadas de pesquisas descobriram que muitos dos nossos maiores problemas — tanto no nível pessoal quanto no social — vêm da nossa capacidade moderna de realizar com facilidade o nosso desejo ancestral por mais. Cientistas chamam isso de incompatibilidade evolutiva. Ela acontece quando comportamentos e traços que nos ajudam em um ambiente nos prejudicam em outro.

Lembre-se que agora temos uma abundância de todas as coisas que fomos condicionados a desejar. Tudo, desde a comida que comemos, a informação que recebemos, escadas sociais que subimos e itens que possuímos mudaram de formas que geralmente entram em conflito com nossos impulsos evolutivos. A obediência constante ao nosso desejo por mais no nosso mundo de mais parece estar fazendo com que muitos de nós nos tornemos doentes e infelizes de formas óbvias e inexploradas.

Nosso desejo por estímulos, comidas calóricas, muitas posses, informação, status e muito mais é como um tiro que sai pela culatra no nosso mundo de drogas concentradas, fast-food, compras online, pesquisa no Google, redes sociais etc. E as empresas criaram um arsenal completo de novas tecnologias que usam o antigo ciclo de escassez para nos fazer mergulhar cada vez mais fundo nele.

Infelizmente, não podemos solucionar esses problemas modernos com uma dieta ou rotina de exercícios novos, meditação, *detox* de redes sociais ou um final de semana ao estilo Marie Kondo. Lembre-se, nossos cérebros foram projetados para constantemente buscar e priorizar "sinais de escassez", aqueles gatilhos no nosso ambiente que nos fazem sentir como se não tivéssemos o suficiente. Eles disparam a mentalidade de escassez.

"Esse efeito da mentalidade de escassez acontece até mesmo com pessoas relativamente prósperas e confortáveis", Kelly Goldsmith me contou. Ela é cientista da Universidade Vanderbilt e estuda como os sinais de escassez nos afetam. Seu trabalho mostra que até mesmo o sinal de escassez mais brando — por exemplo, quando acaba o leite ou a tinta de uma caneta — fez pessoas que já tinham muito buscarem mais de todos os tipos de coisas e tomarem decisões que as prejudicam no longo prazo.

"Descobrimos que quando o acesso das pessoas às coisas do dia a dia é ameaçado, elas pegam mais para si mesmas e ficam menos propensas a doar para outras", Goldsmith disse. Possuir mais faz nos sentirmos seguros. Como se estivéssemos fazendo algo para solucionar esse problema de percepção da escassez.

E se não conseguirmos saciar imediatamente a nossa sede por mais, o pensamento do que está nos faltando nos consome. A Associação Americana de Psicologia explicou: "Nossas mentes ficam menos eficientes quando sentem que falta de algo — seja dinheiro, tempo, calorias ou até mesmo companheirismo".

Lembre-se que o pai da psicologia americana, William James, descreveu nossa vida como o conjunto do que prestamos atenção. A energia mental que poderíamos usar para planejar o futuro e solucionar problemas de verdade ou apenas ficar satisfeitos e desfrutar da nossa condição atual, fica presa em um vórtice de desejo. "Essa privação", escreveram os cientistas, "pode levar a uma vida mergulhada em preocupações que geram déficits cognitivos contínuos e reforçam ações autodestrutivas." Traduzindo: "nós ficamos obcecados, fazemos coisas estúpidas e isso nos prejudica".

No entanto, não fomos projetados para saber quando caímos no excesso. O progresso nos proporcionou mais e melhor de tudo. Mas raramente paramos para desfrutar isso. Fomos projetados para nos habituar e expandir a linha de chegada. Queremos *ainda* mais e o melhor de tudo.

Como o neuroendocrinologista e vencedor da bolsa *MacArthur Genius*, Robert Sapolsky, disse: "Se fôssemos projetados por engenheiros, enquanto consumíssemos mais, desejaríamos menos. Mas a nossa tragédia humana frequente é que quanto mais consumimos, mais famintos ficamos. Mais, mais rápido e mais forte. O que foi um prazer inesperado ontem é o que acreditamos que temos direito hoje e o que não será suficiente amanhã".

O lendário técnico de basquete Pat Riley chamou isso de nossa "doença do mais". Ao longo da sua carreira, onde acumulou oito títulos do campeonato da NBA como técnico ou administrador de times, percebeu que equipes vencedoras de campeonatos em todos os esportes geralmente não vencem de novo no ano seguinte. "O sucesso", escreveu, "é, muitas vezes, o primeiro passo em direção ao desastre." No início, atletas profissionais apenas querem mais vitórias. Entretanto, uma vez que vencem um campeonato, o "mais" muda. Eles começam a concentrar a sua atenção em uma nova escassez percebida. Agora vão querer mais patrocinadores, mais tempo de jogo, mais dinheiro, mais reconhecimento individual.

Podemos até ver isso acontecer por meio de exames cerebrais. Uma pesquisa da Universidade de Cambridge mostra que nosso cérebro muda sua resposta química a uma recompensa dependendo das nossas experiências passadas e das nossas expectativas. Por exemplo, digamos que nós ganhamos US$1 milhão. Parece ótimo, não? É, sim. Mas só se esperávamos ganhar *menos* do que US$1 milhão. Se esperássemos ganhar US$1 milhão, então é razoável. Mas se esperássemos ganhar US$2 milhões, então ganhar US$1 milhão é visto como decepcionante.

A subtração, é claro, não é inerentemente melhor. E a adição também não. A questão é que estamos adicionando por muito, muito tempo. E agora mais indústrias estão descobrindo o ciclo de escassez e tirando proveito dele para nos fazer querer mais rapidamente.

Por tendermos a acrescentar, geralmente fazemos escolhas que, na melhor das hipóteses, não são ideais. Ou, na pior das hipóteses, são simplesmente tolas.

A resposta, entretanto, não é subtrair sempre. O menos pode levar ao seu próprio conjunto de problemas. Precisamos fazer uma pergunta mais profunda e pensar em como podemos encontrar o suficiente. Nem muito, nem pouco.

Para encontrar o suficiente, eu tinha que descobrir e aprender mais sobre todos os lugares onde o ciclo de escassez está presente, na tecnologia e além dela. Eu precisava entender onde, por que e até onde estamos sendo empurrados a querer mais. Precisava ser consciente quanto a isso e entender, de maneira profunda, por que entramos no ciclo e os motivos por trás das forças maiores que estão usando-o.

Thomas Zentall descobriu algo engraçado sobre os pombos apostadores.

"Nós geralmente os mantemos em pequenas gaiolas, e eles parecem se adaptar bem vivendo sozinhos nelas", ele disse. Todos os números, dados e valores sugerem que suas vidas são boas. "Mas às vezes os colocamos em gaiolas grandes. Eles vivem uma vida mais parecida com a da natureza. Podem socializar. Mas não apenas socializar: a gaiola é projetada para ser mais parecida com seus ambientes naturais. Eles voam um pouco e vão para saliências, que é onde geralmente ficam na natureza."

Ele se perguntou o que aconteceria se apresentasse os dois jogos aos pombos após eles passarem um tempo vivendo como se estivessem em seu habitat natural.

"Depois disso, os pássaros começam a escolher o ideal", disse. Escolheram o primeiro jogo, o que não é um jogo de azar.

Zentall me contou: "Há um modelo chamado modelo de estimulação ideal. Ele diz que os animais e nós, seres humanos, temos um nível de estimulação que preferimos. E quando esse nível fica abaixo, buscamos estímulos. Descobrimos que se os pombos tivessem formas alternativas de estímulos mais parecidas com sua vida na natureza, isso parecia reduzir a probabilidade de escolherem o jogo de azar durante uma grande quantidade de tempo."

Os pombos podiam, de alguma forma, perceber que tinham o suficiente. Estavam satisfeitos com o que tinham, desejavam menos e não queriam escapar para o ciclo de escassez.

"E quando penso nos humanos hoje", Zentall continuou, "acredito que muitos de nós ficamos entediados com a facilidade que temos para conseguir recursos. Passamos menos tempo explorando e procurando comida. Passamos menos tempo fora de casa. Os nossos mundos sociais mudaram. Então buscamos outra forma de preencher essa lacuna do estímulo, de nos distrair ou nos confortar." Estamos mais propensos a, como os pombos não estimulados em gaiolas pequenas e estéreis, cair em um ciclo de escassez fabricado, a preencher nossas vidas com um consumo contraprodutivo e irracional. "Quando nossas necessidades não são supridas", disse, "apostamos, compramos na internet, comemos por comer, usamos as redes sociais de forma exagerada, ou até mesmo nos drogamos."

Na extremidade do cérebro de escassez, disse Zentall, reside a adicção. Ele viu comportamentos adictos nos seus pombos degenerados que vivem em gaiolas estéreis e não são estimulados. Seus colegas viram isso em seus ratos de laboratório e em outros animais que passam pela mesma coisa. "E seres humanos não são muito diferentes, em vários aspectos, dos meus pombos", afirmou.

Zentall está se referindo a uma nova e controversa teoria da adicção. Desde os anos 1990, pensamos que ela é causada por fenômenos químicos invisíveis que acontecem profundamente no cérebro. Entretanto, mais pensadores como ele entendem que temos mais coisas em comum com pombos desestimulados e outros animais do que podemos imaginar. E suas teorias não se aplicam apenas a drogas e álcool. É uma conjuntura que pode nos ajudar a entender a causa raiz de qualquer hábito que proporciona conforto no curto prazo em detrimento do crescimento e da realização no longo prazo.

Agora que eu havia começado a conectar o ciclo de escassez com o cérebro de escassez, estava na hora de deixar a segurança da minha casa. Se realmente quisesse entender como domar o cérebro de escassez, tinha que conhecer pessoas na frente de batalha, pessoas que estavam encontrando respostas no mundo real e não apenas em laboratórios estéreis e pelo Zoom.

Aquela extremidade do cérebro de escassez parecia um bom lugar para começar.

Primeira parada, Bagdá.

5

Escape

O Dr. Emad Abdul-Razaq estava sentado atrás de uma mesa de nogueira ornadamente entalhada. Sobre ela havia uma placa com o seu nome e título inscritos em letras árabes finas e inclinadas. Uma bandeira iraquiana de 1x1,5m pendurada em um mastro em um canto atrás dele. A parede à sua esquerda continha prateleiras cheias de textos de psiquiatria escritos em inglês e árabe. Fotos do médico com grupos de políticos aparentemente poderosos vestidos de terno ou trajes militares rompiam o conjunto de livros.

A energia da sala não estava boa. O doutor me encarava como se olhasse para uma pessoa cujo país recentemente invadiu o seu e agora estava pedindo um favor. Meu guia, Qutaiba Erbeed, estava sentado na cadeira do meu lado, sorrindo timidamente e balbuciando desculpas por mim em árabe. Não deveríamos estar ali.

Erbeed e eu havíamos passado os últimos dias dirigindo loucamente por Bagdá. Logo descobri que ele é um louco e vigarista de primeira classe. Está em seus vinte e tantos anos, tem um longo bigode e um cavanhaque pontudo, como um pirata.

Antes de eu chegar no Iraque, ele havia me mandado um itinerário para a semana que detalhava todos os lugares que iríamos, as pessoas que conheceríamos e as horas exatas em que isso aconteceria. A folha também explicava como dirigiríamos um "SUV luxuoso, top de linha e muito seguro" e como eu ficaria no "hotel mais luxuoso e seguro de Bagdá".

Erbeed me pegou no aeroporto com um Hyundai básico, arruinado, com mais de 10 anos de uso. Depois me deixou no hotel, um buraco enfumaçado e com poucos funcionários ao lado de edifícios bombardeados. Manchas de poeira e água decoravam o quarto. "Ah, sim, sim, nós tivemos um problema com o hotel", disse ele se desculpando. "O hotel bom estava cheio."

Em seguida, admitiu que todas as nossas "reuniões confirmadas" eram apenas sugestões do que poderíamos fazer em um cenário ideal.

Quando percebeu minha hesitação em relação ao carro, ao hotel e ao blefe de um plano, segurou a minha mão. Seus anéis dourados enormes nos dedos mínimos eram frios ao toque. "Vai ficar tudo bem", disse. "Sim, *bem*." Então me levou para almoçar, pediu muita comida e gritou "*Haram*", acusando-me de violar a lei islâmica se não comesse toda a comida e ficasse mais do que satisfeito.

Nos primeiros dias, na maior parte do tempo, dirigimos por Bagdá no Hyundai de Erbeed que não era seguro nem top de linha enquanto ele ligava agitadamente para autoridades governamentais, militares, de narcóticos e de saúde, tentando transformar todas as suas "propostas" em realidade. Então achei que essa viagem era uma furada.

Mas assim como seu golpe funcionou para me levar ao Iraque, uma hora ele começou a funcionar com outras pessoas. O homem falava, sempre falava. Sua lábia nos levou a situações em que queríamos estar e nos tirou de situações em que não queríamos estar. Ela nos levou a celas de terroristas e chefes do tráfico de drogas, postos avançados de combate ao narcotráfico, centros de reabilitação de adictos, reuniões extraoficiais com funcionários da inteligência do exército e outros lugares da linha de frente da batalha emergente do Iraque contra uma nova e curiosa droga. Enquanto isso, também nos *tirou* de situações complicadas, como confrontos em postos de controle de segurança e com membros da milícia jihadista que prefeririam ver os Estados Unidos e todos nele varridos do mapa. Nós vimos muitas armas.

No terceiro dia, Erbeed conseguiu reuniões com o ministro do Interior do Iraque, que supervisiona a polícia e o controle das fronteiras. Mas então, uma tempestade de areia épica engoliu a cidade. A visibilidade caiu para 18m. O Iraque lida com as tempestades de areia da mesma forma que outros países lidam com nevascas ou furacões. Escolas, prédios do governo e negócios não essenciais são todos fechados. Eu estava começando a perder as esperanças.

Mas na manhã seguinte, Erbeed conseguiu nos levar para aquele complexo policial. Enquanto ele tagarelava, enfrentando muita resistência, percebi que eu precisava tomar o controle das coisas. Consegui localizar alguns jornalistas do país e entrei em contato com eles, surpreendentemente, pelo Instagram. Um deles me passou o telefone do Dr. Emad Abdul-Razaq. Depois de passarmos um tempo no complexo policial, Erbeed ligou para ele. O médico atendeu e pediu para ele mandar uma mensagem. Enquanto trocava mensagens com o doutor, começou a sorrir.

"Ele acha que sou outra pessoa com o mesmo nome", disse. "Mas concordou em nos encontrar." Quando relutei, Erbeed me calou. "Não, nããããão, o doutor vai falar. Vai ficar tudo bem. *Beeeeeem*. Ele vai falar. Sim, ele vai falar. Você deve se preocupar com outras coisas, como o que vamos almoçar." Não tenho orgulho em dizer que estava desesperado o suficiente para concordar.

Então atravessamos o calor de Bagdá em alta velocidade. Passamos por torres repletas de *snipers* na Rua Damasco e por membros de milícias alinhados para proteger a Praça Tahrir, nas margens do Rio Tigre, um lugar conhecido por protestos e ataques.

Ao dirigir, Erbeed fazia malabarismos com um celular em cada mão. Fazia ligações em um telefone e mandava mensagens de texto no outro, enquanto conduzia o veículo desajeitadamente com os joelhos. Talvez o cara seja o pior motorista do Oriente Médio. Naquela manhã, rasgou a lateral de um dos pneus ao tentar enfiar o Hyundai entre a calçada e outro carro.

Ele olhava para mim enquanto saía ar do pneu. "Você é americano. Isso significa que gosta de carros. Sabe trocar um pneu?" Aqui não tem Associação Americana de Automóvel. Então eu troquei o pneu no calor de 37 graus. Enquanto tirava as porcas de fixação, parecia que todos os 7 milhões de moradores de Bagdá passavam de carro e me xingavam para que saísse da rua.

Logo depois, Erbeed raspou em um táxi que parou na nossa frente, enquanto escrevia mensagens de texto. Menos de vinte minutos depois, bateu em um SUV enquanto tagarelava, atingindo-o como se estivéssemos em uma pista de carro bate-bate.

Em ambos os acidentes, Erbeed diminuiu a velocidade, abaixou o vidro da minha janela, e então se inclinou sobre mim para gritar em árabe com o outro motorista. Depois acelerou. Nenhum dos carros parou para trocar informações de seguro ou algo do tipo.

"O que você disse a eles?", perguntei.

"Eu disse: 'Por que você está no meu caminho?!?!?'", respondeu.

E então lá estava eu. Sentado naquela reunião de mentira com o chefe de psiquiatria de todo o Iraque, a quem Erbeed havia enganado com uma conversa qualquer. Tive que dar tudo o que estava comigo a guardas fortemente armados na entrada do escritório. Passaporte, visto, computador, celular descartável, localizador GPS, várias ferramentas que poderia usar para escapar caso fosse sequestrado e US$5 mil em dinheiro. Agora tinha uma carteira, um caderno e uma caneta.

O Dr. Abdul-Razaq tirou o seu olhar sombrio de Erbeed e repousou-o em mim. "Ele disse que você é um professor", falou em inglês, gesticulando em direção a Erbeed, que sorria como um vendedor de porta em porta. "Você tem identificação?"

"Hmmm", murmurei enquanto pegava a minha carteira. O pedido parecia igualmente teatral e humilhante.

Dei ao médico o meu cartão de identificação desgastado da Universidade de Nevada, Las Vegas. Ele abaixou os óculos e examinou as informações como se fosse fazer uma prova sobre elas mais tarde. "Aqui diz que o seu título é '*Faculty*,' não 'Professor'", ele falou e começou a nos expulsar da sala. Expliquei que nos Estados Unidos, "*Faculty*" indica todas as posições de pesquisa e ensino de uma universidade.

"De qual departamento acadêmico você é?"

"Jornalismo", respondi.

Ele revirou os olhos. "Se você quer saber sobre drogas e adicção no Iraque", disse, "faça o download da pesquisa domiciliar de 2014 sobre uso de drogas. Está no nosso site", e gesticulou em direção à porta de novo.

Mas o que havia de diferente naquela interação, em comparação à maioria das outras que eu tive no Iraque, é que não havia nenhuma arma à vista. Não tinha AK-47s. Não tinha pistolas Glock. Elas estavam no corredor. Viajei 12 mil km para poder compreender os extremos do cérebro de escassez. E esse desarmado médico-barra-oficial do governo podia me ajudar a fazer exatamente isso. Então por que não pressioná-lo?

Eu lhe disse que os dados de 2014 eram muito antigos para me apoiar neles. Muito antigos para ele se apoiar também. Desde então, muita coisa aconteceu no Iraque — a ascensão do Estado Islâmico, a saída dos militares americanos. E eu queria aprender mais sobre uma nova droga chamada captagon, que ouvi dizer estava tomando conta do Iraque.

Enquanto o médico começou a me olhar da mesma forma que os jihadistas olharam, comecei a admitir que o meu próprio país tinha um problema com drogas — pior que o do Iraque. E acreditava que a nova fase das drogas no Iraque podia me ajudar a entender a adicção, um problema que não se importa com fronteiras, históricos, contas bancárias ou nada do tipo. E isso pode ajudar a entender todos os tipos de outros problemas universais.

Talvez tenha sido o meu uso de termos científicos, como "dados". Ou por ter admitido que o meu país era, de algumas formas, tão problemático quanto o dele e também havia contribuído muito para prejudicá-lo. O que quer que tenha sido, o olhar do médico começou a se tornar menos hostil. Colocou o meu cartão de identificação de *Faculty,* não de Professor, na sua mesa. Então se inclinou para trás em sua cadeira de couro e acariciou seu bigode estilo Tom Selleck.

"Sim, houve um grande aumento no uso de drogas nesse país", disse. "Começou a aumentar depois da invasão americana em 2003. Essa invasão desestabilizou o país e abriu as portas para as circunstâncias nas quais as pessoas usam drogas. Então, desde a guerra com o Estado Islâmico em 2014, tivemos um aumento drástico no suprimento de drogas, principalmente estimulantes, como o captagon. O problema com o captagon é feio e está crescendo."

Em 1961, uma empresa farmacêutica alemã inventou a droga captagon. Era vendida como uma alternativa para anfetaminas como Adderall, Dexedrina e Benzedrina. Aumenta o foco e induz à euforia, sendo usada para tratar crianças com TDAH e adultos com depressão.

Nos anos 1970, os médicos começaram a perceber que a captagon funcionava muito bem. A sua tendência ao abuso e à adicção superou seus benefícios médicos. O uso por lazer da droga se tornou popular nos países cheios de petróleo do Golfo Persa, como a Arábia Saudita. Os países muçulmanos geralmente seguem regras rígidas sobre haram, ou ações proibidas. Usar drogas e beber álcool é haram. Mas como o captagon era um remédio de prescrição médica legal, algumas pessoas viram seu uso como uma forma de ficar chapado sem cometer haram. Esse não é um caso único. Utah, por exemplo, tem uma das mais altas taxas de abuso de drogas prescritas porque os mórmons não podem beber álcool, café ou usar nicotina.

Nos anos 1980, as Nações Unidas listaram o captagon como uma substância controlada. Os países do mundo inteiro começaram a proibir sua produção e uso. Mas o Oriente Médio não conseguiu se desfazer do seu hábito.

Para suprir a demanda, os militares sírios e a organização terrorista libanesa Hezbollah interviram. Nos anos 1990, começaram a construir pequenos laboratórios clandestinos na fronteira entre a Síria e o Líbano para financiar campanhas militares. Mas depois da proibição, o suprimento do ingrediente ativo original do captagon (fenetilina) havia acabado. Então encheram os comprimidos com misturas aleatórias de metanfetamina, anfetamina, cafeína, metais pesados e qualquer outro estimulante barato que encontrassem.

O movimento da Primavera Árabe de 2011 iniciou uma guerra civil na Síria que dura até hoje. Ele colocou o regime muçulmano xiita do presidente Bashar al-Assad contra grupos como a Al-Qaeda. Em 2014, o Estado Islâmico ascendeu no Iraque e entrou no conflito, lutando contra o governo do Iraque e o exército de Assad para tentar criar um estado islâmico radical no Iraque e na Síria (sob a sigla ISIS).

Antes de eu chegar no Iraque, conversei com Caroline Rose, que pesquisa o comércio de captagon no Instituto *New Lines*, um *think tank* de geopolítica em Washington, D.C. Ela me disse que, para financiar os esforços de guerra, o regime de Assad tomou o controle de fábricas farmacêuticas e construiu megalaboratórios. "Eles empregam um grande número de pessoas para produzir o captagon em quantidades industriais", disse.

Hoje existem pelo menos quinze grandes instalações na Síria que produzem o captagon que o governo financia. "Na Síria, a produção de captagon está fortemente associada à Quarta Divisão", disse Rose. É uma unidade de elite militar dentro do exército sírio — semelhante ao SEAL *Team Six*[1].

"E também há organizações que possuem laços profundos com o Exército dos Guardiães da Revolução Islâmica que ajudam", contou. Milícias iraquianas financiadas pelo Estado, como as Forças de Mobilização Popular, que recebem treinamento e financiamento do Irã, também ajudam no comércio de captagon.

No dia seguinte à nossa reunião com o Dr. Abdul-Razaq, Erbeed e eu fomos ao shopping Al Mansour em Bagdá. Imagine um shopping padrão com vários andares e uma grande praça de alimentação completa com um Burger King e

---

[1] Unidade das Forças Armadas dos EUA encarregada de realizar as missões mais complexas, confidenciais e perigosas, como ações antiterrorismo e resgate de reféns. [N. da T.]

imitações dos restaurantes americanos de fast-food que não abririam uma franquia no Iraque.

Encontramos Ehab e Nader (cujos sobrenomes estão omitidos por razões de segurança) em um salão de narguilé no último andar do shopping. Eles são oficiais de inteligência do exército iraquiano que comandam operações de combate às drogas contra o Estado Islâmico e contra traficantes na fronteira com a Síria. Cercamos uma mesa com vista para as luzes dispersas de Bagdá. Eles fumavam tabaco com shisha de limão em um narguilé tradicional enquanto eu bebia um café forte com cardamomo.

"Começamos a perceber o aumento do captagon em 2014, durante a guerra com o Estado Islâmico", Ehab explicou. "Os soldados do Estado Islâmico o tomavam para combater o medo, se sentirem mais fortes e ficarem acordados por mais tempo. Eles o ingeriam para ficarem prontos para morrer. Muitos homens-bomba consumiam captagon."

Por causa da ligação da droga com o Estado Islâmico, a mídia ocidental começou a chamá-la de a "pílula da Jihad". Mas a droga logo se tornou popular entre os soldados de ambos os lados da guerra. "Muitos soldados da infantaria do Iraque agora estão usando captagon ou outras anfetaminas", disse Nader.

O uso de anfetamina entre os soldados não é algo novo. Um artigo no *Journal of Interdisciplinary History* relata que tropas tanto dos Aliados quanto dos países do Eixo na Segunda Guerra Mundial usavam anfetaminas diferentes porque elas, segundo o que os pesquisadores escreveram, "aumentavam a confiança e a agressividade e elevava o 'moral'".

Nader e Ehab são frequentemente enviados à fronteira para guerrear contra um comércio emergente de drogas. Eles repetiram a afirmação de Rose sobre o papel das milícias iraquianas no comércio. "Muitas milícias são corruptas. Aceitam subornos ou fazem vista grossa para o problema porque uma parte do dinheiro das drogas vai para o Irã", Nader afirmou.

É todo um complexo militar-narco-industrial de atores jihadistas que produzem e traficam o captagon, que se tornou a droga mais procurada do Oriente Médio. A demanda é um espectro que está se espalhando e alcançando novas regiões. O valor atual da indústria ilegal de captagon da Síria é 45 vezes maior do que toda a sua indústria legal de exportação. Mas ao contrário dos cartéis mexicanos — que produzem e distribuem drogas para enriquecer — as riquezas do captagon são usadas para campanhas de terror, para financiar organizações associadas a crimes de guerra e terrorismo.

E os números são impressionantes. Autoridades da Malásia e da Itália recentemente descobriram duas remessas de 100 milhões de comprimidos, cada uma delas passando por seus portos para voltar ao Oriente Médio. Especialistas estimam que de 1% a 5% das drogas que cruzam as fronteiras são confiscadas. Neste exato momento, bilhões de comprimidos de captagon estão circulando pelo Oriente Médio. Bilhões.

Rose analisou recentemente todos os números. Em 2020, o negócio valia US$3,46 bilhões. Em 2021, US$5,7 bilhões. Em 2022 atingiu mais de US$10 bilhões. Em 2023 provavelmente crescerá ainda mais. Mas alguns analistas acreditam que esses números são muito conservadores. O mercado pode ser três vezes maior do que isso.

O Escritório das Nações Unidas sobre Drogas e Crime relata que as drogas costumavam passar pelo Iraque para chegar a outros países do Oriente Médio. Mas elas começaram a entrar e permanecer há uma década. Em apenas poucos meses em 2021, forças iraquianas apreenderam vinte vezes a quantidade de captagon que haviam apreendido em 2019 e 2020 *juntos*. Apreensões recentes, no entanto, eram maiores do que isso, disse Ehab.

"A fronteira com a Síria é muito longa", explicou Nader, soprando fumaça com cheiro de limão de sua boca. Os traficantes estão ficando criativos. "Recentemente, paramos um pastor que estava cruzando a fronteira da Síria em direção ao Iraque. Descobrimos que ele havia aberto as barrigas de suas ovelhas e colocado pacotes de captagon dentro delas, e depois as costurou."

A violência em torno do negócio não está presente apenas em Bagdá, Ehab me contou. "Muitos dos nossos soldados foram mortos", disse. Agora os traficantes estão usando uma tática de matar primeiro e fugir depois para traficar a captagon nas fronteiras. Eles carregam AK-47s, granadas propelidas por foguete, rifles de *sniper* e explosivos improvisados. O coronel iraquiano Ziyad Al Qaisi disse recentemente que, embora o terrorismo e as drogas sejam dois lados da mesma moeda, combater o comércio de drogas está se tornando mais perigoso.

Quando cheguei no Iraque, uma onda de captagon estava varrendo Bagdá. Dias antes, autoridades haviam interceptado um caminhão de transporte com 8 milhões de comprimidos que estava indo de Bagdá para a Síria. Eles também desmembraram uma quadrilha de drogas local que planejava distribuir 6,2 milhões de comprimidos de captagon.

Uma mulher com um *hijab* preto entrou no escritório do Dr. Abdul-Razaq. Colocou pequenos copos de papel com chá acobreado do Ceilão com sabor de cardamomo em uma mesa de centro na nossa frente. "*As-salamu alaykum*", disse Erbeed. "Que a paz esteja com você."

O doutor acenou com a cabeça enquanto a mulher se virava e saía da sala. Então começou a falar. "No Iraque, nós temos muitas vítimas de trauma. Começou nos anos 1980, com a guerra contra o Irã", disse. Naquela guerra, Saddam Hussein invadiu o Irã, que recentemente havia passado pela Revolução Islâmica. Devido ao Irã estar em um caos pós-revolucionário, Hussein achou que poderia passar pelo país e conquistá-lo facilmente. A guerra durou 8 anos, terminando em um impasse.

"Um milhão de pessoas morreram naquela guerra", disse o Dr. Abdul-Razaq. Dois anos depois, em 1990, Hussein invadiu o Kuwait, fazendo com que os Estados Unidos e outros países intervissem, dando início à Guerra do Golfo. Então houve levantes contra Hussein, como a Guerra Civil no Curdistão Iraquiano, de 1994 a 1997, que provocou um genocídio. Dizem que Hussein exterminou 250 mil iraquianos durante seu regime.

Em 2003, os Estados Unidos e seus aliados invadiram o Iraque. A guerra que se seguiu depôs Hussein e durou, oficialmente, até 2011, embora seu declínio tenha sido lento. Algumas estimativas sugerem que um milhão de pessoas morreram naquela guerra. O Estado Islâmico aproveitou a animosidade crescente contra o Ocidente e emergiu dos destroços.

De 2013 a 2017, a organização hediondamente violenta liderou um reino de terror em uma tentativa de criar um califado. A Batalha de Mossul, por exemplo, é considerada o combate urbano mais violento desde a Segunda Guerra Mundial. Até hoje o Iraque combate uma insurgência do ISIS, com bombardeios, ataques violentos e execuções ocorrendo em dias alternados e crescendo em número. A economia também está em ruínas. "O investimento estrangeiro é mínimo e o desemprego está alto", disse o Dr. Abdul-Razaq.

"Portanto, acho que essa adicção se deve mais às circunstâncias", disse o médico. "Se as condições ajudam e há drogas disponíveis, seu uso aumenta. As pessoas usam drogas por boas razões. As drogas são uma maneira fácil de escapar, de se sentir empoderado, lidar com a vida e sobreviver. Alguns trabalhadores iraquianos usam drogas para ficarem acordados e trabalharem por mais tempo."

O doutor estava fazendo uma alusão à mesma teoria da adicção que Zentall mencionou. Por muito tempo vimos o uso de substâncias como uma anomalia bizarra — um indício de uma moral comprometida ou uma química cerebral desequilibrada. Mas há um reconhecimento crescente de que o uso de drogas no nosso passado era quase sempre bom. Ele nos ajudou a sobreviver.

A nossa inclinação moderna para a abundância mudou a natureza do uso de substâncias. No entanto, o cérebro de uma pessoa adicta ainda, de certa forma, vê o uso de drogas como um mecanismo de sobrevivência.

Se conseguirmos desvendar como e por que isso ocorre, podemos compreender as condições internas e externas que levam as pessoas a usarem o captagon no Iraque e em outros lugares. E isso pode nos ajudar a entender a raiz de muitos dos hábitos que queremos mudar, a entender uma razão-chave do por quê, quando e como entramos no ciclo de escassez. E como podemos encontrar o suficiente.

Se você procurar a definição de "adicção" no *DSM-5,* que é a bíblia que psiquiatras usam para tratar pacientes, ela não está lá. O *DSM-5* não usa a palavra "adicção". E isso é, escreveram, "por causa de sua definição incerta". As pessoas que dedicaram suas vidas para estudarem a dependência me deram todos os tipos de definições diferentes. Mas todos os cientistas e profissionais com os quais falei esboçaram a mesma ideia. A adicção é a busca crônica de uma recompensa apesar das consequências negativas.

Desse ponto de vista, todos os nossos ancestrais eram adictos. Os primeiros humanos faziam caças épicas apesar dos grandes perigos. Exploravam novos territórios buscando mais, embora não conhecessem as armadilhas escondidas no desconhecido. Enfrentaram climas, animais e paisagens traiçoeiras com a esperança de obter uma recompensa na forma de comida e segurança. Se nossa espécie não estivesse disposta a persistir cronicamente diante das consequências negativas — digamos, quebrando um braço em uma caça, se perdendo e ficando faminto em busca de comida, e então fazer isso novamente no dia seguinte — nós não estaríamos aqui.

Imagens cerebrais mostram que a adicção está presente no mesmo sistema cerebral relacionado ao amor, seja para com o nossos parceiros ou filhos. "Esse sistema evoluiu naturalmente para criar comportamentos compulsivos apesar das consequências", Maia Szalavitz, uma pesquisadora de adicção, jornalista e autora do livro *Unbroken Brain,* me contou. "Você nunca manteria um relacionamento com um parceiro ou lidaria com todas as fraldas, choros e frustrações que acontecem durante a criação de uma criança se não houvesse uma recompensa mais profunda que o fizesse persistir, apesar das consequências negativas."

De fato, os "adictos" da nossa tribo — aqueles que persistiram por mais tempo apesar das condições e consequências mais difíceis — provavelmente foram os mais bem-sucedidos. Até que, é claro, isso os matou.

É aí que entra o uso de drogas. Não é algo novo e não acontece apenas com humanos. Cientistas agora sabem que o uso de substâncias psicoativas possui "raízes evolucionárias extremamente profundas". Isso remonta aos organismos multicelulares que apareceram há 500 milhões de anos.

Conversei com Moira van Staaden, uma bióloga evolucionária da Universidade Bowling Green State. Ela me disse que compostos de drogas como anfetaminas, cocaína, opioides, nicotina e álcool se desenvolveram primeiro em plantas como mecanismos de defesa contra insetos.

Funcionava assim: Um inseto começava a comer a planta. Mas logo aquele composto de droga dentro dela afetaria o comportamento do inseto de uma forma que protegeria a planta. Van Staaden explicou: "Por exemplo, imagine um inseto camuflado. Se ele come uma planta que contém anfetaminas e esse composto faz com que comece a se mover mais rápido de repente, interromperá sua camuflagem e ele será visto e comido por predadores muito mais rápido e fácil".

Outros compostos, como opioides, podem deixar o inseto mais lento. Outras substâncias químicas podem afetar o seu impulso para procriar, deixando apenas um inseto inebriado para comer a planta, em vez de novas gerações dele. O efeito desses compostos de drogas também tinham que ser recompensadores. Se o inseto não morresse durante o seu primeiro encontro com a substância, ele devia querer voltar para ter a mesma experiência.

Os experimentos de Van Staaden mostram que todos os compostos que nós, seres humanos, usamos para alterar o nosso estado mental de consciência — cocaína, opioides, anfetaminas, álcool, nicotina, entre outros — produzem os mesmos efeitos básicos em bichos. Por exemplo, quando ela dá doses de anfetaminas a lagostins, eles ficam hiperativos. Quando dá álcool para moscas-das-frutas, o seu padrão de voo se torna o equivalente aéreo a cambalear. Quando dá opioides aos lagostins, eles ficam lentos e perdem o interesse em procriar.

"Portanto, os compostos de drogas não evoluíram para serem direcionados a nós, humanos", Van Staaden disse. "Eles eram direcionados aos bichos." Mas os genes que apareceram nos bichos pela primeira vez se espalharam ao longo de centenas de milhões de anos e foram passados para nós.

"Certamente, em um nível estrutural, somos muito diferentes" dos bichos que apareceram há 665 milhões de anos e ainda existem hoje, como os lagostins, Van Staaden me contou. "Mas se você examinar os receptores e a bioquímica — em um nível químico e molecular — compartilhamos uma grande proporção dos nossos genes com insetos, em média 80% em todos os níveis. E é por isso que também somos vulneráveis aos mesmos compostos psicoativos das plantas. Os humanos são, em essência, danos colaterais disso."

A nossa espécie, *homo sapiens,* ingere substâncias que alteram o estado mental de consciência desde que evoluímos dos nossos ancestrais comuns. E esses ancestrais também ingeriam substâncias que alteravam seu estado mental de consciência. Assim como seus ancestrais. E assim retornando, até aqueles insetos antigos.

No entanto, não somos insetos. Somos muito maiores e mais inteligentes. Aprendemos a usar esses compostos de plantas como ferramentas. Cientistas de Stanford dizem que as substâncias e comportamentos que consideramos mais viciantes hoje ajudaram nossos ancestrais a sobreviverem à forja da evolução.

Por exemplo, o álcool. Os primeiros humanos davam mais valor às frutas do que a outras comidas porque elas têm mais açúcar e calorias. À medida que frutas silvestres caem das árvores e amadurecem, misturam-se com a levedura que acontece naturalmente no ar e começam a fermentar. Cientistas da Universidade da Califórnia em Berkeley dizem que essa fruta fermentada emitia um cheiro peculiar que ajudava os humanos a encontrá-las. E isso também criava níveis alcoólicos baixos dentro da fruta.

Ingerir essa fruta inebriante acionava o que os cientistas chamam de "efeito aperitivo". Estudos mostram que as pessoas comem 10% a 30% a mais de comida depois de ingerir álcool. Então isso fazia com que nossos ancestrais encontrassem e consumissem mais dessas frutas para ficarem mais fortes durante tempos de escassez. O efeito nos recompensava depois. O álcool até mata germes. Portanto, essa comida inebriante tinha menos probabilidade de conter bactérias que poderiam nos deixar doentes.

Isso significa que, no passado, o álcool estava associado à sobrevivência. Mas os níveis de álcool nessa fruta silvestre em fermentação eram tão baixos que ficaríamos satisfeitos muito antes de começarmos a ficar bêbados.

A mesma regra se aplica a estimulantes, opioides, tabaco, psicodélicos, maconha e outros. A cocaína vem das folhas de coca. Essas folhas contêm níveis baixos da substância química da cocaína — apenas uma fração de 1%. Mastigá-las matava a nossa fome e aumentava o nosso vigor e foco durante as longas e difíceis caçadas e buscas por comida. Outros estimulantes naturais, como o khat, ephedra e plantas que contêm cafeína agiam da mesma maneira. Usávamos o ópio das papoulas durante cerimônias e para atenuar a dor de lesões que sofríamos durante caçadas, como um analgésico da antiguidade. O tabaco saciava a nossa fome e aumentava o nosso foco para conseguir comida quando alimento era escasso. Ele também possui substâncias que evitam parasitas do estômago e infecções. Usávamos psicodélicos para fins cerimoniais e medicinais, e possivelmente para nos fazer ter novas perspectivas de sobrevivência e maneiras de ver o mundo. A maconha tratava uma variedade de doenças.

Por quase toda a existência humana, essas substâncias eram relativamente fracas e escassas. Consumíamos um pouco do seu princípio ativo às vezes. Os efeitos eram pequenos montes perto da cordilheira do Himalaia.

Entretanto, há relativamente pouco tempo, pegamos cada um dos compostos psicoativos dessas plantas, os concentramos e aumentamos a sua disponibilidade. Criamos bebidas destiladas, cocaína em pó concentrada, metanfetamina, captagon, heroína, cigarros modernos, psicodélicos e maconha que podemos comer em forma de doce ou inalar em líquido vaporizado.

Nos últimos anos, muitas drogas ilícitas deixaram de ser plantadas — cocaína das plantas de coca, heroína das papoulas — e passaram a ser fabricadas em laboratório.

A oferta de drogas fabricadas em laboratório como metanfetamina, captagon e fentanil está maior do que nunca porque elas são vinte vezes mais lucrativas do que drogas oriundas de plantas. Também são mais de oitenta vezes mais fortes do que as suas equivalentes plantadas. As imensas ofertas fizeram os preços caírem para "o mais baixo de todos os tempos", disseram pesquisadores da Universidade John Jay College. Drogas como heroína e metanfetamina estão mais de dez vezes mais baratas do que eram nos anos 1980.

O uso e a overdose dispararam desde então. Overdoses de metanfetamina nos Estados Unidos multiplicaram quase dezesseis vezes desde 2000. Fentanil é a principal razão pela qual mortes por overdose de drogas ultrapassaram recentemente os 100 mil, número aproximadamente seis vezes maior desde 1999.

Robert Sapolsky, o neurocientista de Stanford, resumiu nosso cenário atual de substâncias psicoativas da seguinte forma: "Nós vivíamos vidas que, em meio a privações consideráveis, também ofereciam muitos prazeres sutis e difíceis de conquistar. E agora temos drogas que provocam espasmos de prazer e liberação de dopamina mil vezes mais fortes do que qualquer coisa estimulada no nosso antigo mundo sem drogas."

Apesar de termos mais drogas que são mais poderosas do que nunca, a adicção não é nada de novo. Pensadores que remontam aos gregos antigos (e provavelmente muito antes) tentaram entender por que algumas pessoas se viciam e outras não. Todos esses pensadores propuseram mais de uma centena de explicações. Mas o último século nos deixou com duas escolas de pensamento dominantes.

A primeira vê um adicto como uma pessoa ruim. Vê a adicção como uma escolha pessoal egoísta e destrutiva. A Guerra Contra as Drogas, por exemplo, é baseada nesse modelo. Em seu auge nos anos 1980, a Guerra Contra as Drogas prendeu um milhão de americanos em cada ano por crimes como posse de uma pequena quantidade de maconha, cocaína ou heroína.

Mas no meio dos anos 1990, percebemos que estávamos perdendo essa guerra. Gastamos trilhões combatendo as drogas em todo o mundo e prendendo pessoas por possuí-las. Mas as taxas de uso de drogas não estavam caindo. A abordagem estava arruinando vidas e prejudicando minorias de forma desproporcional. Pesquisas mostram, por exemplo, que a maioria dos usuários de crack nos anos 1990 eram brancos, mas 90% das pessoas presas por posse de crack eram negras.

Portanto, em 1995, um grupo de pesquisadores do Instituto Nacional de Abuso de Drogas (NIDA, na sigla em inglês), se reuniram para buscar uma solução. A neuroimagem estava em alta na época. A tecnologia, que captura imagens de como nossos cérebros reagem a situações diferentes, havia melhorado drasticamente. Novas imagens mostravam que cérebros de usuários crônicos de drogas respondiam de forma diferente a elas do que os cérebros dos não usuários.

Lembre-se de que a dopamina não é o neurotransmissor do prazer. Na verdade, um dos seus papéis é nos ajudar a buscar prazer criando desejo.

Neurocientistas chamam o sistema cerebral que *produz* prazer de nosso "sistema de gostar". O nosso sistema de gostar é composto por uma série de pequenos "pontos hedônicos" no nosso cérebro. Quando fazemos algo agradável, esses pontos "de gostar" são inundados por neurotransmissores como opioides mu e endocanabinoides. São versões químicas cerebrais naturais de heroína e maconha. Sem surpresa, isso gera um sentimento fantástico e nos faz "gostar" do que acabamos de fazer.

Mas quando neurocientistas estudaram os cérebros de adictos de drogas, descobriram algo estranho. Os pontos de "gostar" ou de prazer em muitos dos cérebros dos adictos geralmente não "gostavam", ou eram ativados, quando consumiam suas drogas preferidas. Mas seus cérebros ainda liberavam altos níveis de dopamina, fazendo-os continuar desejando a droga. As imagens sugeriram que os adictos desejavam-nas, mas não gostavam delas depois de as consumirem.

Com descobertas surpreendentes como essa, os líderes do NIDA descreveram o segundo modelo de adicção. O modelo aborda a adicção como uma doença relativa a um cérebro lesionado. A ideia é que substâncias viciantes "sequestram" nossos cérebros. O NIDA afirmou que os adictos são passageiros indefesos desse trem de carga sequestrado e desgovernado que são seus cérebros. Mesmo que um usuário escolha parar, disse a diretora do NIDA, Nora Volkow, não vai conseguir. Não há escolha. Isso acontece porque, como Volkow escreveu no periódico *Lancet Psychiatry,* "mudanças neuroplásticas funcionais e moleculares específicas no nível sináptico e de circuito (...) são desencadeadas por exposição repetida à droga". Essa ideia, chamada de modelo de doença cerebral da adicção, tem estado na frente dos círculos científicos e políticos desde então.

O Dr. Abdul-Razaq e eu estávamos conversando por meia hora. Erbeed, pela primeira vez, não precisava traduzir. Então relaxou e fingiu se importar com a conversa enquanto tomava seu chá e olhava eventualmente para seus celulares. Perguntei ao médico o que ele achava do modelo de doença cerebral.

"Hum, é interessante", disse. Ele não discorda que o cérebro de um adicto responda de maneira diferente às drogas do que o cérebro de uma pessoa não adicta. É claro que isso acontece, afirmou. Mas ele se preocupa que essa neurociência complexa não faça muito para ajudar as pessoas.

O doutor é uma parte do número crescente de pessoas que está trabalhando nas trincheiras para ajudar os adictos. Elas não acreditam que os adictos são pessoas ruins. Mas suas experiências também não sugerem que adictos são passageiros sequestrados indefesos.

"Entre os polos da doença e da depravação", escreveu um desses novos pensadores, "há um amplo terreno de experiência e sabedoria no meio que pode ajudar a explicar por que milhões usam (drogas e álcool) em excesso."

Antes de viajar para o Iraque, conversei com muitos especialistas de todo o mundo que estão explorando esse terreno do meio. A Dra. Sally Satel é uma psiquiatra especializada em dependência e professora na Universidade de Yale. Ela me contou que consegue perceber como a ideia da adicção como uma doença cerebral ajudando a fazer com que os adictos consigam ajuda profissional em vez de serem presos. "Se eu estiver conversando com um juiz, delegado ou perito de seguros, digo 'Sim, a adicção é uma doença'", ela disse.

Mas nenhum dos adictos com os quais trabalhou pareciam passageiros indefesos de um cérebro sequestrado. "Sim, a adicção provoca mudanças no cérebro", ela me disse. "Mas tudo também provoca mudanças. Esta conversa que estamos tendo agora está mudando nossos cérebros. A pergunta crucial não é se mudanças cerebrais acontecem. Elas acontecem."

"A pergunta que devemos fazer", disse Satel, "é se essas mudanças cerebrais eliminam a capacidade de tomar decisões. A resposta para essa pergunta é não. A escolha pode ser restringida. Mas as pessoas *são* capazes de romper a tempestade neuroquímica e mudar seu comportamento. É possível mudar. Tudo é possível."

Nenhuma ciência já conseguiu documentar mudanças específicas do cérebro que acontecem *por causa* do uso da droga e sua indução à adicção. E parte da razão pela qual acreditamos que as drogas se apoderam do nosso comportamento vem de experimentos com ratos de laboratório que foram criados para pesquisa e vivem em gaiolas pequenas, geralmente sozinhos. Nesses estudos, os ratos conseguem acionar uma alavanca por uma dose de cocaína. E eles amam isso. Esses ratos acionam e reacionam a alavanca. Eles ficam tão obcecados com o efeito da droga que se esquecem de comer e morrem.

Mas o que não é falado é o que acontece quando você coloca esses ratos de laboratório em um ambiente mais confortável, seguro e agradável para eles. O tipo de ambiente parecido com o que vivem na natureza. Um grande parque com buracos para se esconder, ninhos, pedaços de madeira, rodas de exercício, plantas, outros ratos e muito mais. Eles param de acionar a alavanca. Assim como os pombos de Zentall, que pararam de apostar depois de viverem uma vida de pombo na natureza.

O sistema de tratamento de adicção geralmente não se atenta às razões pelas quais os humanos param de acionar a alavanca metafórica. O NIDA, por exemplo, reconhece silenciosamente o papel ambiental da dependência, mas essa ideia é varrida para debaixo do tapete. A maior parte do seu financiamento é direcionada para pesquisa do modelo de doença cerebral. A maioria das suas informações públicas se refere à neurociência da adicção.

O NIDA afirma que a dependência é uma sentença de vida. Ele diz "a adicção é (...) um distúrbio crônico e reincidente" porque seus dados internos mostram que de 40% a 60% dos seus pacientes adictos reincidem. Mas as pessoas deixam a adicção por muitas razões. E isso acontece com muito mais frequência que os dados oficiais sugerem.

"Existe uma ideia chamada de 'a ilusão do médico'", Satel me disse. Ela se refere ao pensamento de que médicos e pesquisadores da dependência tendem a estudar e ver apenas os casos mais desafiadores, as pessoas que não conseguem deixar a adicção mesmo depois de perderem tudo. E isso faz com que médicos e pesquisadores acreditem que todos os casos de dependência são irremediáveis.

Mas pesquisas com pessoas em geral, que possuem questões com o abuso de substâncias, sugerem um cenário muito mais esperançoso. Satel me contou sobre um estudo que pesquisou aproximadamente 20 mil pessoas. Ele descobriu que 75% das pessoas que relataram ter lutado contra as drogas antes dos 24 anos não as usavam mais quando tinham 37. Outra pesquisa extensiva descobriu que em 10 anos, 86% das pessoas que lutavam contra a adicção ficaram limpas.

Satel começou a apresentar contraexemplos das pessoas com as quais trabalhou. Pessoas que pararam porque finalmente ficaram cansadas de mendigar. Ou porque foram demitidas, ou porque receberam uma multa por dirigir sob influência de álcool ou drogas. Ou porque sua adicção à bebida fez com que perdessem o jogo de futebol do filho. Ou porque tiveram um filho, ou uma nova oportunidade de emprego. Ou porque, como o psicólogo William James escreveu, passaram por uma "experiência espiritual vital" que as tiraram do ciclo da dependência.

"E mesmo que aceitemos que a adicção é uma doença cerebral", Satel me contou, "precisamos ser sinceros acerca do tipo dessa doença. Não é uma doença cerebral como o Alzheimer. Não há incentivos e punições que possam mudar o curso de uma doença como o Alzheimer. Mas há muita evidência de que pessoas com dependência respondem a incentivos."

Veja o que aconteceu com os soldados que serviram na Guerra do Vietnã. Os médicos do exército estimaram que entre 10% e 25% dos soldados americanos enviados ao Vietnã eram adictos de heroína. O cenário era tão ruim que, em maio de 1971, o *New York Times* apresentou uma história na primeira página intitulada "Epidemia de Dependência de Heroína entre os Soldados Americanos no Vietnã".

O Presidente Nixon não queria deixar esses adictos voltarem para os Estados Unidos, então ele lançou a Operação Fluxo Dourado. O acordo era simples. Se os soldados quisessem voltar para casa, teriam que providenciar um teste de urina limpo. Se a dependência impede a escolha, e a recaída é uma conclusão antecipada, então a maioria dos soldados adictos não conseguiriam superar seus cérebros prejudicados e teriam sido deixados no Vietnã.

Mas quase todo soldado apresentou um fluxo dourado, um teste de urina limpo. E não foi algo temporário. Quando eles já estavam em casa, a heroína não atraía mais a maioria desses soldados. Apenas 5% dos que eram adictos durante o tempo que passaram no Vietnã recaíram dentro de um ano desde o retorno para os Estados Unidos. Os reincidentes tendiam a ser soldados que haviam usado drogas antes da guerra.

O resultado chocou o cientista que comandou o estudo. Suas descobertas, escreveu, "iam contra a sabedoria tradicional de que a heroína é uma droga que faz seus adictos sofrerem desejos intoleráveis que rapidamente provocam a recaída". Algo relacionado ao incentivo de deixar o inferno da guerra mudou a mente desses veteranos. Eles eram como os pombos de Zentall e os ratos de laboratório que saíram das gaiolas e foram para um mundo mais parecido com o seu ambiente natural.

Esse fenômeno também aparece em laboratórios modernos com incentivos menores. Um estudo ofereceu drogas ou um vale a adictos de opioides. Se eles voltassem após alguns dias e entregassem urinas sem vestígios de drogas, assim como os soldados do Vietnã, podiam receber o vale de US$25. Cerca de 75% dos participantes do estudo escolheram a segunda opção e receberam o dinheiro.

Em outro estudo, pesquisadores da Universidade de Columbia reuniram um grupo de adictos de crack e os ofereceram duas escolhas. Eles podiam fumar quantidades variadas da droga ou receber US$5. A grande maioria do grupo escolheu o dinheiro, embora mais pessoas começaram a escolher o crack quando a quantidade oferecida ficou grande o suficiente. Em outras palavras, segundo os pesquisadores observaram, os usuários da droga tomaram decisões econômicas racionais.

Outra pesquisa mostrou que os cérebros dos usuários de drogas não são tão prejudicados como as imagens da neurociência nos levou a acreditar. Os mesmos pesquisadores de Columbia descobriram que usuários regulares de drogas tomaram decisões igualmente boas em relação aos não usuários em uma tarefa de tomada de decisões.

"O efeito dos incentivos diminui, a não ser que mudanças maiores sejam realizadas em suas vidas", disse Satel. "Mas a questão é que adictos podem responder aos incentivos. Seus cérebros são capazes de tomar decisões. No entanto, se você pegar o extremo lógico do modelo de doença cerebral que o NIDA desenvolveu, isso nunca poderia acontecer. De verdade, eu sou contra retratar as pessoas como indefesas."

Até agora não há uma cura milagrosa, como um remédio ou um procedimento para a dependência. A recuperação exige um esforço. Mas aceitar completamente o modelo de doença cerebral pode, para alguns, acabar com a motivação para realizar o esforço necessário.

Por exemplo, cientistas da Universidade do Novo México analisaram alcoólatras em reabilitação por mais de um ano. A maior razão para a reincidência foi a crença de que a adicção é uma doença. Os reincidentes disseram que não viam motivos para lutar contra uma doença sem cura. Esse ponto de vista também pode fazer com que aqueles que teriam a salvação percam as esperanças. Outra pesquisa descobriu que quanto mais os membros da família de um usuário de drogas acreditam que a adicção é uma doença insuperável, maior a probabilidade de se distanciarem do usuário.

Mas até imagens cerebrais sugerem que uma pessoa sob as garras da dependência *pode* afetar a sua química cerebral. Pesquisadores da Yale e Columbia fizeram um grupo de fumantes que estavam tentando parar de fumar assistir a um vídeo de pessoas fumando. Por causa desse gatilho, seus cérebros dispararam dopamina, que os fizeram desejar fumar. Mas quando consideraram os problemas de longo prazo que vêm com o fumo, como câncer, seus circuitos de desejo se acalmaram e a área de seus cérebros que controla decisões de longo prazo foi ativada. Descobertas semelhantes foram apresentadas com adictos de cocaína. E isso pode funcionar para qualquer desejo. Se considerarmos as desvantagens dos nossos desejos — ganho de peso por comer um segundo donut, ansiedade por passar mais tempo nas redes sociais — isso pode mudar a nossa química cerebral e nos ajudar. Isso significa que você não é um escravo da sua química cerebral.

"A consequência de pôr a culpa da adicção em neurotransmissores como a dopamina" Satel me contou, "é que adictos deveriam tomar inibidores de dopamina", um remédio que inibe a liberação do neurotransmissor. "Mas isso não funciona."

Satel e Abdul-Razaq não estão sozinhos. Satel trabalhou com outros psiquiatras, médicos, enfermeiros e até mães de adictos que também são contra a ideia de que a adicção é irremediável. Pam, Beckey, Lisa e Sharon fizeram amizade com Satel em Ironton, Ohio, uma cidade afetada por opioides onde ela trabalhou com pacientes por um ano. Essas mulheres "estavam genuinamente interessadas na questão da dependência", Satel escreveu sobre a sua experiência lá. "E elas estavam cansadas da falsa escolha imposta a elas (...): ou aceite que adictos são pessoas doentes que precisam de cuidados [médicos] ou pessoas ruins que merecem punição."

Naquele amplo terreno no meio reside a razão original pela qual seres humanos e outros animais começaram a usar substâncias psicoativas pela primeira vez há milhões de anos. "O modelo de doença cerebral", Satel escreveu em um estudo para a revista *Frontiers in Psychiatry,* "ignora a dimensão da escolha na dependência, a capacidade de responder a incentivos, e também o fato de que pessoas usam drogas por alguns motivos."

Essa é uma ideia que o Dr. Abdul-Razaq também mencionou. "As pessoas daqui usam drogas por uma boa razão", ele me contou, recostando-se em sua cadeira e acariciando seu bigode. Todo iraquiano com o qual ele trabalhou, que se tornou adicto de captagon, ele disse, começou a usá-lo porque, inicialmente, isso melhorava a sua vida. Muitos o tomaram para se automedicar e lidar com os traumas da guerra ou para melhorar uma experiência. "Mas nós também temos muitos motoristas de caminhão ou funcionários de padaria que o usam para permanecerem acordados e trabalharem por muito tempo", disse o médico. É uma versão mais forte do café que nós tomamos de manhã.

Essa também tem sido a experiência americana. Lembre-se da fórmula: *Nós fazemos uma coisa. Se ela for boa, agora estaremos mais propensos a fazê-la de novo em condições semelhantes.*

E embora isso não seja muito falado, a adicção leva a um ciclo de escassez muito forte. Como alguém em recuperação e que conversa com muitas pessoas em recuperação, passei por isso. A bebida me permitia baixar a guarda e me comportar de uma forma que, quando sóbrio, era desconfortável. Meu abuso de álcool me fez cair em um ciclo de escassez esquisito.

Eu ansiava não pelo álcool, mas pelo estado psicológico onde eu sentia que tudo era possível. De experiências mais amplas a conexões humanas sem filtro. No auge do alcoolismo, eu trabalhava em um desestimulador escritório, das 9 horas até as 17 horas. Eu me sentia como um touro em um curral, cutucado, espetado, cheio de energia acumulada e anseios, mas sem saída. O álcool abria o curral. Meu final de semana bebendo me dava a permissão para ser rebelde e livre em um mundo cada vez mais higienizado, ordenado e cheio de regras.

Cada noite trazia uma oportunidade e recompensas imprevisíveis. Será que eu iria parar em uma festa onde teria a coragem líquida para falar com uma garota que parecia legal para mim? Será que acabaria fechando um bar cantando *Friends in Low Places* com um grupo de pessoas novas das quais, em outras circunstâncias, nunca me aproximaria? Será que escreveria algo envolvente no qual não pensaria se estivesse sóbrio? Será que acordaria com histórias hilárias para rir por anos?

Eu não estou sozinho. Agora os cientistas sabem que o ciclo de escassez é uma razão crucial pela qual o uso de substâncias continua apesar das consequências adversas. Pesquisadores da Universidade de Waterloo escreveram que as recompensas imprevisíveis do uso de substâncias "tornam o comportamento ainda mais resistente a (...) [consequências adversas] e extinção". Pense no uso de drogas ilegais. Uma grande parte da euforia que as pessoas sentem vem do ciclo que acontece ao adquirir e usar drogas. Vamos encontrar as drogas? Vamos ser presos durante a compra? Quanto da droga vamos encontrar e quão forte será?

Estudos mostram que usar drogas de potências imprevisíveis em intervalos imprevisíveis — basicamente qualquer uso de drogas ilícitas — leva a taxas de abuso maiores. Isso torna o uso mais emocionante e até provoca efeitos mais fortes.

Isso nos faz repetir esse comportamento várias vezes, graças ao ciclo de escassez. Sem ele, as taxas de adicção despencam. Essa é uma razão pela qual drogas dosadas por médicos têm taxas de dependência bem menores. Por exemplo, uma revisão da pesquisa descobriu que apenas 0,27% dos pacientes cujos médicos prescreveram opioides desenvolveram sinais de adicção. A dose é sempre administrada com a mesma potência e em intervalos previsíveis. Não há apostas. É por isso que adictos de heroína em recuperação que visitam clínicas de metadona não sentem o efeito da droga.

Por isso, a Academia Nacional de Ciências descobriu que "há pouca evidência que a descriminalização do uso da maconha necessariamente leve a um aumento substancial do uso da droga". Os cientistas disseram que isso se deve a um efeito reduzido da "fruta proibida". Comer a fruta proibida é muito mais emocionante do que a fruta não proibida.

Outro estudo antigo do Departamento de Justiça dos EUA descobriu que o uso de maconha parecia cair em alguns estados que descriminalizaram a droga. Os especialistas acreditam que esse fenômeno se deve, em parte, porque não há jogo: as recompensas se tornam previsíveis. Outra pesquisa sugere que o alcoolismo aumentou 300% durante a Proibição, quando o governo americano tornou o álcool ilegal, de 1920 a 1933. Nós ainda celebramos uma parte da emoção do ciclo de escassez do contrabando com a NASCAR, um esporte que evoluiu a partir de contrabandistas que turbinavam seus veículos para escapar da polícia.

Meu alcoolismo abriu uma porta para experiências novas e divertidas porque me permitia ser um eu novo e divertido. Quando comecei a beber, recompensas positivas imprevisíveis me levaram a crer que tomar mais um copo era a decisão mais racional. Mas passar dos limites cada vez mais ao longo do tempo começou a criar problemas a longo prazo. Fui preso ao tentar quebrar um recorde de velocidade em uma scooter dobrável. Parei em um hospital depois de quebrar algumas costelas em uma noite maluca. Não consegui encontrar meu carro um dia. Meus relacionamentos se tornaram um inferno. Finalmente eu quis parar, mas nada na minha vida estava mudando. Meus dias de segunda-feira a sexta-feira ainda eram uma panela de pressão insatisfatória. Os sentimentos cinzentos de inquietude e descontentamento cresciam e cresciam até que novamente eu bebia para recuperar aquela sensação aberta e infinita de possibilidades, insistindo apesar das consequências negativas. Porque talvez, só talvez, as coisas ficariam maravilhosas de novo. Então por que não jogar o jogo e girar os rolos?

Alguns pensadores novos afirmaram que a adicção é um fenômeno social. "O oposto da dependência é a conexão", defendem. Mas a falta de conexão não explica a adicção para todas as pessoas. Muitos adictos relatam que sentem conexão com outros e possuem uma forte rede de apoio. Eu me sentia dessa forma. Algumas pessoas sentem falta de outra coisa.

A peça que falta pode estar relacionada ao que Zentall descreveu como o modelo de estímulo ideal. "Ele diz que os animais e nós, humanos, possuímos um nível de estímulos que preferimos", disse. "E quando o modelo está abaixo desse nível, buscamos estímulos." Como ele explicou, "Quando penso nos humanos de hoje, acredito que muitos de nós ficamos entediados com a facilidade que temos para conseguir recursos. Passamos menos tempo explorando e procurando comida. Passamos menos tempo fora de casa. Nossos mundos sociais mudaram.

Portanto, buscamos outras formas de preencher essa lacuna de estímulo para nos distrair ou nos confortar (...) Apostamos, compramos pela internet, comemos por comer, usamos demais as redes sociais ou até mesmo nos drogamos".

As centenas de pessoas sóbrias com as quais conversei dizem que o álcool e as drogas inicialmente também tinham um propósito de valor para elas. Permitiam que se sentissem e se comportassem da forma que as pessoas queriam. Ou eliminavam o tédio ou as ajudavam a trabalhar com mais intensidade. Ou aliviavam a sua ansiedade ou diminuíam seus bloqueios. Ou as permitiam escapar de algum pensamento inquieto dentro deles que não entendiam direito. E depois elas sempre dizem: "Isso funcionou por um tempo".

As pessoas presas nas garras da adicção são como a imagem do Satã de Dante Alighieri em seu *Inferno.* Dante descreve o inferno não como um mundo de calor e fogo, mas como um mundo de frio e gelo. Satã quer sair do inferno e fazer coisas boas. Durante toda sua vida, o bater de suas asas funcionou para levá-lo a algum lugar, mas agora ele está preso no gelo que sobe até seu peito. Para se libertar, bate suas asas gigantes cada vez mais forte, mas não percebe que, ao bater suas asas, está criando um vento congelante que torna o inferno e o gelo mais frios, prendendo-o ainda mais. É assim mesmo.

A adicção, em outras palavras, é um comportamento aprendido que uma vez funcionou muito bem, mas começa a nos prejudicar. O uso de uma droga ou a bebida ainda alivia o desconforto, promove estímulos e soluciona problemas no curto prazo. Mas começa a criar problemas no longo prazo. Quanto mais repetimos esse comportamento, mais o aprendizado fica enraizado e mais fica difícil deixá-lo. Enquanto isso, os problemas se acumulam.

"O aprendizado influencia a nossa capacidade de fazer escolhas", disse Szalavitz, escritora e pesquisadora sobre dependência. "Portanto, se você aprende que isso realmente faz a vida valer a pena ou soluciona seus problemas, você fará escolhas bem estranhas, e vai parecer que foi sequestrado. Mas você acredita de verdade que essa é a melhor escolha, diante das suas circunstâncias. É uma escolha totalmente racional porque, se sua vida não está boa e se é assim que você consegue encontrar significado e prazer, bem, é uma escolha racional."

E isso pode acontecer com qualquer coisa que uma pessoa acredita que faz sua vida valer a pena ou soluciona seus problemas no curto prazo. Escapar por meio de videogames, competições de exercícios intensos como os triatlos Ironman, trabalhar para subir na hierarquia da empresa, acompanhar ou praticar esportes, comer, qualquer coisa. E isso não é uma linha, é um espectro. Por exemplo, o *DSM-5* lista onze critérios diferentes, um tipo de checklist, que psiquiatras podem usar para descobrir se e até que ponto um paciente tem um transtorno de uso. Se a pessoa se encaixa em dois ou três critérios, seu caso é "leve". Se a pessoa se encaixa em quatro ou cinco, seu caso é "moderado". Seis ou mais é "severo".

Isso não quer dizer que não há um aspecto cerebral na adicção.

Depois da nossa espera de uma hora no complexo policial de Bagdá, Mohammed Abdullah, o chefe de repressão às drogas, saiu do seu escritório para nos chamar. Erbeed e eu entramos em silêncio e sentamos em um sofá de couro verde-esmeralda. Uma televisão mostrava notícias do Iraque. Um bombardeio, alguma coisa sobre o Estado Islâmico, um protesto.

Do outro lado da sala havia um cofre grande sobre o qual estava uma foto de Husayn ibn Ali, imã do século VII e neto do profeta Maomé.

Os detetives na sala de espera contavam piadas duvidosas e riam com frequência. Abdullah, por outro lado, só se importava com o trabalho e era do tipo inteligente. Parecia o personagem mais legal de um episódio antigo de *Miami Vice*. Tinha um bigode grosso e preto. Terno cinza claro. Debaixo dele, uma blusa de botão muito branca. Sem gravata, muito peito.

Abdullah desabotoou seu terno enquanto se recostava na cadeira de escritório. Primeiro ele questionou sobre a minha sanidade mental por vir para essa parte de Bagdá. Depois tomou uma decisão final: não poderíamos acompanhá-lo porque é muito perigoso e ele odeia papelada. Erbeed deu de ombros — o que é mais uma perda se o seu itinerário já está zero de oito?

Mas Abdullah estava disposto a conversar e nos mostrar o lugar. Ele começou a repetir o que Abdul-Razaq disse.

Detalhou por que acredita que o captagon está disparando. "Estamos com uma alta taxa de desemprego. Os iraquianos estão irritados. Eles se sentem deixados para trás e esquecidos, mas não têm uma saída", disse. "Nosso governo não nos permite beber. Não costumávamos ter tantas drogas. Mas quando o captagon barato começou a tomar conta do mercado, o uso cresceu consideravelmente."

Depois se levantou e nos levou para as celas. As maiores estavam cheias de homens, todos de pé ou sentados nos espaços que podiam encontrar. Guardas paramilitares estavam de pé com metralhadoras cruzadas sobre seus peitos e armas atadas às pernas.

A maioria dos presos era de jovens. E isso não era algo aleatório. O *DSM-5* explica que pessoas de 18 a 29 anos têm as maiores taxas de uso de substâncias. Os dados mostram que o "transtorno de uso entre adultos declina na meia--idade, sendo maior entre indivíduos de 18 a 29 anos (16,2%) e menor entre indivíduos de 65 anos ou mais (1,5%)".

Uma pesquisa sugere que a maioria das pessoas começam a "aprender" a adicção na adolescência. Desde quando atingimos a puberdade até termos cerca de 25 anos, nosso cérebro passa por uma renovação massiva. Durante esse tempo, estamos aprendendo sobre como lidar com problemas e encontrar conforto. Imagine: Se esperarmos até termos 21 anos para beber, nossas chances de desenvolver dependência do álcool são de 9%. Mas se começarmos a beber aos 14 anos ou menos, as chances de adicção saltam para 50%. As mesmas chances do cara ou coroa. Os mesmos números valem para a maioria das drogas e comportamentos contraproducentes.

E esse aspecto cerebral não é único para as drogas. "Drogas, outros comportamentos e substâncias viciantes são potentes, mas não são mágicos", disse Kent Berridge, neurocientista da Universidade do Michigan. Os anúncios de utilidade pública nos dizem que usar uma droga apenas uma vez leva à dependência. Mas ele me pediu para imaginar o seguinte cenário: Digamos que damos uma droga poderosa, como heroína, para um grupo de pessoas. Apesar de ela aumentar a dopamina em mil vezes, cerca de um terço das pessoas odiarão a sensação provocada. Odiarão.

Outro terço se sentirá indiferente. Poderão aceitá-la ou rejeitá-la, mas terão outras coisas que vão preferir fazer, o que pode ser outra droga ou outra coisa que achem mais prazeroso, como comer bolo, fazer compras, jogar videogames ou fazer exercícios.

Um terço dessas pessoas vão gostar. E se essas pessoas que gostarem da heroína continuarem a consumi-la regularmente, "aproximadamente 15% se tornarão adictas", disse Berridge. Esse número está baseado em vários estudos e pesquisas controlados, realizados por décadas.

Cerca de 10% a 20% dos usuários regulares, até das drogas mais pesadas, desenvolvem adicção. A taxa de dependência de maconha é menor que 10%. Outras drogas como álcool, cocaína e heroína flutuam entre 10% e 20%. O tabaco tem a maior taxa de dependência de usuários regulares, com 30%.

Comentei com Abdullah que a maioria das pessoas nas celas parecia ter vinte e poucos anos. "Sim", ele disse. "Têm sim. Mas não há um usuário médio do captagon. Nós já vimos tanto pessoas de 15 quanto de 65 anos usando-o."

Pessoas que se tornam adictas mais tarde na vida geralmente descobrem que drogas ou álcool os ajudam a lidar com uma situação ruim ou um horizonte sombrio, explicou Satel. Por exemplo, aliviam a angústia gerada pela perda de um emprego, a morte de um membro da família ou uma crise na situação geral de sua vida.

Portanto o NIDA está certo. A adicção não é uma escolha. Na verdade, é um somatório de escolhas repetidas que tornam uma escolha diferente mais difícil de ser feita por motivos ambientais, biológicos e históricos. É o aprendizado profundo.

Assim como o ganho de peso. Poucas pessoas decidem ser obesas. Mas ao longo do tempo, o peso se acumula e nos encontramos obesos. Isso acontece com pequenas decisões que tomamos diariamente. Decisões sobre o que, por que e quanto comer em muitos momentos do dia que se tornam habituais.

E esse mesmo padrão se aplica a passar muito tempo na internet, comprar demais, trabalhar muito, apostar com muita frequência, nos tornar obcecados com exercícios ou outro hobby em detrimento do nosso tempo com a família — qualquer hábito que proporciona conforto e fuga em curto prazo, mas nos prejudicam a longo prazo.

"O problema não é a substância ou comportamento escolhido", Szalavitz me disse. "O problema é por que você precisa daquela droga, por que ela te atrai e por que está tentando parar? Do que você está tentando escapar? O que precisa na sua vida para se sentir confortável, seguro e produtivo?"

Assim como uma pessoa pode aprender a ser adicta, também pode aprender métodos melhores para lidar com os problemas. "Horizontes sombrios podem ser iluminados", Satel me contou.

Por exemplo, eu. Não conseguia mudar meus problemas, desde a inquietação em situações sociais até a insatisfação geral com a vida, o que me levou a beber. Poderia enfrentá-los de frente, não importa o quanto eram desconfortáveis, e buscar outras maneiras de solucioná-los. Poderia buscar outras formas de encontrar o estado psicológico onde qualquer coisa parecia possível. Eu levei um tempo para entender isso. Bati muito minhas asas, mas finalmente percebi que tinha que fazer muitas coisas difíceis para derreter o gelo.

Pedi ajuda e me esforcei para entender e encontrar outras saídas para os meus sentimentos de inquietude e descontentamento. Aceitei o fato de que nem sempre preciso me sentir confortável. E a vida melhorou. Recusando-me a fazer uma escolha, tive que fazer outra. Quando percebemos e aceitamos que bater as nossas asas apenas piora a situação, podemos encontrar outras formas de sair do inferno.

O neuroendocrinologista Robert Sapolsky comentou: "O fato de que a maioria das pessoas não se torna adicta de substâncias viciantes [apesar de seu efeito poderoso na neuroquímica] ou, se elas se tornarem, finalmente parar de usá-las, é fascinante". E ele está certo. Um em cada dez americanos diz que superou um problema com droga ou álcool. Metade deles superaram sozinhos. Em determinado ano, uma pessoa com problema de abuso de substância tem aproximadamente 15% de chances de parar. Os anos se acumulam e, aos 30 anos, metade das pessoas que já usaram substâncias as deixaram.

"Há um zilhão de maneiras que uma pessoa pode deixar a adicção", disse Szalavitz. "Mas todas essas pessoas tendem a encontrar uma nova paixão e um novo sentimento de significado, propósito, comunidade e conexão. Uma pessoa pode se apaixonar por exercícios. Outra pode começar a gostar muito de escaladas. Outra pode odiar essas coisas e precisar de um especialista para resolver um problema, como um trauma de infância, que as drogas ajudavam a lidar. Mas se trata de descobrir como encontrar o seu caminho na vida novamente e lidar com a origem do que a levou a se tornar adicta."

Hoje, as crianças que passaram pelas guerras no Iraque estão na adolescência ou em seus vinte ou trinta anos. A Síria está inundando o Iraque com captagon. Uma confluência de dor, produto e poucas formas de encontrar estímulos positivos e lidar com o desconforto — tudo isso em um momento em que muitas pessoas estão buscando conforto — está levando o uso do captagon a números surpreendentes. E não apenas no Iraque — entre os jovens entediados, pessoas ricas e imigrantes sobrecarregados dos países ricos em petróleo do Golfo do Oriente Médio também.

Essa é a história do abuso de substâncias, o ciclo de escassez mais pernicioso. A epidemia de opioides nos Estados Unidos atingiu mais o Meio-Oeste e os

Apalaches. Essas áreas eram centros de manufatura, mas a terceirização deixou muitas pessoas sem emprego e sem esperança. Opioides eram disponíveis abundantemente nas ruas. O uso, por sua vez, disparou para confortar as pessoas de seus horizontes sombrios.

A produção de morfina teve um pico durante a Guerra Civil Americana, para tratar soldados feridos. Mas depois da guerra, as taxas de abuso de opioides estavam muito mais altas entre os brancos do Sul. Enquanto isso, entre os negros do Sul, as taxas de abuso de opioides despencaram. Um grupo foi derrotado e o outro foi liberto.

E agora os Estados Unidos estão enfrentando um novo problema com drogas, semelhante ao problema do captagon no Iraque. Depois que o governo afrouxou regulações relacionadas às prescrições por telemedicina durante a pandemia, prescritores duvidosos surgiram na internet, e o uso do estimulante Adderall aumentou. As prescrições triplicaram desde 2009, e hoje um em cada oito americanos usa a droga. Algumas são autorizadas, mas muitas não são. A Administração de Fiscalização de Drogas (DEA, na sigla em inglês) dos EUA se preocupa que agora estejamos em direção a um novo capítulo da adicção em drogas. Para suprir a demanda, falsos comprimidos receitados estão vindo do México. E são perigosos. Em 2022, a DEA apreendeu 50 milhões de comprimidos falsos contaminados com fentanil. Nós também temos bilhões de comprimidos circulando.

"Quando as condições comunitárias estão adversas e drogas são fáceis de se obter, epidemias podem surgir", escreveu Satel. Nos Estados Unidos, nos referimos às vítimas desse tipo de adicção como "mortes por desespero".

"Você tem que erradicar o desejo — por que as pessoas querem usar as drogas — ou sempre terá problemas com elas", um dos pacientes de Satel em Ironton lhe contou.

Dr. Abdul-Razaq parecia concordar. Conforme nos levantávamos para sair do seu escritório e voltar para o calor e a agitação avassaladores de Bagdá, fiz uma última pergunta.

"Como o senhor ajuda pacientes que chegam com adicções ou até mesmo compulsões por outros hábitos?"

"Meu maior conselho é fazer uma grande mudança", disse. "Mude o seu círculo. Estude. Eduque-se. Consiga um trabalho ou mude de trabalho. Faça cursos para melhorar suas habilidades. Aprenda a ler e mergulhe nos livros. Saia de casa e faça amigos ou mude o seu grupo de amigos. Faça grandes mudanças." Adote o desconforto a curto prazo para encontrar o benefício a longo prazo.

Isso está relacionado às primeira e segunda maneiras de sair do ciclo de escassez. Primeiro, remova a oportunidade. Quando fazemos uma grande mudança, oportunidades novas e mais atraentes podem surgir, e elas vêm com seu próprio conjunto de recompensas imprevisíveis. Isso altera a segunda fase. Essas recompensas novas superam o conforto de curto prazo pelo uso de substâncias. Szalavitz explicou que uma razão fundamental pela qual a maioria das pessoas ficam limpas com trinta anos é porque "quando elas alcançam essa idade, de repente suas vidas se tornam mais restritas. Elas não têm um tempo infinito para ficarem 'chapadas' ou se recuperarem de ressacas. Elas se casam, conquistam uma carreira e começam a criar filhos, portanto, começam a encontrar significado, propósito, amor e conforto em outro lugar".

A pandemia acelerou o desejo, fazendo as pessoas buscarem conforto. Gerações inteiras aprenderam novas formas não naturais de encontrar estímulos e lidar com a vida. "A pandemia foi um enorme fator de estresse para a sociedade", Szalavitz me disse. "Eu acho que as pessoas que já estavam no limite o ultrapassaram. Acho que esse estresse é a razão pela qual estamos vendo tantas pessoas começarem a fazer todos os tipos de coisas disfuncionais. Elas vão precisar fazer *alguma coisa*."

Mas a pandemia foi apenas um empurrão forte em direção a uma nova forma estranha de viver. Um tipo de vida que nos faz buscar estímulos em, sim, *alguma coisa*.

Estamos cada vez mais vivendo como os pombos de Zentall, enclausurados em gaiolas entediantes, que são diferentes do ambiente natural e altamente estimulante no qual evoluímos. E, assim como os pombos, estamos mais propensos a cair no ciclo de escassez. Conforme as tecnologias tiram vantagem do ciclo para nos levar a fazer mais, mais rápido e com mais intensidade, nossos problemas se tornarão maiores. A potência de novas drogas criadas em laboratórios, como o fentanil, levou as mortes por overdose a taxas recordes. Elas cresceram 33% desde 2020.

A questão que permanece é o que vem depois. Seremos como os soldados que saíram do Vietnã? Ou nossos hábitos novos vão durar mais tempo?

Assim como o uso de substâncias prospera no ciclo de escassez, muitos comportamentos que queremos deixar também prosperam. Mas cada um desses comportamentos vem com o seu próprio conjunto de desafios únicos — e soluções.

O uso problemático de tecnologia nova, em particular, aumentou muito recentemente. Principalmente a tecnologia que tira proveito do ciclo de escassez. Dados mostram que apenas 2% da população mundial é adicta de álcool ou drogas. Um estudo do *Journal of Psychiatric Research* sugere que a porcentagem de pessoas adictas em tecnologia é, agora, aproximadamente o mesmo.

É por isso que a Associação Americana de Psicologia está reconhecendo transtornos de uso de tecnologia e lutando para tratá-los. Mas a resposta não é usar menos nossos telefones. Nem perto disso.

"Assim como as drogas, o uso problemático de tecnologia nunca tem a ver apenas com o produto", Nir Eyal me contou. Ele é um ex-professor de Stanford e empreendedor de tecnologia que escreveu o livro *Hooked: (Engajado) Como Construir Produtos e Serviços Formadores de Hábitos.* E continuou: "O uso problemático da tecnologia se trata da interação entre o produto, a pessoa e sua capacidade de lidar com desconforto, e então com uma situação em sua vida que causa uma dor com a qual não consegue lidar. Quando você tem a confluência desses três fatores ao mesmo tempo, isso pode criar uma experiência em que você se coloca onde produtos tecnológicos o ajudam a esquecer imediatamente todos os seus problemas."

Quando voltei do Iraque, quis aprender mais sobre isso. O que tem nos produtos tecnológicos e no ciclo de escassez que pode ser um escape do conforto? Minhas perguntas me levaram a um pensador que está percebendo que os números, dados e dígitos incorporados em muitos usos do ciclo podem ser um tipo de droga por si mesmos. Mas a forma com que todos esses números influenciam o nosso comportamento — não apenas na tecnologia, mas também em alguns dos nossos comportamentos mais comuns e instituições mais importantes — são impressionantes.

Certeza

O fungo *Ophiocordyceps unilateralis* parece inofensivo à primeira vista. Quando entra no corpo de uma formiga carpinteira tropical, flutua pela sua corrente sanguínea. Mas o fungo começa a se multiplicar quieta e lentamente. A formiga não sabe disso. No entanto, em algum momento as células fúngicas atingem um ponto crítico. Todas elas se interconectam com pequenos tubos e criam uma vasta rede dentro do corpo da formiga. É quando o fungo começa a brincar de mestre mandou.

Ele corta a comunicação do cérebro da formiga com seus músculos. Então secreta componentes químicos que invadem a mente da formiga, tomando conta de seu comportamento. A formiga se torna um zumbi cujo corpo age como uma cápsula, protegendo o fungo enquanto ele dá ordens.

Agora ela está no que os cientistas da Universidade Estadual da Pensilvânia chamam de "garra da morte". Finalmente, o fungo leva a formiga a subir em uma haste de grama a cerca de 25cm do chão, 25cm acima das amigas não infectadas da formiga. Essa altura tem a temperatura e umidade perfeitas para que o fungo se torne ainda mais forte.

Depois ele faz a formiga morder uma folha e se pendurar. Dentro do corpo dela, o fungo desenvolve esporos que caem sobre a colônia de formigas abaixo — infectando-as. Ele entra nas suas mentes e altera seus comportamentos, criando uma vasta rede social de formigas zumbis.

A Padaria Tulie, em Salt Lake City, serve os hipsters da Universidade de Utah que estão dispostos a pagar muito caro por um croissant e um café vendidos no que parece ser um armazém projetado por Marie Kondo. As paredes de dentro, de fora e o teto do lugar são completamente brancos. Seu chão é de cimento envernizado. Dutos de ar expostos. Minimalista.

Estava lá para me encontrar com Thi Nguyen, um professor do departamento de filosofia da Universidade de Utah. Eu havia lido alguns dos seus extensos artigos filosóficos. Suas ideias sobre como os números estão nos mudando têm relação com o ciclo de escassez.

Nguyen apareceu como se tivesse acabado de chegar de uma escalada ou de um show da banda Phish. Todas as suas roupas eram da marca Patagonia. Uma jaqueta cobria um suéter preso sobre calças largas. Seu cabelo longo, preto e com um coque bagunçado caía de dentro de uma touca grande.

Conforme nos aproximávamos do balcão para fazer o pedido, Nguyen ficou muito concentrado. Inclinou-se para frente, colocou as mãos nos joelhos e observou com olhos semicerrados o balcão de assados. "Vou querer um croissant de chocolate, um croissant de amêndoa, um rolinho de massa folhada, um bolo de café e um...", dizia enquanto a atendente removia croissants reluzentes do tamanho de uma luva de beisebol e bolos que pareciam tijolos.

"Também quero um bolo de chá e..." Ele pausou. Seus olhos examinaram os doces. "Quer saber... Já é o suficiente." Nguyen já foi crítico de comida para o *Los Angeles Times*. Portanto, esse pedido, assim como qualquer outro, era um negócio sério.

Nguyen percebeu a minha expressão — igualmente impressionado e preocupado pelas 4 mil calorias de farinha, manteiga e açúcar que pediu. Ele explicou o motivo do pedido grande. "Quando minha família soube que eu iria encontrá-lo aqui, eles me deram uma lista", disse.

Com café e carboidratos em mãos, nos sentamos em cadeiras que ficavam ao redor de uma mesa ao ar livre na Fifteenth Street. Havia chovido mais cedo e o céu estava cheio de nuvens cinza psicodélicas. Uma neblina fria surgia da calçada e da paisagem e trazia cheiro de palha.

O trabalho no *L.A. Times* foi uma obra do acaso. "Sempre gostei muito de comida e costumava postar avaliações de restaurantes online enquanto estava bêbado", contou. "Um editor do *L.A. Times* viu meus posts e me perguntou se eu queria um trabalho." Esse trabalho ajudou Nguyen a pagar as contas enquanto estudava para o doutorado em filosofia na Universidade da Califórnia em Los Angeles.

"Então", Nguyen disse, "por que você queria conversar comigo?"

Nguyen se tornou um pensador contrário à tendência moderna da gamificação, que é a inserção de recursos de jogos em comportamentos humanos e instituições do dia a dia. Queria conversar com ele sobre isso. E sobre números. Como o aumento de números, dados e valores está mudando nossos cérebros e comportamentos. Como eles estão sendo usados para gamificar nosso mundo e nos influenciar, e o que isso está provocando em nós.

Ele concordou com a cabeça e perguntou o que me fez pensar sobre isso. E isso, por assim dizer, levou a uma admissão completamente constrangedora.

Tudo começou com o Instagram, expliquei. Entrei no Instagram, como a maioria das pessoas, para compartilhar fotos com os amigos e a família. "Por exemplo, uma foto minha esquiando com meus amigos da faculdade. Ou em um show com minha esposa. E aqui estão dezessete fotos dos meus cachorros", eu disse. "Mas então, tudo mudou."

Contei que comecei a perceber quais fotos geravam mais curtidas, comentários e seguidores. "E esses seguidores não eram apenas amigos antigos", falei. "Eram pessoas que nunca conheci. Não tinha ideia de quem eram. Então comecei a postar mais fotos que impulsionavam minhas métricas. Coisas como minhas corridas no deserto, viagens a trabalho, ou...", dei alguns exemplos enquanto ele saboreava o croissant de amêndoa, inclinando-se para a frente para que o açúcar de confeiteiro e pedaços amanteigados caíssem na mesa e não em suas roupas.

Contei a ele sobre meu comportamento no Instagram com sussurros. Era vergonhoso falar sobre o meu desejo de ser "curtido".

"No entanto, o maior problema com isso é que percebi que o Instagram estava entrando nos meus pensamentos e mudando minhas experiências e ações", eu disse. "Por exemplo, faço muitas corridas em trilhas. E isso era o meu momento de espairecer. Uma hora para limpar por completo a minha mente. Como uma meditação em movimento. Mas quando minhas fotos nas corridas começaram a ganhar muitas curtidas, comentários e seguidores, senti que meus pensamentos durante elas mudaram. Isso acabou com o aspecto meditativo da corrida. Em vez de estar presente e relaxar, eu ficava procurando o cenário ideal a todo momento. Fazia uma curva na trilha e pensava: 'Uau, isso daria uma linda foto para o Insta..." Nguyen deixou seu croissant cair. Uma pequena tempestade de açúcar de confeiteiro se formou com o impacto. Ele me interrompeu.

E foi aí que nossa conversa se transformou em uma sessão de terapia em grupo.

"Minha experiência no Twitter é igual", disse. "A primeira ou segunda vez que um *tweet* meu viralizou, percebi que comecei a ver o mundo pensando no que daria um tweet engraçado. Enquanto andava e pensava, em vez de seguir um pensamento focado em algo mais rico e profundo, como geralmente faço, minha mente focava em encontrar alguma coisa engraçada e do tamanho de um tweet relacionado àquele pensamento que poderia viralizar", contou. "Logo, o Twitter estava entrando na minha cabeça e na forma como penso, se apoderando dos meus sistemas de motivação."

Então, é claro, nós dois dissemos que éramos sugados para um buraco infinito de atualizar e rolar a tela.

Nguyen começou a pensar em como os números e a gamificação nos influenciam enquanto estudava para seu doutorado. Jogos de tabuleiro despertavam seu interesse. Não estamos falando de Candy Land ou de Batalha Naval. No fim dos anos 1990 e início dos 2000, os jogos de tabuleiro passaram por uma revolução intelectual.

"Aconteceu uma nova onda de jogos de tabuleiro europeus", Nguyen disse. "Eram muito bem projetados e mecanicamente inovadores. Você tinha que construir estruturas de mercado complexas a partir de regras simples. Tinha que manipular mercados flutuantes, e isso era fascinante."

Por exemplo, o jogo Catan, que vendeu mais de 30 milhões de cópias no mundo todo. Os jogadores assumem o papel de colonos e o objetivo é construir uma rede complexa de cidades e adquirir e negociar recursos.

Alguns jogos até provocavam reflexões profundas. No jogo Train, por exemplo, os jogadores constroem e otimizam uma rede de ferrovias. Mas conforme você avança no jogo, ele revela que se passa na Alemanha Nazista e a rede de ferrovias está levando pessoas para campos de concentração. A criadora do jogo, Brenda Romero, queria fazer os jogadores decidirem se vão parar de jogar ou continuarão para vencer. Train está mais para uma peça de arte destinada a ser jogado apenas uma vez, mas exemplifica os pensamentos profundos que estão presentes nesses jogos.

"Então comecei a pensar e escrever sobre jogos e ler artigos acadêmicos sobre eles", disse Nguyen. Mas descobriu que toda literatura acadêmica estava atrasada. Ela via os jogos como uma maneira de contar histórias. Assim como a minha experiência tentando entender os caça-níqueis, Nguyen precisava deixar os estudos de lado e seguir o dinheiro.

"Mas essa não parecia ser a razão pela qual eu amava jogos ou como os criadores de jogos pensavam sobre eles. Nenhum dos melhores criadores de jogos falou sobre contar histórias", contou. "Os melhores criadores de jogos disseram que a ferramenta mais importante é o sistema de pontos, porque define as motivações dos jogadores. Ele determina com o que você vai se importar. O que faz os jogos funcionarem são os sistemas de pontos, que são incrivelmente específicos, simples e claros."

O objetivo de um jogo é entrar em um pequeno mundo que é um escape da nossa vida diária. É uma diversão desafiadora, mas cativante. Não podemos prever se vamos ganhar. Nós jogamos jogos, como explicou o filósofo Bernard Suits, a fim de assumir voluntariamente obstáculos desnecessários para *talvez* superá-los. O sistema de pontos nos diz precisamente quais coisas desnecessárias precisamos fazer para vencer.

E isso não ocorre apenas em jogos de tabuleiro. Ocorre em todos os jogos e esportes. Desde maratonas, escaladas em montanhas, até o futebol americano. O objetivo desses jogos não é chegar em um ponto no espaço a 42km de distância de onde você começou. Ou subir em um cume, ou chegar na *end zone* segurando uma bola. O objetivo é passar por um conjunto de regras claras e artificiais que fazem com que alcançar o objetivo seja um verdadeiro pé no saco. Tanto, que a recompensa de uma vitória é imprevisível.

Por isso lutamos para alcançar a linha de chegada, o cume ou a end zone. Se o objetivo não fosse enfrentar as recompensas incertas proporcionadas por esses obstáculos chatos, pegaríamos um Uber para alcançar a linha de chegada, um helicóptero para o cume ou faríamos todo mundo pegar uma bola de treino na lateral e levá-la até a end zone.

Nguyen se perguntou por que isso acontece. Por que nos colocamos nessas dificuldades fabricadas que, no quadro geral, nos causam problemas desnecessários pelo simples fato de tê-los e (talvez) superá-los?

A resposta é complexa, mas tem a ver com o ciclo de escassez e como ele pode ser um escape divertido e reconfortante do caos da vida moderna.

A vida moderna é, de fato, caótica. Uma tsunami de informações para digerir e escolhas a tomar nos atinge todos os dias. Temos um milhão de coisas diferentes que podemos fazer, razões para fazê-las e decisões para tomar ao longo do caminho.

Isso é diferente da maior parte da experiência humana. Conforme os antigos humanos evoluíram, a vida era mais simples. Na maioria das vezes, todos nós fazíamos o mesmo trabalho juntos. Caçávamos ou coletávamos. Confeccionávamos ferramentas e construíamos abrigos juntos. Tomávamos decisões baseadas no mesmo conhecimento passado de geração a geração. A sabedoria humana era como um lago raso do qual todos bebiam.

Mas isso mudou. "Uma das maiores transformações na minha vida como filósofo e na forma como eu penso sobre o valor dos jogos foi gerada por um livro escrito pelo filósofo Elijah Millgram, chamado *The Great Endarkenment*", disse Nguyen. "Millgram afirma que o problema da nossa era é a sobrecarga de informação e especialistas extremamente hiperespecializados."

Millgram destacou a ascensão de especialistas e áreas profissionais hiperespecializadas. Escreveu: "Somos cada vez mais dependentes não de apenas outras pessoas, mas de outras pessoas diferentemente especializadas. Não dá para entender especialistas em outras áreas; eles trabalham com padrões que você não consegue compreender e que não são os *seus* padrões (...). Isso é verdade para todo mundo: especialistas dependem, exatamente dessa forma, de especialistas de outras áreas. Você não pode mais decidir o que pensar ou fazer sozinho; questões relacionadas à autonomia (...) são simplesmente irrelevantes".

A sabedoria humana não é mais um lago raso. Agora ela parece um conjunto de lagos sem fundo.

"Portanto, agora, o principal problema que as pessoas enfrentam", disse Nguyen, "é em quais especialistas e informações confiar e como descobrir como e por que confiar neles? Ninguém pode saber tudo. Também não é possível saber quem são os especialistas certos. Por isso, na vida, temos que fazer essa coisa dolorosa e estranha de confiar em pessoas e informações e tomar decisões que estão além do nosso entendimento."

Diariamente temos que tomar decisões grandes e pequenas baseadas em informações imperfeitas. Por exemplo, como você *sabe* que fez a coisa certa? Como sabe que se casou com a pessoa certa? Ou escolheu o caminho certo para a sua carreira? Ou comprou o carro certo? Ou aceitou o emprego certo? Ou criou o seu filho da forma certa? Ou comeu a comida certa para evitar doenças? Ou escreveu aquele e-mail para o seu chefe de uma maneira que ajudou sua carreira?

Pare alguns minutos para pensar em todas essas perguntas agora mesmo. Ficou ansioso? Eu também!

Nguyen está certo, essa incerteza provoca ansiedade. Um estudo da *Nature Communications* descobriu que os humanos odeiam tanto a incerteza que preferiríamos nos submeter a uma punição. Cientistas fizeram participantes jogarem um jogo no computador onde tinham que clicar em pedras na tela. Quando a pessoa clicava em uma pedra, ela se virava e revelava se havia uma cobra virtual se escondendo debaixo dela. Os participantes recebiam um choque elétrico doloroso se a pedra escondesse uma cobra. Então era assim: Clique. Sem cobra, sem choque. Clique. Cobra grande, choque grande.

Conforme os participantes clicavam, seus níveis de estresse eram monitorados de algumas maneiras diferentes. Como o quão suados ficavam, o quanto suas pupilas dilatavam e perguntando-os constantemente o quão estressados eles estavam. Os cientistas também, malignamente, mudavam o padrão e a porcentagem de cobras durante o estudo. Isso fez da tarefa um pesadelo imprevisível.

A descoberta: Os jogadores se sentiram mais estressados quando tinham mais incerteza de que seu clique resultaria em um choque ou não. Eles ficavam mais suados. Seus olhos ficavam mais arregalados.

Entretanto, a parte mais louca e importante desse estudo é a seguinte: Quando os participantes tinham mais certeza de que levariam um choque doloroso, ficavam *menos* estressados do que quando tinham mais incerteza. Saber que seremos punidos é menos estressante do que não saber. Por isso a frase "acabe logo com isso".

E isso faz sentido do ponto de vista evolucionário, segundo o neurocientista Marc Lewis. Esse fenômeno nos ajudou a sobreviver. Por exemplo, se estivéssemos caçando e tivéssemos uma presa garantida, não ficaríamos tão estressados e, por consequência, não trabalharíamos de forma muito intensa. Nesse cenário, as ações extremas e esforços de luta ou fuga que o estresse causa não serviriam para nada e desperdiçariam energia. O mesmo aconteceria se a caça parecesse algo quase inatingível. Nosso sistema de estresse não reagiria com tanta intensidade e não desperdiçaríamos esforços. Mas o nosso sistema de estresse ficaria agitado e nos esforçaríamos muito se acreditássemos que tínhamos metade das chances de conseguir uma caça.

Os melhores criadores de ciclo de escassez sabem disso. Os caça-níqueis, por exemplo, têm a programação ideal de perdas disfarçadas de vitórias. A mudança de máquinas analógicas para digitais permitiu aos criadores otimizar o ciclo para nos induzir ao esforço e à repetição rápida.

Do lado de fora da padaria, as nuvens prateadas se moviam para o sul como peças brilhantes que desciam de uma linha de montagem, revelando, às vezes, a luz do sol. Nguyen tirou sua touca e seu cabelo preto caiu abaixo dos seus ombros.

Ele reiterou que a vida moderna é um grande circo de incertezas. "O que deveríamos valorizar não está claro e nossos valores são difíceis de serem equilibrados", disse. Essa incerteza é estressante e desconfortável. E está em todos os lugares. Em todos os momentos. A vida diária é, quase sempre, o oposto de um escape divertido. Na verdade, é algo de que queremos escapar frequentemente.

É aí que entram os jogos. É por isso que são tão poderosos e por isso os jogamos. "Os jogos são um bálsamo para a confusão e ansiedade da vida real", disse Nguyen. "Eles nos proporcionam um pequeno mundo onde podemos administrar e entender tudo. Sabemos exatamente o que estamos fazendo e o por quê. E quanto terminamos, sabemos exatamente quão bem nós fomos. Os jogos oferecem um escape momentâneo da confusão do mundo." Eles fazem isso com aqueles, como Nguyen descreveu, "sistemas de pontos que são incrivelmente específicos, simples e claros".

Pense no caça-níquel. Cada jogo tem um resultado imprevisível, mas há zero incerteza sobre ele quando os rolos param. Nós sabemos exatamente como nos saímos. Ou perdemos nosso dinheiro, ganhamos menos do que apostamos ou ganhamos mais. E é isso. Esse é todo o jogo.

Isso nos leva à gamificação.

Em 2010, a pesquisadora Jane McGonigal deu uma palestra viral sobre jogos no TED. Na época, ela era a diretora de pesquisa e desenvolvimento de jogos no Institute for the Future, um *think thank* do Vale do Silício. Em sua palestra, intitulada "Jogos Podem Tornar o Mundo Melhor", afirmou que deveríamos usar os mecanismos dos jogos para alterar o comportamento humano. Afirmou que deveríamos "gamificar" o mundo.

"Quando estamos nos mundos dos jogos", disse, "acredito que assumimos nossas melhores versões (...). Ficamos mais propensos a lidar com um problema pelo tempo que for necessário, a nos levantar depois de um fracasso e tentar novamente."

É contestável a sua afirmação de que assumimos nossas melhores versões nos mundos dos jogos. McGonigal parece nunca ter se deparado com o termo "mau perdedor". Ou visto uma mesa de dados com um apostador que está tentando se recuperar das perdas. Ou assistido a dois *enforcers*[1] da Liga Nacional de Hóquei se socarem até perderem os dentes. Mas está certa quando diz que jogos nos fazem perseverar, levantar depois de um fracasso e tentar novamente — às vezes, por muito tempo. Esse é o ciclo de escassez.

McGonigal disse que isso era diferente da maneira como enfrentamos a maior parte dos problemas. "Na vida real, quando nos deparamos com um fracasso, enfrentamos obstáculos, geralmente não fazemos isso [nos levantar e tentar novamente]. Achamos que fomos superados, nos sentimos sobrecarregados, ansiosos, talvez deprimidos, frustrados ou céticos. Nunca temos esses sentimentos quando estamos jogando; eles simplesmente não existem nos jogos", contou.

O motivo: Jogos nos empurram para um ciclo de escassez e nos dão uma pontuação, que nos dá uma certeza que alivia a ansiedade em relação à dúvida se ganhamos ou perdemos, ou se fizemos a coisa certa ou a errada. Os jogos instigam a repetição rápida, ou o levantar e tentar de novo.

McGonigal defendeu que, ao gamificar o mundo, poderíamos "construir laços de confiança e cooperação" e encontrar uma "produtividade prazerosa" e um "significado épico". Ela pensava que isso poderia resolver nossos grandes problemas sociais e pessoais.

McGonigal até havia conduzido uma série de estudos baseados nessa ideia. Um deles, chamado Mundo Sem Petróleo, colocou 1.700 jogadores em um mundo virtual com escassez de petróleo. Ele os dava informações em tempo real sobre como aquela escassez afetava o suprimento de comida, transportes, fechamento de escolas, protestos, entre outros. Os participantes tinham que pensar numa forma de usar menos petróleo. Mas o resultado mais relevante, segundo ela, foi que muitos deles também mudaram o seu uso de produtos derivados de petróleo na vida real.

Essa é uma descoberta fascinante com potencial para o bem. Mas quem assistiu o vídeo não foram apenas as pessoas que queriam salvar o mundo. Empresas de muitas áreas também o assistiram.

Poucos anos depois da palestra no TED, mais de 350 empresas grandes lançaram projetos de gamificação. MLB, Adobe, NBC, Walgreens, Ford, Southwest, eBay, Nike, Panera, Starbucks, Oracle, entre outras.

---

[1] Um *enforcer* não é uma posição oficial no hóquei, mas eles são conhecidos por impedirem ações violentas ou fora das regras do jogo com mais violência. Geralmente entram em brigas para defender os jogadores menores. [N. da T.]

Todas usaram elementos do ciclo de escassez. Pontos, tabelas de classificação, medalhas, gráficos de performance, notificações constantes e outros, começaram a aparecer em todos os tipos de espaços digitais para influenciar nossos comportamentos. Elas ofereciam oportunidades, recompensas imprevisíveis e repetibilidade rápida. Começamos a gamificar tudo que podíamos: atividades físicas, aprendizado, perda de peso, compras, anúncios e até mesmo planos de saúde e forças militares.

O Exército dos EUA criou um jogo de tiro chamado *America's Army* para recrutar soldados. A marca Mars desenvolveu um jogo de espionagem para vender pretzels de M&M. A NikeFuel colocou usuários uns contra os outros para ver quem acumularia mais exercícios em troca de troféus virtuais e descontos para serem compartilhados nas redes sociais. A empresa de tecnologia Bluewolf lançou um jogo para seus funcionários que os premiava com pontos e recompensas quando compartilhavam conteúdo sobre a empresa nas suas contas pessoais do LinkedIn e Twitter.

A indústria de gamificação foi do zero a US$2 bilhões em poucos anos. Empresas que há muito lutavam para moldar o nosso comportamento descobriram algo inebriante. Se elas dessem um objetivo claro a clientes ou funcionários — "um pequeno mundo onde podemos administrar e entender tudo", como Nguyen descreveu — ficaríamos mais propensos a fazer o que elas querem que façamos. As empresas viram um aumento médio de 30% no tempo que as pessoas passam em seus sites, revisitando-os e compartilhando conteúdo sobre suas marcas.

"Portanto, a ideia do movimento de gamificação é que, quanto mais você torna a vida parecida com um jogo, mais legal ela fica. Entretanto," disse, "isso é incrivelmente ingênuo."

Nguyen mordeu o croissant novamente e começou a explicar como chegou a essa conclusão. "Se você observar jogos normais, como um jogo de tabuleiro ou um jogo esportivo, as ações são tiradas da vida cotidiana", afirmou.

Nos jogos comuns, não importa se o objetivo é obedecer a regras bobas para conseguir pontos arbitrários porque eles acontecem *fora* da vida diária. O *maior objetivo* é obedecer a regras bobas por pontos idiotas a fim de ter um momento de desligamento da vida real. Lembre-se que jogamos para ter um escape divertido dessa vida. O caça-níquel fica no cassino (ou no posto de gasolina, ou no mercado). A maratona termina na linha de chegada. O jogo Detetive termina quando nós descobrimos que foi o Sargento Bigode no escritório com o castiçal.

Assim como as repercussões: Nosso adversário não se importa *de verdade* que o destruímos financeiramente no Monopoly. Jogadores de futebol americano não se atacam fora do campo. Se fizerem isso, vão parar na cadeia.

"Mas quando tentamos gamificar a vida normal", disse, "estamos tentando impor valores claros em um emaranhado de valores preexistentes, em um sistema muito incerto e complexo." Obedecemos a regras bobas para obter pontos arbitrários em áreas das nossas vidas que *não são* bobas e arbitrárias.

Nguyen continuou: "Logo, em vez de entender por que e como você gosta de algo e esclarecer para si mesmo o que é importante nesse sistema, a gamificação simplesmente te diz: 'É por isso que você gosta disso'". E nos ajustamos. "Portanto, a gamificação pode aumentar a motivação, sim, mas com o custo de mudar nossos objetivos de formas problemáticas." E as repercussões impactam a nossa vida.

"O primeiro lugar onde comecei a pensar em como os números moldam nosso comportamento foi com pontuação de vinhos", Nguyen me contou.

Até os anos 1970, críticos de vinhos eram um bando de esquisitões que descreviam o vinho de uma forma que parecia uma salada indecifrável de adjetivos e substantivos. Eles descreviam o vinho, como um crítico escreveu: "rigorosamente concentrado, com um feixe de Linzer Torte, cereja amarga, molho de ameixa e figo entrelaçados com uma bala de alcaçuz, ferro queimado e folha de louro assada. O final longo tem muitas notas de figo assado, alcatrão e especiarias para um tom mais profundo, mas a acidez está presente também, profundamente incorporada".

Essa pompa toda fazia uma pessoa comum se perguntar quanta maconha a maioria dos críticos de vinho tinha fumado. Mas em 1979, o crítico Robert Parker mudou tudo. Ele era um operário que veio das florestas do norte de Maryland. Amava vinho e queria vendê-lo, mas não tinha educação formal para isso. Achava que os críticos mantinham o produto longe de pessoas que o apreciariam, mas se sentiam desmotivadas e confusas com a linguagem esnobe. Por isso, muito antes de McGonigal dar a sua palestra, Parker gamificou o sistema. Começou a pontuar vinhos em uma escala de 50 a 100 pontos e publicou essas avaliações na sua revista, *The Wine Advocate.*

O sistema de Parker rapidamente gamificou a indústria de vinhos. Graças à clareza da pontuação, vinhos a partir de noventa pontos sumiram das prateleiras, enquanto as garrafas que tinham menos de oitenta pontos ficaram cheias de poeira. Um produtor de Bordeaux disse à jornalista Elin McCoy que vinicultores ganhariam US$7 milhões a mais com um único vinho se ele recebesse uma pontuação de 95, em vez de 85. Se Parker desse 100 pontos a um vinho, o vitivinicultor poderia aumentar o preço em 400%.

Entusiastas chamaram o que aconteceu de a "parkerização" do vinho. A opinião e o paladar de Parker, segundo uma revista, "se tornaram as únicas coisas que importavam para colecionadores, bem como para produtores de vinho". Vinicultores começaram a mudar uma tradição de produção da bebida que existia há milhares de anos. Alteraram a forma de produzir vinho para se adequarem ao gosto de Parker e, consequentemente, aumentar seus pontos e vendas. O sistema dele ficou tão popular que outros críticos começaram a adotar sistemas de pontos.

E se você não tiver o gosto de Parker? Então, os pontos não têm significado nenhum.

"E parte do que torna um vinho bom é que ele combina com comida e reage de forma diferente de acordo com o alimento", disse Nguyen. "Sozinho, um vinho pode ser forte ou sutil, mas se você combiná-lo com comida, ele se expande ou explode, e pode até mudar durante uma refeição."

Ele continuou: "Para dar uma pontuação, não apenas com vinho, mas com qualquer coisa, é preciso ser objetivo. Você não pode experimentá-lo com comida, porque essa seria uma variável muito grande. Portanto, o mundo da pontuação de vinhos tem pequenas taças uma do lado da outra. E isso elimina a sua relação com comida, o dinamismo e a coisa *mais importante* relacionada ao vinho". E quando você gasta quatro vezes mais dinheiro com um vinho de 100 pontos e o consome com sua janta, sua pontuação se torna irrelevante.

Essa pontuação pode até mudar nossas expectativas e experiência. Pesquisadores da Universidade de Bordeaux reuniram 54 alunos do seu departamento de estudos de vinho. Eles receberam duas garrafas: uma que os estudantes sabiam que era barato, e outra que sabiam que era caro. Sem os alunos saberem, os pesquisadores mudaram os rótulos das garrafas.

Os alunos, por sua vez, descreveram de forma poética e com uma salada de substantivos e adjetivos o vinho barato que eles acreditavam ser o caro. Enquanto isso, descreveram o vinho caro que acreditavam ser o barato da mesma forma que descreveriam um xixi de gato.

A experiência de Nguyen no Twitter — que é a mesma que eu tive no Instagram, que é a mesma que certamente você já teve com *alguma coisa* — pode nos ajudar a entender as desvantagens da gamificação e da mensuração.

Nguyen entrou no Twitter no período do auge da gamificação. O mundo estava se movendo em direção a um futuro gamificado. "E a primeira vez que um tweet meu foi retweetado mais de mil vezes, meu cérebro falou 'ISSO. Essa sensação é muito boa. Me dê MAIS'", ele disse. "E logo pude perceber que isso era muito poderoso e perigoso."

Perigoso porque havia uma grande desconexão. O Twitter se apresenta como um fórum para discussões online. Mas os pontos que ele acumulava na forma de curtidas e retweets não pareciam uma discussão.

"Os objetivos normais de uma discussão são complicados e complexos", ele contou, enquanto uma leve brisa levantava as sacolas de papel marrom nas quais vieram a nossa comida, e que agora estavam servindo como um jogo americano coberto de migalhas. As de Nguyen deslizaram para a mesa; as minhas caíram sobre mim. Enquanto eu constrangedoramente removia as migalhas, ele apresentou exemplos de alguns possíveis objetivos de uma discussão. Poderia ser entender o outro e ser entendido. Ou mostrar empatia. Ou se solidarizar. Ou muitas outras coisas. E seus objetivos podem ser muitas dessas coisas de uma só vez.

Mas o mecanismo de pontuação do Twitter substitui todos esses valores por um objetivo muito mais simples: acumular curtidas, retweets e seguidores. Para nós, o objetivo se torna o mesmo que se tornou para os vinicultores: fazer mais pontos. E nós, assim como os consumidores e produtores de vinhos, somos profundamente influenciados por eles. Os pontos e a gamificação começam a remodelar nossa experiência, nosso comportamento e como definimos o sucesso.

"Quando você muda consideravelmente os objetivos de uma atividade, isso muda a própria atividade", disse Nguyen. Seus tweets que acumularam curtidas e retweets não tinham nada a ver com discussão. Eles tinham que ser curtos, diretos e sem contexto. Talvez até um pouco idiotas.

Pesquisas mostram que tweets repletos de fortes emoções morais, como indignação, conquistam mais curtidas, retweets e seguidores. Cientistas chamam isso de "contágio moral". E, assim como um vírus, são contagiantes mesmo.

Isso é importante até para quem não usa redes sociais. Veja como isso mudou a política. Em 2022, uma equipe de pesquisadores do Canadá, Stanford e da Universidade de Illinois perceberam que funcionários civis eleitos dos Estados Unidos pareciam estar usando o Twitter de uma maneira cada vez menos civilizada. Por isso, eles pegaram uma década de tweets de membros do Congresso. Havia 1,3 milhões de tweets no total. Então os cientistas usaram um algoritmo movido por inteligência artificial para analisar cada um dos tweets e dar-lhes uma "pontuação de toxicidade" de 0 a 100.

Resultado: Os políticos que usavam o Twitter se tornaram 23% mais tóxicos ao longo da década. E isso ocorreu porque, os pesquisadores escreveram, "tweets não civilizados tinham a tendência de receber mais aprovação e atenção [medidas por] grandes quantidades de curtidas e retweets". Os cientistas também perceberam que quando os políticos recebiam muitas curtidas e retweets em publicações maldosas, eles se tornavam mais propensos a aumentar a maldade dos próximos tweets. Esse ciclo de escassez de recompensas imprevisíveis constantes e *feedback* rápido intensificaram o seu uso do Twitter e os transformaram em monstros.

Políticos de ambos os lados caíram nesse ciclo sórdido. Seria uma coisa se esse comportamento ruim, como acontece com jogos, fosse separado de suas vidas. Entretanto, as repercussões se espalharam de forma crítica. Os políticos usaram as mesmas táticas para guiarem seu pensamento e tomada de decisões na política — ou seja, as leis que afetam nossas vidas. Bem agora.

Nguyen chama esse fenômeno de "captura de valor". Quando colocamos um sistema simplificado de pontuações em uma atividade, começamos a nos concentrar nele e buscamos pontos em vez de experimentar os verdadeiros objetivos da atividade. "Essas métricas tomam conta das nossa motivações", disse Nguyen. "Ganhamos satisfação em troca da mudança dos nossos objetivos, mas corremos o risco de perder de vista a verdadeira importância da atividade. Acabamos nos submetendo a algo muito mais empobrecido."

Esse arco empobrecido é um escape divertido que nos traz o conforto da certeza por meio de pontos. Mas ele nos afasta de experiências mais ricas e verdadeiras e dos objetivos reais da atividade.

E não são apenas nossos políticos que estão atrás do efeito Twitter. Ele moldou a forma como lemos, vemos e entendemos o mundo.

Em 2022, o editor executivo do *New York Times* falou para seus jornalistas passarem menos tempo no Twitter. O motivo: Desde a ascensão da rede social, os jornalistas não estão contando suas histórias de uma forma equilibrada, verdadeira e objetiva. Contavam suas histórias de forma que os fizessem marcar mais pontos com seus seguidores do Twitter, muitos dos quais eram colegas jornalistas, não o público. Essa pontuação interna estava diluindo a visão de mundo do *Times*. A intelectual pública Bari Weiss, que trabalhou no jornal, falou que o Twitter é o "maior editor" do *Times*.

Perguntei para Nguyen se ele crê que podemos usar as ferramentas das redes sociais de uma forma que não nos empobreça, como ele diz. Elas são apenas uma ferramenta parecida com um martelo ou uma guilhotina?

Ele afirmou que depende de como e por que as usamos, assim como qualquer outro ciclo de escassez gamificado. Para usá-las bem, precisaríamos resistir ao impulso dos pontos e estabelecer objetivos diferentes.

Isso nos leva à segunda maneira de sair de um ciclo de escassez. Paramos de receber recompensas porque não achamos mais que as métricas de pontuação das redes sociais sejam recompensadoras. Estabelecemos recompensas imprevisíveis de acordo com nossos termos.

Nguyen comparou isso a como podemos ter diferentes relações com o dinheiro. Algumas pessoas o veem como um fim, enquanto outras o veem como um meio de conseguir um fim. A primeira pessoa trabalha pelo dinheiro e toma decisões que o ajudam a acumular. Por exemplo, ela sempre aceita o emprego com o maior salário.

A segunda pessoa vê o dinheiro como uma ferramenta para conseguir outra coisa. Por exemplo, felicidade. Ela apenas aceita uma oportunidade de ganhar mais dinheiro se isso a tornará mais feliz. Se estiver diante de duas ofertas de emprego, essa pessoa aceitaria a que acredita que a faria mais feliz, mesmo se oferecesse um salário menor.

Aplicando essa lógica às redes sociais, estabeleceríamos um ou dois objetivos e as usaríamos apenas para avançar neles. Números e pontuações seriam úteis apenas à medida que nos ajudassem a alcançar nosso objetivo. Então, por exemplo, poderíamos usá-las para espalhar informações úteis sobre um assunto no qual somos especialistas, fazer novos amigos ou aprender sobre culturas diferentes. Se as usássemos para razões diferentes dessas, nossas cabeças poderiam estar sob a lâmina da guilhotina.

Havia terminado meu croissant de uvas passas. Ele estava delicioso. E grande. Sentia que precisava tirar uma soneca. E depois correr uma longa distância para queimar as calorias que ele possuía.

Durante aquele estado de euforia induzido por açúcar, farinha e gordura, estava percebendo que essa cena — dois homens confortáveis comendo massas de US$6, tomando xícaras de café de US$5 e reclamando das redes sociais — também é um tipo de empobrecimento?

Enquanto Nguyen falava, estava concentrado nos meus pensamentos, analisando vários pontos de vista. Talvez sejamos crianções mimados que deveriam amadurecer e nos preocuparmos com outra coisa. E talvez haja algo a ser dito sobre isso.

Mas talvez não estejamos sozinhos na nossa experiência. E talvez essa experiência represente algo muito maior. Eu não acho que ela se encontre apenas no mundo dos vinhos, do Twitter e do Instagram.

Então perguntei isso a Nguyen. "Onde mais você vê sistemas de pontos mudando nossos comportamentos, objetivos e experiências?" Ele olhou para mim como se eu tivesse acabado de acordar de um coma de trinta anos.

"Hummm", ele disse, rindo. "Bem, por onde começo? Nós preferimos métricas. Então a nossa atenção e valores se voltam naturalmente para o que é facilmente mensurável e se afastam de todas as outras coisas mais complicadas que são mais importantes." Acontece que ele dá uma aula inteira sobre de que forma isso acontece.

"O dia favorito dos alunos do meu curso de introdução à filosofia é chamado de 'As Notas São uma Baboseira?", disse. "Eu nunca vejo alunos em um curso de introdução mais envolvidos e surpresos do que nesse dia."

Nessa aula, ele explica que as notas foram criadas não como uma forma de ajudar os alunos a se aprimorarem e pensarem melhor, mas para facilitar as vidas dos administradores. Por exemplo, notas e médias de notas permitem que diretores de admissão de escolas ou potenciais empregadores julguem a aptidão de uma pessoa com mais rapidez.

Mas trocamos a velocidade pela precisão. Ao longo do tempo, as notas se tornaram a coisa mais importante do sistema educacional. "Portanto, agora os alunos ficam mais *obcecados* com a média da nota, em vez de se concentrarem em entender as habilidades e ideias que precisam para prosperarem no mercado de trabalho", Nguyen disse. Ele tentou deixar o sistema de notas — usando avaliações escritas. Mas os diretores não deixam.

Como professor de universidade, comecei a me solidarizar com Nguyen. "Eu também já percebi que as notas não representam bem os alunos", contei a ele. "Meus alunos mais promissores geralmente não recebem um A. Eles têm um pensamento muito livre." Ou são guerreiros incansáveis que trabalham quarenta horas por semana enquanto assumem uma carga horária completa de disciplinas na faculdade. Meus alunos mais promissores geralmente ficam na média de B para A.

"Meus alunos que recebem As, por outro lado, tendem a ser mais robóticos e menos criativos. Ou têm pais ricos que pagam pela sua educação e têm mais tempo para estudar", eu disse.

No entanto, os alunos nota A são mais recrutados por empresas e vão parar nas posições mais altas de liderança. Isso fortalece um mundo empresarial que cada vez mais favorece métricas em vez de ideias boas e criativas que podem trazer resultados melhores. Não é à toa que Steve Jobs, Bill Gates e Oprah Winfrey largaram a faculdade.

Os números também tomaram conta da nossa forma de ver a saúde. Nossos médicos nos pedem para ficar dentro de um IMC, ou índice de massa corporal, específico. Usando nossa altura e peso, o IMC nos classifica como estando no "peso normal", "sobrepeso" ou "obeso". Assim como as notas, ele é útil para realizarmos análises rápidas e superficiais. Entretanto, a métrica não captura o estado da nossa saúde física ou mental, nem as minúcias do peso que podem afetar a nossa saúde. Por exemplo, quanto desse peso é músculo, onde o peso está armazenado, ou por que nós devemos ter um peso específico. Isso geralmente se aplica a outras métricas de saúde amplas, como pressão sanguínea e nível de açúcar no sangue. E recebemos tratamentos e prêmios do plano de saúde que não precisamos com base nesses números.

Ou começamos a nos exercitar para ter saúde e nos fortalecer e somos tomados por dispositivos de monitoramento de atividades, contagem diária de passos ou "contagem de esforço". No entanto, nunca chegamos a definir o que saúde significa para nós. E se o fizéssemos, com certeza não seria um número em um aplicativo.

A lista continua. Pesquisadores descobriram que a quantificação está mudando tudo, desde a maneira como experienciamos filmes e música, graças à popularidade do Rotten Tomatoes e do Pitchfork; até os esportes, com a escalada de análises que arruínam a essência e a emoção do beisebol; até a arte e o lazer, com pessoas indo como rebanhos para museus e lugares de lazer para tirarem selfies e ganharem curtidas nas redes sociais; até a forma como os chefs cozinham refeições ou como projetamos espaços para ficarem bons para o Instagram ou TikTok.

O escritor de tecnologia Kyle Chayka chama este último de "*AirSpace*". Negócios estão sendo projetados para serem atraentes para usuários de redes sociais. A mesma estética agora está se proliferando em todo o mundo, em grande parte devido à tecnologia gamificada. Consumidores querem visitar lugares pelos seus produtos típicos — e para tirar fotos para as redes sociais. Chayka destaca que as cafeterias de hoje, nas partes descoladas de Salt Lake City, Austin, Tóquio ou Reykjavík têm a mesma aparência instagramável. Tudo minimalista com um toque industrial. Assim como, ironicamente, essa padaria na qual eu e Nguyen estávamos.

Uma razão pela qual gostamos de escapar para o ciclo de escassez é que não há a incerteza desconfortável que nos induz à ansiedade nele. É mais seguro e mais fácil. Podemos saber se nos saímos bem ou mal.

É muito mais difícil analisar o efeito do tempo que passamos na natureza sobre nossa psique. Ou como uma pintura faz com que a gente se sinta. Ou por que escolhemos ir a um restaurante em particular, ouvir uma música, assistir a um filme, ou projetar ou vivenciar o interior de uma cafeteria, e como todas essas coisas nos atraem ou não e por quê.

Enquanto eu voltava para Las Vegas, lembrei de uma conversa que tive com Caleb Everett, um pesquisador de números e reitor sênior da Universidade de Miami. Ele descobriu que números escritos são um fenômeno novo. Eles foram desenvolvidos apenas nos últimos milhares de anos. "Tendemos a crer que números são um *modus operandi* padrão dos humanos, mas não é verdade", Everett me contou.

Antigamente, não numerávamos as coisas. Trabalhávamos com estimativas aproximadas. Ainda existem humanos que os números não alcançaram, como o povo Pirahã na Amazônia. "Os pirahã não conseguem contar acima de três, e não têm palavras para números", ele me disse. Em vez disso, usam aproximações, como pequeno, médio e grande.

"É fascinante como os números se tornaram tão impactantes para nós nos aspectos emocionais e comportamentais", disse. "Eles parecem naturais para nós, mas são, de muitas formas, uma coisa muito antinatural. Porque podemos afirmar que não estamos condicionados por eles de verdade. Números elaborados são uma aberração histórica para a nossa espécie. Mas a trajetória cultural nos últimos milhares de anos, principalmente nas últimas centenas de anos, nos levou a quantificar tudo e acreditar que a quantificação representa a verdade absoluta. Pensamos que, se conseguimos quantificar algo, dizemos ou alcançamos algo verdadeiro e profundo, porque temos evidências. E podemos ficar tranquilos e não pensar mais no assunto. Mas não é assim que funciona."

Nós moldamos os números e eles, por sua vez, nos moldaram. Ao nos concentrarmos em um aspecto de uma experiência, podemos perder todos os outros aspectos mais importantes dela, os mais instigantes e que têm mais significado. Os aspectos que fazem a vida valer a pena.

"Porque se você passar tempo com dados e estudar dados e ciência, verá como são complicados e como é difícil fazer com que façam sentido", Everett me disse. "Há milhões de formas de quantificar alguma coisa e de argumentos sobre como realizar essa quantificação da melhor forma. Por exemplo, qual variável você irá controlar e qual não irá controlar e o que o dado significa de verdade. Essas coisas são muito contestáveis e geralmente são decisões humanas equivocadas. É muito, muito complexo. Há muitas camadas de cinza. Mas quando esses dados cinzentos chegam ao público, ele geralmente os vê como branco e preto. Como uma verdade absoluta."

É claro, as métricas não são inúteis. Mas precisamos entender que elas não representam a experiência humana, ou seja, todas as experiências que podemos ter em tudo o que fazemos, e como podem nos afetar e afetar os outros.

Devemos vê-las como elas são: classificações não claras e supersimplificadas que podem nos contar um pouco, mas não tudo, longe disso. Forças externas podem usá-las para nos fazer cair no ciclo de escassez, que está separado da realidade e dos nossos maiores interesses, nos levando a lugares para os quais podemos não querer ir. Por isso, às vezes vale a pena tomar um caminho diferente, abraçar a incerteza e mergulhar em situações desconfortáveis para entender por que estamos fazendo alguma coisa, e o que ela significa de verdade para nós.

Influência

Quando pensamos em influência hoje, provavelmente não consideramos ideias distantes como, por exemplo, o impacto dos números sobre nós. Temos uma tendência maior de pensar nos "influenciadores" das redes sociais e na nossa influência sobre outras pessoas. E isso faz sentido.

Agora sabemos como o cérebro de escassez se desenvolveu para desejar influência. Nós, seres humanos, somos animais sociais que evoluíram para disputar status diligentemente, nos preocupando com o que os outros pensam de nós e, muitas vezes, agindo e pensando como reação aos outros.

Entretanto, até recentemente, a influência era uma ciência pouco desenvolvida. Era difícil medir nossa posição social, ou como estávamos nos saindo em comparação a outras pessoas, ou se nossas ações eram boas ou ruins. Então todos se conectaram pela internet e começamos a poder quantificar nossa influência.

Assim como as drogas tradicionais, nosso impulso para influenciar os outros também é um ponto fraco para o desejo de querer mais, mais rápido e com mais intensidade. Pesquisas mostram que quando começamos a sentir que temos uma oportunidade de adquirir status ou influência, começamos a valorizá-los ainda mais e fazemos mais coisas para obtê-los. Seja postando nas redes sociais ou nos comportando de uma certa maneira perto de outras pessoas, nós vemos a oportunidade, agimos, esperamos as recompensas imprevisíveis e então repetimos. O ciclo de escassez.

Em 1943, o psicólogo pioneiro Abraham Maslow lançou um artigo chamado "Uma Teoria da Motivação Humana", apresentando sua famosa hierarquia de necessidades. Ela afirma que precisamos suprir nossas necessidades básicas antes de partirmos para a realização de necessidades mais abstratas. Portanto, coisas essenciais como alimentação, sono, água e abrigo vêm em primeiro lugar. Depois vem a segurança, que inclui estar livre de doenças, ter um emprego e alguns recursos. Então vêm as necessidades psicológicas, como a sensação de pertencimento. Subimos na hierarquia até que finalmente alcançamos o que ele chamou de necessidades de "autorrealização", que foram descritas como "nos tornarmos tudo que [somos] capazes".

Parece sensato sugerir que seres humanos priorizam comida ou segurança antes de amizades ou discussões profundas sobre a existência de Deus, se estiverem prestes a passar fome ou serem atacados por um urso-pardo. Ou que nos importaríamos menos em "encontrar nosso verdadeiro eu" se estivéssemos vivendo na rua ou deitados em uma cama de hospital. E a maioria dos psicólogos daquela época concordavam.

Mas o quarto nível da hierarquia de Maslow foi um pouco mais controverso. Falava do que ele chamou de necessidades de "estima". Maslow afirmou que não apenas precisamos gostar de nós mesmos. Também precisamos sentir que *outras pessoas* gostam de nós. Declarou: "Nós temos o que podemos chamar de desejo por reputação ou prestígio, respeito ou estima de outras pessoas, reconhecimento, atenção, importância ou admiração".

Na época isso foi polêmico. Pensadores como Sigmund Freud haviam dominado a psicologia acadêmica até então. Freud acreditava que todos temos impulsos animalescos escondidos no profundo do nosso inconsciente. Os problemas, segundo Freud, vêm da repressão desses impulsos ou da projeção deles sobre outras pessoas.

No entanto, Maslow acreditava que psicanalistas como Freud haviam ignorado o fato de que somos criaturas sociais. E psiquiatras em campo concordavam silenciosamente com ele. Seus pacientes, diriam a Maslow de maneira não oficial, não iam para a terapia conversar sobre coisas freudianas, como frustrações sexuais bizarras reprimidas. Muitos pacientes falavam sobre a sua posição na sociedade. Eles tinham angústias com problemas sociais, como não receberem uma promoção no trabalho ou não se sentirem tão ricos como seus vizinhos.

Então, quando Maslow lançou seu artigo, a ideia de que desejamos influência e status social fracassou, pelo menos em círculos acadêmicos.

"Os psicólogos não queriam admitir que o status é importante porque isso é um tanto quanto desagradável", Cameron Anderson, que estuda dinâmicas de poder, status e influência na Universidade da Califórnia, em Berkeley, me contou. "As pessoas não deveriam se importar com status, e um desejo grande por status é visto como egoísta e superficial."

Mesmo assim, sejamos sinceros aqui: nos importamos sim. Já pensei mais do que gostaria admitir sobre a minha posição em todos os tipos de hierarquia. Tem também o meu comportamento nas redes sociais, que Nguyen me ajudou a entender. Mas além das telas, todos somos lembrados das nossas posições diariamente.

Quando vamos a um evento de esportes ou um show e vemos a seção VIP. Quando passamos em frente à casa maior do nosso vizinho. Quando forçamos uma risada após ouvir uma piada idiota do nosso chefe. Quando embarcamos em um avião e passamos por pessoas bebendo um champanhe antes do voo nos assentos espaçosos da primeira classe.

Gostamos de pensar que somos imunes a esses lembretes de status. Mas não. Não somos.

Por exemplo, pesquisadores da Universidade de Toronto e de Harvard descobriram recentemente que incidentes de "fúria no ar" estavam aumentando. Isso é, pessoas ficando iradas a 9 mil metros de altura. Os cientistas queriam entender o motivo. Então estudaram mais de um milhão de voos e aproximadamente 4 mil casos de fúria no ar. Presumiram que o aumento dos incidentes se devia completamente pelos voos estarem se tornando uma experiência cada vez mais infernal todos os anos, com mais taxas e atrasos e menos espaço para as pernas. Estavam errados.

Eles descobriram que as chances de passageiros da classe econômica terem um episódio de ira eram quatro vezes maiores quando o avião tinha uma cabine de primeira classe. Esse sinal de status e influência aumentava a probabilidade de um incidente como esses, da mesma forma que um atraso de nove horas e meia. E se os passageiros da classe econômica tivessem que embarcar pela cabine da primeira classe, o número aumentava oito vezes.

Essa caminhada difícil pelos cidadãos de "primeira classe" sutilmente nos torna mais propensos a querer destruir todo o sistema de classes. A querermos fazer uma Revolução Francesa no meio do voo e alinhar a elite na guilhotina.

Portanto, sim, todos nos importamos e somos afetados por sinais acerca da nossa posição social e influência. Mas a maioria de nós suprime esse instinto revolucionário de Che Guevara que eles instigam. Em vez disso, fingimos não perceber esses lembretes de status sutis que enfrentamos todos os dias. Nos acalmamos e diminuímos as pessoas com status elevado dizendo a nós mesmos coisas como: "Aquela casa é uma monstruosidade... Dinheiro não pode comprar bom gosto". Ou "o avião aterrissa ao mesmo tempo para todos".

Porque esta é a questão mais importante: expressar que nos importamos, ironicamente, é a pior coisa que podemos fazer pelo nosso status. Nada machuca mais o nosso ego do que deixar as pessoas saberem que nos importamos.

Portanto, para cientistas da psicologia, pesquisar sobre status social era a mesma coisa que admitir isso. Que realmente nos importamos muito com o que os outros pensam de nós. E que somos, como Aristóteles disse, "animais políticos" cujas ações são definidas pelos outros. E tudo isso aconteceu apesar de outras disciplinas acadêmicas perceberem que a maioria das decisões que tomamos são, de fato, uma reação à sociedade e ao nosso desejo de nos encaixarmos nela.

Por exemplo, a teoria antropológica da "cismogênese" afirma que toda a nossa noção de individualidade e identidade cultural é, de fato, uma reação aos outros. Como os cientistas David Graeber e David Wengrow explicam a ideia no livro *O Despertar de Tudo:* "Por qualquer padrão biologicamente relevante, seres humanos não se distinguem". Todos nós, na maioria das vezes, somos iguais. Agimos da mesma forma (por exemplo, estufar o peito e levantar as mãos é como as pessoas demonstram orgulho). Até pensamos da mesma maneira; todos os idiomas humanos têm substantivos, verbos e adjetivos. E mesmo que a nossa música pareça diferente, todos gostamos de música e dança. Refeições em todo o mundo são constituídas de um carboidrato, alguma proteína como carne, peixe ou feijão e alguns vegetais.

Mas nossas mentes sempre olham para as diferenças relativamente menores que temos com os outros e formam nossa noção de individualidade e sociedade com base nessas diferenças. "As pessoas costumam se definir em comparação ao seu próximo", Graeber e Wengrow escreveram.

Os cientistas ignoraram esses assuntos apesar da posição social estar integrada à humanidade há muito tempo. Hoje em dia, é difícil encontrar sociedades antigas sem classificação.

Mas pense na "potlatch", uma prática de povos indígenas americanos da costa noroeste. Para entendê-la, imagine que você é convidado para um grande jantar. Mas antes disso, o anfitrião pergunta qual é sua renda e seu cargo no trabalho.

Então, quando você chega no jantar, seu assento na mesa, a comida que vai comer e os talheres que vai usar são baseados na sua renda e cargo. Você, um contador, senta em algum lugar no meio da mesa, come um bife *New York Strip* com batata assada em um prato da Costco e usa faca e garfo de aço inoxidável. Enquanto isso, a pessoa que está sentada do seu lado, um investidor de tecnologia, está comendo carne Kobe com risoto de lagosta e usando talheres banhados a ouro. Isso é decepcionante. Mas veja pelo lado bom. Pelo menos você não é o professor de escola pública sentado no final da mesa comendo e segurando com as mãos um cachorro-quente com batatas fritas de supermercado em um prato de papel.

Isso parece estranho. Até mesmo cruel. Mas é exatamente isso que acontece na cerimônia potlatch. Era uma exibição espetacular da classificação social celebrada com um grande banquete onde as pessoas se sentavam com base na sua hierarquia. Suas posições sociais determinavam tudo, desde a comida que iriam comer até os pratos e talheres. O anfitrião do jantar até fazia um grande discurso sobre sua influência e encheria seus convidados de presentes como uma grande exibição de status. Assim como os passageiros da primeira classe recebem champanhe, refeição quente e uma recepção especial pelo sistema de som interno, enquanto ganhamos pretzels vencidos, uma Coca diet morna e gritam conosco para permanecermos com nossos cintos. E a potlatch é apenas um exemplo estranho dos jogos de status que as culturas de todo o mundo jogaram ao longo do tempo.

Portanto, por cinco décadas após o insight de Maslow, cientistas evitaram estudar o status. A menos que a admissão de que ele é importante afetasse seus status. Mas no início dos anos 1990, enquanto os Estados Unidos lidava com questões sobre raça e gênero, uma psicóloga de Princeton chamada Susan Fiske começou a estudar estereótipos. Ela descobriu que eles são uma forma pela qual os poderosos exercem controle sobre os não poderosos.

Seu trabalho "trouxe de volta o assunto da hierarquia social principalmente na psicologia social", disse Anderson. O foco nos menos privilegiados "pareceu tornar aceitável estudar outros assuntos relacionados à hierarquia, inclusive quem alcança altos status e por quê".

A pesquisa tem aumentado desde então.

"A razão pela qual temos emoções é porque elas desempenham funções essenciais que ao longo da história nos ajudaram a sobreviver e reproduzir", diz Jessica Tracy, professora de psicologia e diretora do Laboratório de Emoção e Autoconhecimento da Universidade da British Columbia.

Tracy me contou que temos todo um conjunto de emoções que dependem *completamente* de pensamentos, sentimentos e ações de outras pessoas. Emoções como embaraço, culpa, vergonha, ciúme, inveja, empatia e orgulho não agem sozinhas. São ferramentas que nos levam a trabalhar (ou não) com outros para que possamos nos desenvolver em nosso ambiente, assim podemos nos manter e avançar em nosso lugar na sociedade. Vamos chamá-las de "emoções de influência".

O cérebro de escassez deseja a influência porque quanto mais dela tivermos sobre outras pessoas, mais probabilidade teremos de sobreviver e espalhar nosso DNA. A influência nos proporcionou parceiros melhores, aumentou nossas chances de sobreviver em um conflito, nos proporcionou uma quantidade maior de recursos escassos e até nos ajudou a sair de trabalhos tediosos e cansativos que demandavam muita energia. Desde que os seres humanos existem, disse Anderson, a influência tem sido como uma vitamina ou toxina. "Bem-estar subjetivo, autoestima e saúde física e mental das pessoas parecem depender do nível de status que é atribuído por outros."

Anderson sabe disso porque recentemente analisou todos os dados sobre status social. Estamos falando de centenas e centenas de estudos que remontam a Maslow. Ele descobriu que pessoas com mais status são geralmente mais felizes e passam por menos problemas de saúde física e mental como ansiedade, depressão e doenças cardíacas. E essas diferenças na saúde não se devem ao fato de que pessoas com status mais baixo têm menos acesso à assistência médica. As mesmas descobertas foram encontradas em países com assistência médica universal, onde o acesso aos serviços de saúde e sua qualidade é igual para todos.

Assim como o cérebro de escassez está sempre buscando inconscientemente sinais de que recursos são escassos, também busca sinais sobre influência. Até mesmo diferenças aparentemente insignificantes entre pessoas — como o tamanho de uma porção de comida ou bebida que recebemos em comparação com a de outra pessoa, a decoração do escritório de alguém, ou diferenças em roupas — podem acionar nossas emoções de influência e nos estressar.

A maioria de nós até escolhe status e influência antes do dinheiro. Uma pesquisa descobriu que 70% dos trabalhadores preferem um título melhor do que um aumento salarial. Eles acreditavam que o título melhor faria com que outras pessoas os vissem de forma mais respeitosa e os daria mais influência. Não apenas sobre seus colegas de trabalho, mas sobre todos à sua volta — seus vizinhos, família e amigos.

Isso levou a outra descoberta fascinante, desta vez na Universidade Cornell. Para a nossa saúde mental, é melhor ser um peixe grande em um lago pequeno — ou seja, ter um cargo maior em uma empresa pequena — do que estar em algum lugar no meio da hierarquia de uma empresa grande e conhecida. Mesmo que ganhemos mais dinheiro na empresa maior.

O ambiente de status em que vivemos é mais importante do que percebemos. Como nos sentimos em qualquer momento está surpreendentemente ligado ao ambiente em que estamos. Por exemplo, uma pesquisa mostra que os 1% mais ricos — o 1% que ganham pelo menos US$600 mil por ano — geralmente reclamam por se sentirem pobres e pressionados. Isso ocorre porque eles vivem perto de outras pessoas que fazem parte do 1%. Por isso, focam no que os outros têm, e eles não. Isso faz com que essas pessoas objetivamente ricas acreditem que são subjetivamente pobres.

Outra pesquisa mostra que nosso desejo pela influência também é a raiz da violência. Um grande estudo sobre crime na cidade de Detroit descobriu que o motivo mais comum para que um homem mate o outro não é dinheiro, drogas ou namoradas, por si só. O motivo era uma ameaça ao seu status. Os cientistas deram o exemplo de dois homens que brigaram para jogar em uma mesa de sinuca. *Na verdade*, a briga não tinha a ver com a mesa de sinuca; se tratava do que aconteceria com seus status se eles a cedessem (ou suas namoradas, ou o ponto de drogas).

Nosso desejo pela influência também gera ansiedade. A pesquisa de Anderson mostra que a coisa mais estressante que pode acontecer conosco é ter que realizar uma grande tarefa em público, com a qual não nos sentimos bem preparados. Por exemplo, se nos pedirem, de última hora, para dar uma palestra sobre um tema que não temos muita familiaridade. Isso faz com que nossos corpos liberem enxurradas de hormônios do estresse.

Ou digamos que vemos duas pessoas sussurrando. Geralmente nosso cérebro supõe que estão falando sobre nós, nos excluindo e conspirando para o nosso ostracismo. Ou digamos que alguém faz um comentário ambíguo. Tendemos a pensar que quis dizer algo pejorativo sobre nós. Por outro lado, se *nós* fizermos um comentário ambíguo sobre alguém e depois percebemos que essa pessoa pode entender da forma errada, acreditamos que ela, de fato, entendeu da forma errada. Então começamos a planejar como vamos resolver a situação.

Geralmente, estamos errados em todos os aspectos. O comentário não foi algo pejorativo contra nós. A pessoa não entendeu a nossa fala da maneira errada. Mas o nosso cérebro tende a imaginar o pior. Na chance remota de estarmos certos, salvamos nosso status social. E no passado, isso poderia significar a diferença entre viver e morrer.

É claro que buscar influência não é algo ruim. A razão pela qual fizemos e ainda fazemos isso é porque nos ajudou a sobreviver e nos desenvolver. Ela pode nos fazer trabalhar com mais afinco, ser mais generosos, fazer o bem e ajudar os outros. Mas nosso desejo pela influência também pode nos levar a tendências vaidosas, egoístas e destrutivas, como excesso de competitividade, arrogância, materialismo, agressão e sofrimento geral. Provavelmente é por isso que a obrigação social foi uma das três compulsões que Buda teve que superar para alcançar o Nirvana.

Seres humanos viveram em pequenos grupos por quase todos os seus 2,5 milhões de anos de existência. Nossas tribos nunca passaram de 150 pessoas. A maioria delas era muito menor do que isso. Raramente conhecíamos outras pessoas. E todos tínhamos os mesmos trabalhos. Nossos deveres eram caçar, coletar, gerar filhos e evitar morrer. A dinâmica social não era tão dinâmica assim, e havia poucas coisas que podíamos fazer e poucas pessoas para influenciar. O número de pessoas que podíamos influenciar e o tipo de influência que podíamos exercer sobre elas eram escassos. A escada social estava mais para um banquinho.

Mas hoje há 8 bilhões de pessoas interconectadas. Milhares dos antigos banquinhos sociais se uniram, e a hierarquia social está agora mais parecida com a Torre de Babel. Todos podemos buscar influência a qualquer momento ao editar uma imagem das nossas vidas e pensamentos e postá-la nas redes sociais. Para um grupo de bilhões de pessoas. Todos os dias, o dia todo. E tudo está quantificado, gamificado e medido em curtidas, seguidores, mensagens diretas, retweets, impressões, visualizações, renda e muito mais.

E isso nos mudou substancialmente, disse Tracy. Por exemplo, o que aconteceu com a forma que sentimos orgulho ou vergonha. "Essas duas emoções evoluíram especificamente para a classificação social e a hierarquia", contou. "Elas nos motivam a realizar ou não várias ações que nos ajudam a subir na classificação social e mostrar para os outros à nossa volta que merecemos essa posição."

Orgulho é a emoção que sentimos quando nos avaliamos de forma positiva. "O sentimento de orgulho é muito bom", disse Tracy, "e como resultado disso, queremos sentir mais dele. Por isso, somos motivados a buscar mais conquistas ou a nos comportar de mais formas que nos ajudam a sentir orgulho, que é apenas uma maneira de dizer que fazemos mais coisas que nos fazem sentir que estamos subindo na escada do status social." Mas a pesquisa de Tracy mostra que há dois tipos de orgulho. Um tem um lado bom; o outro tem um lado ruim.

O primeiro tipo é chamado de "orgulho autêntico", e ele é bom. É o tipo de orgulho que sentimos quando conquistamos algo muito bom e o *merecemos*. Por exemplo, fechar um negócio no qual trabalhamos muito duro, terminar uma corrida de 10km mais rápido do que esperávamos ou criar algo de valor. Tracy disse: "Sentimos orgulho autêntico mesmo quando ninguém vê o que fizemos. Mas se alguém vir a coisa maravilhosa que fizemos, então nos sentimos melhor ainda". O orgulho autêntico aumenta nossa criatividade, aprimora nossa saúde física e mental a longo prazo e nos dá uma influência duradoura.

Então, nas sombras, há o segundo tipo: o "orgulho arrogante". Ele não é merecido. Nós o sentimos sem conquistar nada. É o tipo de orgulho dos presunçosos, autoengrandecedores, narcisistas e egocêntricos. Ainda nos proporciona sentimentos bons, "mas vêm com problemas", disse Tracy. "O orgulho arrogante leva a nos comportarmos de maneiras cujo objetivo é fazer com que as pessoas nos admirem", e tem levado as pessoas à loucura e à autodestruição.

Resumindo, sentimos o orgulho autêntico quando fazemos coisas muito boas. Sentimos o orgulho arrogante quando fazemos propaganda falsa de nós mesmos.

Antigamente, nós podíamos fazer propaganda de nós mesmos apenas para algumas pessoas. Mas a mídia de massa mudou o jogo da influência. Ela começou com a escrita impressa, depois cresceu com o rádio e a televisão. No entanto, a influência que ela nos dava era justificada. Tínhamos que ter grandes ideias e fazer coisas muito interessantes para conseguir influência sobre as massas e atenção da mídia.

Depois, veio a internet e as redes sociais. Tracy explicou que se realizarmos algo hoje, "é muito fácil alcançar uma rede grande de pessoas. Você pode se gabar nas redes sociais agora, e todos os seus amigos vão saber da sua conquista. E é muito tentador fazer isso porque, quanto maior o seu público, mais elogios você recebe e melhor vai se sentir". Há aproximadamente 5 bilhões de pessoas nas redes sociais.

"Mas é um dilema", contou. "Ao mesmo tempo que aumenta seu status por fazer as pessoas saberem que você é demais, ao mesmo tempo o diminui. E isso faz com que pareça um idiota. A maneira mais difícil, entretanto mais eficaz, é ir para o mundo e fazer coisas boas. Assim, o status crescerá naturalmente."

A vergonha também mudou, Tracy disse. Uma pesquisa mostra que opiniões novas e polêmicas movimentam mais as redes sociais, como aprendemos com os políticos no Twitter. Mas é uma linha tênue delicada. Se formos longe demais e ofendermos muitas pessoas, a rejeição não virá de um pequeno grupo da nossa tribo. Pode ser um grupo de milhares, até milhões de pessoas. A cultura do cancelamento é como uma tática militar da vergonha. O aumento dos smartphones com câmera e conexão à internet permitiu que as pessoas passassem vergonha em maior escala.

Isso exerce um efeito ruim principalmente nos adolescentes, cujos cérebros estão mudando de tal forma que status social e aceitação são mais importantes do que em qualquer outro momento da vida. Uma pesquisa de Jonathan Haidt, psicólogo social da Universidade de Nova York, mostrou que a luta por atenção nas redes sociais provocou um surto de depressão, ansiedade e automutilação, principalmente entre meninas adolescentes. "Principalmente no Instagram", escreveu Haidt. O Instagram "afasta outras formas de interação entre adolescentes, coloca o tamanho do seu grupo de amigos em exibição pública e sujeita suas aparências físicas às difíceis métricas de curtidas e contagem de comentários".

Os adolescentes reconhecem os efeitos danosos das redes sociais. Entretanto, pelo fato de suas vidas sociais acontecerem online e a sociabilidade ser excepcionalmente importante para eles, os adolescentes ficam como mariposas atraídas pelo fogo.

A resposta, no entanto, não é apenas parar de usar o celular e usar menos a internet. A internet é endêmica. E assim que conseguimos dominar bem uma plataforma, uma outra surge, tirando proveito da nossa necessidade de ser amado para nos fazer cair em um ciclo de escassez novo e mais forte. Com a ascensão da inteligência artificial, nossos jogos nos conhecem mais do que nós mesmos. Eles pingam recompensas no intervalo perfeito de imprevisibilidade para nos sugar.

Mas assim como Nguyen disse, não temos que jogar os jogos simplificados que a tecnologia nos oferece. Podemos inventar nosso próprio jogo, com seus próprios objetivos e resultados.

Mais importante ainda, precisamos entender que nosso desejo de ser amado e de influenciar outras pessoas nos impacta muito fora da internet. Talvez seja o maior determinante do curso das nossas vidas e de quem nos tornamos. Conduz nossos pensamentos, ações e bem-estar desde o nascimento, no mundo real.

Nossa mente está cheia de concepções sociais, compulsões e suposições que alteram a forma como vemos o mundo, julgamos e nos relacionamos com outras pessoas. No passado, isso nos ajudou a ganhar ou manter influência e sobreviver. Mas hoje, isso geralmente nos limita. Cientistas os chamam de vieses cognitivos.

Por exemplo, uma equipe de cientistas da Universidade da Pensilvânia e da Universidade da Califórnia em Berkeley descobriu que, quando desempenhamos uma tarefa na frente de outras pessoas, acreditamos que estamos sendo julgados de forma muito mais severa do que realmente acontece. Também achamos que as pessoas veem momentos isolados das nossas vidas e fazem generalizações amplas.

Digamos que erramos uma fala em uma apresentação de uma hora de duração. Depois, tendemos a acreditar que todos da plateia não estão apenas pensando repetidamente no nosso erro (assim como nós estamos pensando!) mas também acham que somos palestrantes horríveis como um todo. E por eles acharem que somos palestrantes horríveis, supomos que também devem achar que somos horríveis em todos os outros aspectos da nossa vida.

Estamos redondamente enganados. Os cientistas descobriram que a maioria das pessoas não são tão críticas assim e esquecem rápido os erros isolados. Mas devido ao fato de exagerarmos ao pensar nas consequências de todo movimento social que realizamos — porque acreditamos que todo mundo se importa profundamente com toda nossa ação pública —, isso causa ansiedade e estresse.

Cientistas chamam isso de "efeito de consequências exageradas". É uma ramificação do "efeito holofote", que trata de como superestimamos o quanto outras pessoas pensam de nós. É como se acreditássemos que vivemos no nosso próprio programa de televisão de horário nobre — *O Show do(a) [Insira seu nome]* — com o holofote sempre sobre nós. Mas a realidade é a seguinte: geralmente ficamos muito cegos por causa do nosso próprio holofote para conseguirmos olhar para outras pessoas.

Há também o que psicólogos chamam de "erro fundamental de atribuição". É como atribuímos as ações de outras pessoas ao seu caráter, mas atribuímos nossas ações a fatores que estão fora do nosso controle. Quando alguém se atrasa para uma reunião, essa pessoa é preguiçosa. Quando nos atrasamos, é por causa do trânsito.

Ou há o "efeito do excesso de confiança", que fala de como tendemos a ter uma confiança excessiva em nossas crenças. Cientistas descobriram que pessoas que diziam ter "99% de certeza" em uma resposta estavam erradas em 40% das vezes.

Existe também o "viés da falsa singularidade", que é nossa tendência de ver a nós mesmos e nosso trabalho como mais únicos do que realmente são. Ela geralmente nos leva a focarmos nas diferenças que temos com as pessoas, em vez das nossas similaridades. Isso explica o conceito da cismogênese, a ideia de que culturas e pessoas se definem em oposição aos seus vizinhos.

E também há o "cinismo ingênuo". Ele acontece quando pensamos que todas as pessoas são egoístas, exceto nós mesmos. Apesar de muitos de nós, como o escritor David Foster Wallace afirmou, tendermos "a agir com a crença automática e inconsciente de que [somos] o centro do universo, e que [nossas] necessidades imediatas e sentimentos deveriam determinar as prioridades do mundo".

Todos somos, pelo que parece, assolados pelo "realismo ingênuo", a crença de que vemos a realidade como ela é. Não. Não é verdade.

Psicólogos descobriram centenas desses vieses cognitivos. Se começarmos a reuni-los, veremos que pode ser possível que, sim, talvez nosso desejo por influência nos deixe perdidos mesmo.

Conforme eu pensava como meu desejo por influência provocou altos e baixos, lembrei de algo que um amigo me contou.

Há cerca de cinco anos, minha esposa e eu tivemos uma discussão boba. Não cedi. Ela não cedeu. Parecia que nós dois estávamos tomando coquetéis fortes de erro fundamental de atribuição, efeito de excesso de confiança e de ceticismo ingênuo.

Durante o impasse, desabafei com esse amigo. Expliquei a ele com detalhes por que eu estava certo, por que minha esposa estava errada, como o mundo seria um lugar muito melhor se conseguisse fazer com que ela entendesse isso — e se ele tinha algum conselho para me ajudar a convencê-la de que eu estava certo.

A resposta dele: "Você quer estar certo ou feliz?"

Desde então, essa pergunta me salvou de muitas dores de cabeça que meu cérebro egocêntrico produz e parece estar determinado a piorar ao defender sua razão. E isso destaca algo importante sobre o nosso cérebro de escassez e seu desejo por influência.

Cientistas da Universidade da Pensilvânia teorizam que nossa capacidade de raciocínio não se desenvolveu para que pudéssemos encontrar crenças melhores e tomar decisões melhores. Nosso raciocínio pode ter evoluído para que pudéssemos vencer discussões e ganhar influência. Em nossas interações com outras pessoas, o cérebro de escassez age como nosso eu inflado, usando a razão como uma arma para proteger nosso status e fazer com que pareçamos e nos sintamos bem no curto prazo.

E isso se estende para além dos debates com outras pessoas importantes para nós. Agora estamos fora das tribos de 150 pessoas onde todos trabalhávamos pelo mesmo objetivo. Nosso desejo por influência afeta a ampla variedade de interações que temos com outras pessoas presencialmente e pela internet. Grandes discussões, sim. Entretanto, com diferenças mínimas.

Ainda buscamos superar outras pessoas para aumentar nossa influência. Mas para fazer isso, nossos cérebros usam todos esses tipos de vieses cognitivos.

Esses mecanismos provavelmente fizeram sentido durante a cruzada da evolução humana. Naquela época, éramos muito mais propensos a disputar posições que afetavam verdadeiramente a nossa sobrevivência. A influência era uma questão de vida ou morte.

Entretanto, no nosso mundo seguro e confortável, a maior parte das nossas desavenças diárias são surpreendentemente inconsequentes. Mas não percebemos isso. Deixamos que nosso impulso antigo de sempre parecer bem e manter a influência nos leve à ansiedade, rancores e sofrimento. Ele nos prejudica no longo prazo.

Quando nos perguntamos: "Eu quero estar certo ou feliz?", expandimos nossa visão e olhamos para a situação com outra perspectiva. Mas também podemos mudar a pergunta. Poderia ser: "Quero parecer bem ou ser feliz?" ou "Quero superar essa pessoa ou ser feliz?" ou "Quero estar certo ou ser um bom amigo, colega de trabalho ou companheiro?" E por aí vai. Brinque com isso.

Escolher a última opção pode ser desconfortável no curto prazo (estaremos lutando contra nosso cérebro de pit bull). No entanto, com o tempo, ajuda a nos livrar das baboseiras que causam nossos sofrimentos diários. E quando elas acabam, se tornam um adubo, propiciando nosso crescimento.

"Quero estar certo ou feliz?" pode até nos dar perspectiva e clareza para perceber outro fato importante: Provavelmente *não* estamos certos na maioria das discussões. Nem o outro lado. O tempo muda a forma de vermos o mundo. Muitos de nós podemos olhar para discussões passadas e perceber que houve pouquíssimas delas em que estávamos completamente, incontestavelmente e universalmente certos. Exageramos em nossas reações — outra tendência que nos ajudou a sobreviver no passado. Como um alarme de fumaça. Ele toca por causa de uma pipoca levemente queimada da mesma forma que toca quando há um incêndio grave.

E quem somos, o que sabemos e temos como verdade está em constante mudança. Algo que podemos defender com unhas e dentes hoje pode ser irrelevante para nós amanhã. No entanto, temos dificuldade de perceber isso no momento.

Portanto, "Quero estar certo ou feliz?" é uma pergunta que tento fazer a mim mesmo toda vez que meu desejo de influenciar outras pessoas me leva para a direção errada. Meu cérebro me pede para jogar um jogo, mas posso recusar ou forçá-lo a jogar outro.

Não sou perfeito por fazer essa pergunta. Não diria nem que sou bom com isso. Mas me lembrar de perguntar a mim mesmo se quero estar certo ou feliz quando estou em uma armadilha do ego, embora seja desconfortável no momento, faz bem para o meu emocional depois. Isso me dá uma nova perspectiva e estanca meu sofrimento diário. E isso parece uma vitória para todos nós.

Enquanto dirigia de volta para casa, da minha reunião com Nguyen, percebi que, de forma bastante constrangedora, ainda estava com migalhas de croissant na minha jaqueta. Então me lembrei do Iraque, de uma padaria onde meu guia me levou. A tática de Erbeed parecia ser me alimentar enquanto ele ganhava tempo para tentar desesperadamente conseguir uma reunião com alguém.

A padaria ficava perto da Mesquita Al-Kadhimiya, um dos lugares mais sagrados do islamismo xiita. Nos deparávamos com o cheiro de farinha, manteiga e açúcar conforme entrávamos nela. Alto-falantes instalados nos minaretes da mesquita chamavam todos para uma oração recitando passagens do Alcorão, uma linda música que ecoava no chão de ladrilhos da padaria.

A vitrine tinha o formato de uma ferradura ao redor da loja. Estava cheia de "doooooces", disse Erbeed. "Ssssssim, doces."

Havia pelo menos cem produtos assados. Eram glaceados, tinham sementes, cobertura de mel, glacê, recheados com frutas ou nozes. Alguns deles eram amarelo-neon, azul-cerúleo, verde-água, vermelho-coral, laranja-calêndula. Tinham a forma de círculos, quadrados, retângulos, meias-luas, entre outros. Todos eram vendidos por quilo. O dono da padaria começou a empurrar amostras para cima de mim. "Coma", disse Erbeed. "Sim, coma. Vocês, americanos, gostam de doces e comem muito." Pelo menos uma vez ele não estava mentindo.

Há outra coisa que os seres humanos foram projetados para desejar. E se acreditarmos nas estatísticas, esse ciclo de escassez está matando um de nós a cada 34 segundos.

Comida

Dentre tudo o que desejamos, a comida está no topo da lista. Precisamos de uma certa quantidade de comida para sobreviver. Se não conseguirmos o suficiente, nossa saúde desmorona. O mesmo acontece se comermos demais.

Entretanto, durante a maior parte da existência humana, a comida foi escassa. O problema sempre foi encontrar o suficiente. Para melhorar nossas chances de sobrevivência, nossos cérebros desenvolveram mecanismos sofisticados, como o ciclo de escassez, para nos ajudar a persistir durante nossas buscas.

Mas naquela época a nossa comida era muito parecida com aqueles caça-níqueis antigos que ninguém jogava. *Procurar* comida nos fazia cair no ciclo de escassez. Mas comê-la? Não tanto. Nossa comida era insossa. Comíamos plantas que conseguíamos encontrar e animais magros que conseguíamos caçar e pescar. Pense nisto: Raízes simples e sujas com algum peixe viscoso cozidos sobre uma fogueira. Nada de sal. Nada de molho. Nossas dietas modestas não eram tão desejáveis.

Da mesma forma que os caça-níqueis, tudo isso mudou nos anos 1970. Foi quando a indústria alimentícia global começou a produzir uma abundância de comida excessivamente deliciosa. Assim como eu naquela padaria iraquiana, as pessoas de todo o mundo de repente tinham centenas e até milhares de opções de misturas extraordinárias de açúcar, sal e gordura. Nós adicionamos manteiga e creme azedo às nossas batatas e as cobrimos com queijo e bacon. Empanamos e fritamos nosso peixe e o mergulhamos em molho gorduroso. Nós não precisávamos trabalhar para encontrar essas coisas. Não tínhamos nem que parar o que estávamos fazendo e nos esforçar para prepará-las, apenas tínhamos que abrir uma caixa ou saco e ligar um micro-ondas. Nós mal tínhamos que mastigá-las.

Esses alimentos deliciosos e pré-prontos estavam em todos os lugares, em grandes quantidades. A ingestão de comida adotou elementos do ciclo de escassez. Ela foi projetada para ser irresistível e rapidamente consumível para que pudéssemos comer em mais quantidade de forma mais rápida. No passado, podíamos comer uma ou duas refeições por dia. Entretanto, começamos a comer a todo momento. Uma pesquisa do Instituto Salk descobriu que uma pessoa, em média, come três refeições completas e lancha várias vezes em um intervalo de quinze horas. Essa nova comida incentivou a repetição rápida, nos levando ao exagero quando já tínhamos o suficiente.

Cada refeição também podia se tornar um tipo de aposta imprevisível de delícias. Pela maior parte da história, nós comíamos a mesma coisa insossa todos os dias. Mas agora temos milhares de opções, cada uma prometendo uma nova explosão de sabores que nunca experimentamos. Uma pesquisa mostrou que as pessoas comem mais se tiverem mais opções de sabores diferentes. É por isso que temos a tendência de comer demais em buffets.

Cientistas ainda não identificaram como a nossa transição para uma abundância de alimentos deliciosos e que incentivam o ciclo de escassez alteraram nossa saúde. Sabemos que eles provocaram um grande efeito. Mas grande quanto? E como seria nossa saúde se cada refeição não fosse uma explosão de açúcar, sal e gordura?

Ainda estamos duvidosos em relação a esse assunto porque estudá-lo da forma ideal não é viável. A maior parte da ciência da nutrição é baseada em pesquisas falhas. E letalidades relacionadas à dieta, como doenças cardíacas e alguns cânceres, se desenvolvem ao longo de décadas, não meses ou anos. Um estudo quase perfeito exigiria que algumas pessoas fossem trancadas em um laboratório e alimentadas com a mesma comida durante toda a sua vida.

Mas então descobri o trabalho de Michael Gurven. Acontece que a ideia de aprender como nossas comidas pré-industriais mudaram a nossa saúde não é tão impossível. Só que o laboratório são alguns postos avançados nas áreas mais remotas da selva boliviana. E os participantes do estudo são membros de um povo misterioso e antigo chamado tsimane.

Quer os tsimane saibam ou não, conseguiram evitar o ciclo de escassez de comida e alcançar níveis impressionantes de saúde. Aparentemente, solucionaram uma peculiaridade de um grande problema que estende seus tentáculos sobre muitos aspectos das nossas vidas modernas. E sua sabedoria está revolucionando anos de estudos científicos de algumas das nossas universidades mais admiradas.

"Há vinte anos, eu estava pensando sobre a visão geral da evolução humana e de como os seres humanos costumavam viver", Gurven contou. "Para entender isso, você precisa estudar populações não industriais. O fato de que muitas dessas populações ainda existem em graus variados era fascinante para mim."

Então Gurven viajou para as entranhas da Amazônia boliviana. Originalmente, fora estudar como os humanos se desenvolveram para dividirem comida escassa. "Mas quando estava visitando e passando um tempo em diferentes aldeias tsimane, perguntava às pessoas: 'O que vocês precisam?'" explicou. "E invariavelmente elas diziam: 'Estamos doentes. Precisamos de ajuda com assistência médica.'"

Mas suas doenças não eram como as nossas. Eram aquelas superadas por nós há muito tempo com remédios como antibióticos. Os tsimane enfrentavam problemas com todos os tipos de infecções e parasitas.

Portanto, Gurven recrutou alguns médicos para ajudarem. "Achei que seria ótimo se conseguíssemos entender as necessidades de saúde das aldeias, diagnosticar e tratar as pessoas. Muitas das doenças severas e mortes dos tsimane são completamente evitáveis", contou.

Então teve uma ideia. "Pensei: 'Bem, espere um minuto. Estamos com todos esses médicos... Deveríamos coletar dados e acompanhar os tsimane em todos os diferentes estágios de vida. Deveríamos analisar a saúde e doença deles em um nível muito mais aprofundado.' Principalmente há vinte anos, quando não sabíamos muita coisa sobre doenças nesses tipos de ambiente. Logo, tentávamos aprender tudo que poderia ser instrutivo."

Os médicos tiraram todas as medidas que podiam. Resultados sugerem que algumas das doenças que consideramos parte inevitável do envelhecimento, não o são. Mas temos que recorrer a um certo tipo de escassez e repudiar o ciclo de escassez.

O motor do barco *peque-peque* de madeira, com 1m de largura por 9m de comprimento, roncava enquanto saíamos de Rurrenabaque, na Bolívia. Nuvens cinza sobre a copa das árvores filtravam os raios do sol nascente. Havia tomado a decisão de ver os tsimane com meus próprios olhos. Então lá estava eu, na Amazônia boliviana.

Sabia que a viagem seria longa, mas ela se tornou muito mais desagradável. Havia chegado em La Paz no dia anterior. A fim de passar pela alfândega e entrar no país, tive que apresentar passaporte, visto e prova de um seguro de viagem que tivesse uma cobertura ampla para evacuação de emergência.

Protestos, motins e revoluções sempre foram um tipo de esporte nacional da Bolívia. Assim, o Departamento de Estado dos EUA havia acabado de incluir o país sul-americano na sua lista vermelha de países a serem evitados, onde apenas um tolo teria coragem de visitar. Um referendo presidencial que se aproximava e envolvia alguns aspirantes a ditadores fez com que exército e camponeses se preparassem para confrontos sangrentos. Além disso, a variante delta da covid-19 estava se espalhando pelas cidades, deixando os hospitais do país, que já estavam deficientes, fora de cogitação para estrangeiros.

O plano original era ir para La Paz, Bolívia, onde há o aeroporto internacional com maior altitude no mundo, a 4 mil metros acima do nível do mar. De lá eu entraria em um avião pequeno e mergulharia na Amazônia boliviana. Esse voo levaria trinta minutos e pousaria a 274m acima do nível do mar, na cidade de Rurrenabaque, que fica à margem do Rio Beni e é o ponto de partida para a floresta.

A palavra "plano", no entanto, geralmente é volátil na América Latina. Enquanto me preparava para deixar Las Vegas, a empresa aérea boliviana cancelou todos os voos para a floresta pelos três meses seguintes.

Mas… *lo siento.* Desculpa. Sem reembolso.

A única opção que restava era viajar por terra. Levaria 12 horas, em vez de trinta minutos. Senti cada segundo da viagem. As estradas de terra eram verticais, estreitas e cheias de solavancos. Passamos por cruzes brancas cravadas na encosta da montanha enquanto os pneus do carro bramavam a poucos centímetros de um penhasco. Evidências dos mortos jaziam em montes de carcaças enferrujadas de carros centenas de metros abaixo.

Em seguida, o plano era ir de canoa por 6 horas em direção à Amazônia boliviana. Disseram-me que, em alguma hora, a aldeia que eu iria visitar apareceria em meio à margem nebulosa do rio.

Nós estávamos navegando em uma brisa fresca pelo Rio Beni, um grande afluente do Amazonas. Havíamos acabado de passar por um desfiladeiro enorme quando o motorista do barco, Augustino, virou o peque-peque para a esquerda, subindo o Quiquibey, rio que alimenta o Beni. A cor da água ficou mais clara e o vento ficou mais quente.

Augustino tem dezoito anos. Fala pouco. Seu barco, assim como todos os peque-peques, é um barco de cauda longa. Seu nome vem dos seus pequenos motores, que emitem um som de *peque-peque* ao navegar. Esses motores têm um eixo de hélice de quase 2m e podem girar para cima e para baixo e de um lado para o outro. É daí que vem o nome "cauda longa". Isso torna o barco mais fácil de manobrar e permite que Augustino levante a hélice da água com facilidade e rapidez para evitar detritos flutuantes.

Isso é bom, porque "esse rio é perigoso. É alto, rápido e está cheio de gravetos, árvores e pedras". Quem disse isso foi Alex, um membro do povo Uchupiamona que foi criado em uma aldeia a oito horas de distância, em outro rio. Ele estava em pé na proa do peque-peque, posicionado como um defensor da NBA e servindo de olhos para Augustino, observando as águas que estavam por vir.

O rio se contraía e expandia como pulmões. Ele se aprofundava e acelerava ao se contrair, direcionando troncos e corredeiras para nossa direção. Ficava mais raso e lento ao se expandir, dando lugar para pedras e árvores parcialmente afundadas, ou ficando tão baixo que encalhávamos.

"*¡Ten cuidado!*", Alex gritou para nós termos cuidado com a cabeça enquanto passávamos debaixo de um galho espesso sobre o canal. Alex é basicamente um Che Guevara um pouco menos militante. Ele é um líder político indígena e defensor ferrenho de povos nativos, combatendo a usurpação de um governo instável que gostaria de vender silenciosamente essas terras para empresas de petróleo, mineração e madeireiras.

"*¡Allí!*", gritou, apontando para Augustino um tronco submerso.

Augustino bateu com força e rapidez no tronco, e quando achei que íamos afundar — *PEEQQUUEE... PEQUE... peque-peque-peque* — acelerou o motor sinfonicamente e fez um movimento amplo com sua hélice que nos colocou na posição perfeita para manter o impulso e evitar o desastre por centímetros. O garoto é o Dale Earnhardt dessas águas. O Intimidador. Conseguia estacionar o barco em um espaço que caberia um cotonete.

As margens do Quiquibey são altas e feitas de argila vermelha. No topo delas há uma massa de floresta verde fractal. Parece não ter início nem fim. Não há pontos de referência. Pássaros brancos nos seguiam ao longo do rio enquanto batíamos em corredeiras. Vimos capivaras nas margens e tartarugas tomando banho de sol sobre troncos. Uma pessoa ou duas pescando da margem ou de uma canoa mais ou menos a cada hora.

Depois de 6 horas ouvindo Alex gritando para alertar sobre os perigos, vimos um peque-peque e canoas feitas à mão amarradas em uma margem. Augustino virou o motor para estibordo e navegamos até uma praia com areia. Todos pulamos para fora do barco e subimos uma margem vermelha íngreme. O cheiro dos limoeiros nos encontrou conforme alcançávamos a floresta plana e impenetrável.

"Vamos", disse Augustino, balançando sua mão em direção a uma trilha quase invisível que cortava todo o verde. Depois de poucas centenas de metros, chegamos em uma clareira. E lá estavam eles.

Os tsimane que nos receberam estavam descalços e vestiam roupas gastas que você provavelmente doou para o Exército da Salvação em 2005. Um deles usava uma calça jeans desgastada da Hollister e uma camiseta onde estava escrito "*Life Is Good*". O outro vestia calças cotelê da Old Navy e uma camiseta branca coberta por um casaco da Gap. Outro usava uma calça da Levi's e uma camiseta de futebol de poliéster. Havia dez deles. Três adultos. O resto crianças e adolescentes.

Augustino se aproximou silenciosamente do homem mais velho do grupo e disse algo em tsimane. O homem ouviu enquanto olhava para o chão da floresta. Nenhuma reação.

Alex sussurrou para mim, dizendo que o nome do homem era Leoncio. Era o líder dessa aldeia tsimane chamada Corte, formada por cinquenta pessoas. Tinha cerca de 1,5m e 54kg. Sua pele era morena escura e seu cabelo era preto com alguns fios grisalhos. Ele não levantava os olhos enquanto Augustino falava e ocasionalmente acenava com a cabeça em minha direção. E eu não o culpava.

Branquelos como eu são sinônimos de perturbação. Exigências. Problemas. Desde 1616, quando exploradores espanhóis fizeram contato pela primeira vez com os ancestrais de Leoncio e ofereceram o cristianismo em troca de ouro, terras e qualquer outra coisa que podia ter valor monetário.

Mas Augustino é tsimane. E Alex tem uma boa reputação nesse assunto. Então interviu e começou a conversar com Leoncio em espanhol. Entendi algumas palavras como *periodista, corazones, arterias* e *salud.* Jornalista. Corações. Artérias. Saúde.

Uma borboleta laranja-fogo flutuou entre eles enquanto Leoncio respondia. "*Sí*", falou. Em seguida, seus olhos saíram do chão e finalmente encontraram os meus. Um olhar de compreensão tomou conta do seu rosto. O branquelo que ele via estava morrendo.

Supondo que sou como a maioria dos outros americanos, minhas artérias estão se entupindo lentamente, acumulando placas e gordura. Uma lama nojenta, fedorenta e cerosa que parece com aquilo que sai de uma espinha.

A um certo ponto, uma dessas artérias formará muita placa, que impedirá que sangue e oxigênio alcancem meu coração ou cérebro, fazendo com o que o órgão — e, por consequência, eu — morra.

Com sorte, posso sobreviver a esse infarto ou derrame com um susto enorme e o subsequente regime de comprimidos e procedimentos. Um cenário mais pessimista seria resistir a essas coisas com paralisia em um lado do meu corpo. Ou a perda da capacidade de falar ou ver. Ou com um cérebro que não consegue se lembrar de nada, nem pensar. Ou em um tipo de estado vegetativo.

Na pior das hipóteses, isso vai me fazer bater as botas. Fará da minha mulher uma viúva. *Muerte.*

A chance de que um desses cenários será o meu destino é de aproximadamente 50%. E não sou o único na civilização ocidental.

Chamamos esses problemas de coração e veias de doenças cardiovasculares. E elas são — de longe — o que tem mais probabilidade de matar a mim, você e todos que conhecemos. Atualmente, elas matam mais pessoas no mundo do que todas as oito maiores causas de mortes *juntas.*

A ciência médica é ótima. Ajudou pessoas a morrerem com menos frequência de outros males como câncer, doenças pulmonares e acidentes de carro e de trabalho.

Mas tem dificuldades em combater doenças cardiovasculares, que estão aumentando em todo o mundo, se espalhando em novos lugares e acometendo cada vez mais pessoas. Suas taxas caíram quando as pessoas começaram a fumar menos e as estatinas foram inventadas. Mas agora estão subindo de novo. Mundialmente, ela mata 50% mais pessoas hoje do que em 1990. Esse número supera o crescimento da população.

Os números são impressionantes. Nos Estados Unidos, doenças cardiovasculares matam um de nós a cada 34 segundos. Cientistas da Universidade Tufts descobriram que apenas 7% dos americanos têm uma "saúde cardiometabólica ideal". Até os jovens estão correndo riscos cada vez maiores. Atualmente, cerca de 30% de todos os pacientes que sofreram infarto têm entre 35 e 54 anos. 40% de todas as pessoas que morrem antes dos 70 anos, morrem de doenças cardiovasculares. Exatamente 44,7% das mulheres americanas acima de 20 anos têm algum grau de doença cardiovascular. No auge da pandemia nos EUA, a enfermidade matou 250% mais pessoas do que a covid-19.

Portanto, sim, doenças cardiovasculares nos matam. Entretanto, aparentemente, preferimos ignorar nosso destino.

É só olhar para os maiores veículos de mídia do mundo, como o *New York Times* e o *Guardian,* que divulgam aproximadamente dez vezes mais manchetes sobre câncer e vinte vezes mais manchetes sobre assassinato e terrorismo. Mesmo assim, o americano, em média, tem 50% e 38 vezes mais propensão de morrer de doenças cardiovasculares do que de câncer ou assassinato, respectivamente.

Também nos preocupamos com as coisas erradas. Em média, o americano tem dezenove vezes mais probabilidade de se preocupar com câncer do que com doenças cardiovasculares — pesquisando em buracos de ansiedade sem fim no Dr. Google, com seus diagnósticos de que cada uma das nossas anomalias físicas é, com certeza, o estágio quatro de câncer. É a mesma coisa que se preocupar com uma verruga estranha no dedo que segura o gatilho da arma que você usa para jogar um jogo lento de roleta russa.

Há uma possível solução nessa floresta. E Leoncio e os outros membros dos tsimane parecem tê-la. Suas artérias são provavelmente o oposto das minhas: tão limpas como tubos de cobre.

Quem disse isso foi a equipe de médicos de Gurven, que recentemente estudou quase mil tsimane acima de 40 anos. Foi um estudo de proporções épicas. "Queríamos muito analisar doenças cardíacas em um nível mais profundo do que apenas medir a pressão sanguínea", disse Gurven. Os cientistas reuniram membros da aldeia, os levaram rio abaixo e alugaram um ônibus para levá-los a uma clínica médica na região da capital a fim de examinar seus corações com tomografia computadorizada.

"Fizemos uma observação geral de que parece que os tsimane não morrem de infartos", disse Gurven. Mas ele não tinha ideia de quão saudáveis eram seus corações. As imagens do exame revelaram que os tsimane tinham os corações mais saudáveis já registrados pela ciência. Até os mais velhos da tribo, pessoas que já passaram dos 70 anos há muito tempo, apresentaram pouca evidência de formação de placas nas artérias. Os corações dos tsimane pareciam, em média, de 20 a 30 anos mais novos do que a média dos americanos.

Melhor ainda, os benefícios dos seus corações saudáveis reverberam em seus cérebros e outros órgãos. Um estudo descobriu que os cérebros dos tsimane em processo de envelhecimento diminuem de tamanho 70% mais devagar do que os cérebros dos americanos. Isso significa que eles não parecem sofrer de demência e Alzheimer (a quinta maior causa de mortes no mundo). Outro estudo descobriu que não sofrem com diabetes e doenças renais (a nona maior causa de mortes). Até mesmo o câncer que nos mata é raro.

Os tsimane têm até o que é chamado de taxa de envelhecimento epigenética mais lenta, que é uma medida detalhada de como nossas células, tecidos e sistemas envelhecem.

Enquanto isso, o americano, em média, tem maior probabilidade de estar doente do que saudável. Seis entre dez de nós têm uma doença crônica. Quatro entre dez têm duas ou mais. Os tsimane: zero entre dez. São péssimos em morrer das doenças que nos matam.

Eles encontraram o suficiente de uma maneira que nós já encontramos uma vez, mas perdemos.

Depois de algumas apresentações formais, Leoncio me levou para uma trilha estreita de terra rodeada pela floresta. Folhas marrons apodrecidas cobriam o chão. Delas saltavam grama, plantas, arbustos e árvores de todos os tamanhos.

Leoncio tem 50 anos, mas seu corpo parece o de Bruce Lee e ele se movimenta com a mesma rapidez e graciosidade. O homem se esquivava e andava com agilidade, nunca perdendo o ritmo elegante. Eu, no entanto, me movia com a mesma graça de Lenny Bruce, tropeçando e andando desajeitadamente enquanto tentava permanecer na trilha e seguir perto o suficiente para ouvir o que ele sussurrava.

Um tronco de árvore crescia 3m verticalmente, então se dividia em folhas gigantes de quase 2m de comprimento por 60cm de largura que se espalhavam a partir do topo da árvore. Outra brotou a 30cm do chão e logo se ramificou em galhos longos e cheios de folhas que subiam 3m. Frutos secos marrons com formato de bola de futebol americano se penduravam na base dessas folhas. Bem acima de tudo isso haviam árvores cujos troncos tinham 3m de diâmetro e se erguiam a 60m, completando a copa das árvores. Biólogos dizem que há mais de 16 mil espécies de árvores nessa floresta.

Pela minha perspectiva, como uma pessoa de cidade grande, tudo parecia apenas uma parede verde gigante que se diferenciava apenas pela altura, largura e formato das folhas. Mas conforme andávamos, Leonio me divertia, pois parecia o guarda florestal mais desanimado de todos os tempos. Apontava para plantas grandes e pequenas e sussurrava tudo que ele e seu povo comia de cada uma delas. "Banana, banana-da-terra, chocolate, abacate, milho, noz, *caururu*, *achachairú*, *pacai*, batata, mandioca, arroz", disse.

Algumas delas crescem naturalmente. Outras foram plantadas por ele, que as integrou a todo aquele verde.

A floresta se abriu em uma clareira, revelando algumas estruturas a céu aberto. Eram feitas de tábuas de madeira escura, telhado de palha e chão de terra. Pareciam simples, mas eram uma obra-prima da habilidade humana. Alex disse que os tetos de palha dos tsimane podem durar 30 anos.

Galinhas magras corriam pelos nossos pés. Patos andavam balançando de um lado para o outro em formação agitada. Um bagre de uns 7kg, recentemente pescado, estava pendurado em uma tábua.

Havia uma fogueira no meio de tudo isso. Alguns filhos de Leoncio se reuniam ao redor de uma grande panela preta sobre o fogo.

Eles queriam me dar as boas-vindas com uma refeição. Mas antes tínhamos que prepará-la, e esse era um trabalho em grupo.

Um dos filhos de Leoncio, que tinha 12 anos, segurava com firmeza um pilão de madeira de 4,5kg em forma de halteres e usava todo o seu corpo para pressionar repetidamente sua extremidade redonda em um grande almofariz cheio do que pareciam sementes bege. "Está descascando arroz", Alex me disse. A família cultiva esse arroz a uns 100m daqui.

Eles me perguntaram se gostaria de tentar. "*Sí*", eu disse, e comecei a pressionar. Era um exercício que produzia algo tangível. Os músculos das minhas costas e dos meus braços se cansaram após cem pressões.

Depois, uma das filhas de Leoncio, talvez com 10 anos, estava segurando um facão e escolhendo qual daquelas pequenas galinhas daria um bom almoço. Agarrou uma de forma rápida e mortal.

Então a esposa de Leoncio jogou aquele arroz dentro da panela e outra filha partiu para a floresta para pegar algumas plantas.

Uma hora depois, todos sentamos para comer. E embora estivéssemos no meio da floresta, a composição básica e os sabores dessa refeição eram conhecidos pela maior parte do mundo até a Segunda Guerra Mundial.

Nosso almoço era composto de várias partes daquela galinha infeliz. Eu fiquei com sua perna e não havia muita carne no osso. A galinha parecia com as que eram criadas e comidas nos Estados Unidos de 70 a 80 anos atrás. Nos anos 1950, galinhas levavam aproximadamente dois meses para alcançarem seu peso máximo de 1kg. Hoje em dia, criadores conseguem usar menos comida e engordar galinhas em até 4kg no mesmo intervalo de tempo.

Um monte de arroz e uma pitada de cebola e tomate acompanhavam a carne. Uma tigela comunitária continha bananas-da-terra assadas com casca nas brasas da fogueira.

Antes de chegar na Bolívia, também conversei com Hillard Kaplan. Ele foi o orientador de Gurven no seu doutorado e também estuda os tsimane. Sua mensagem principal foi: "Doenças cardiovasculares são um fenômeno moderno e seu estilo de vida faz a diferença na probabilidade de morrer por causa dela. E o que é bom para o seu coração parece ser bom para o resto do seu corpo e para prevenir outras doenças".

Tudo começa com o que comemos.

A minha questão e o motivo de ter feito essa viagem tão incômoda para a floresta foi este: O que Gurven e Kaplan me contaram sobre a alimentação dos tsimane não fazia sentido.

Pense numa dieta, qualquer dieta popular dos últimos 50 anos. A alimentação dos tsimane, em algum momento das refeições do dia, mostrará o dedo do meio para ela. Não é paleolítica, vegana, keto, baseada em plantas, *low carb*, mediterrânea, ou qualquer outra dessas modas que nos dizem e vendem afirmando ser a chave para a saúde, longevidade e um corpo digno de capa de revista.

O que Leoncio e os 20 mil tsimane espalhados pela Amazônia comem desafia até mesmo as pesquisas nutricionais e conselhos de algumas das nossas mais veneradas instituições acadêmicas. Até a Associação Americana do Coração pensaria duas vezes em dar seu selo de aprovação. Ainda assim...

Enquanto roía a perna da galinha que estava viva sessenta minutos antes (que descanse em paz), perguntei a Leoncio o que ele come todo dia. Eu queria um resumo. "*Dame el menu.*" Dê-me o menu, disse com meu espanhol com sotaque de gringo. Alex riu.

Então Leoncio me deu uma lista de supermercado. "Peixe, carne", disse. Usa um arco recurvo tradicional para pescar e caçar animais que variam em tamanho de 2kg a 272kg. O maior animal que ele caça é a anta, apelidada de veado da Amazônia.

Os tsimane comem peixe ou carne no café da manhã, almoço e jantar. A carne, é claro, viola todas as dietas veganas e à base de plantas. Mas ela também tem instigado debates intensos entre cientistas da nutrição desde os anos 1950. Atualmente, os cientistas estão envolvidos no que chamam de Guerra da Carne, o debate se a ingestão de carne é algo saudável ou se provoca doenças e morte. Por exemplo, pesquisadores de Harvard e da Texas A&M recentemente se envolveram em uma discussão pública feia sobre a o aspecto saudável da carne.

Depois Leoncio falou das frutas e vegetais, sussurrando alguns nomes que eu conhecia e outros estranhos para mim, que provavelmente serão a próxima "supercomida" comercializada para americanos ingênuos como eu. "*Majillo,* abacate, chia, toranja, cebola", continuou. Com um coração como aquele, presumi que ele devia comer muitos deles, então eu perguntei: "Muchos vegetales?"

Leoncio deu de ombros. "*Eh, poco.*" Um pouco. Em um dia inteiro ele come quase a mesma quantidade de verduras que comemos em uma única salada.

Em seguida, Leoncio saiu dos trilhos. "Açúcar, chocolate", disse. É ele mesmo quem cultiva a cana. Colhe, extrai o suco e depois o seca para transformá-lo em açúcar, que é usado para adoçar sucos e comidas. O mesmo acontece com chocolate. Um médico famoso afirmou que o açúcar é oito vezes mais viciante do que cocaína e o matará mais rápido. Leoncio não parecia estar debilitado ou à beira da morte.

"Ao mesmo tempo, eles não comem *muito* açúcar processado", Gurven contou. Provavelmente também comeríamos muito menos açúcar se tivéssemos que cultivar a cana, colhê-la e processar cada grama que ingerirmos.

Mas todas essas comidas são apenas uma fração da dieta dos tsimane, Leoncio contou. Talvez um terço dela. Então começou a falar das comidas essenciais que mantêm ele e sua família vivos e saudáveis. As que mais come.

E se há uma coisa que os gurus de dieta da internet parecem concordar é que essas comidas não são boas, são ruins, terríveis. São os tipos de comida que fariam praticantes ferrenhos da dieta paleolítica, fanáticos da keto, comedores "limpos" e Gwyneth Paltrow e todos os seus seguidores da Goop[1] terem um choque anafilático.

"Milho", disse. Ele o come puro e faz uma bebida espessa e semialcoólica. O milho havia se tornado uma palavra ofensiva em círculos preocupados com a alimentação. Ficou fora de cogitação em nove de dez best-sellers de saúde recentes. No momento em que escrevo isso, a Netflix tem vários documentários sobre como o milho é, segundo eles, um tipo de fantasma que está nos matando silenciosamente.

"Arroz." Mas não o tipo especial que você encontra no Whole Foods com qualificadores como integral, selvagem, orgânico, não transgênico ou algo chamado de "proibido". Estamos falando de arroz branco. Sua família o descasca. Até mesmo os cientistas de nutrição de Harvard dizem que todos devemos evitar arroz. Citam uma teoria em grande parte não comprovada sobre ganho de peso chamado de "modelo carboidrato-insulina". Ela afirma que carboidratos elevam

[1] Empresa da atriz Gwyneth Paltrow que divulga informações sobre saúde, beleza e bem-estar. [N. da T.]

nossos níveis de açúcar no sangue, o que aumenta um hormônio chamado insulina, que nos faz armazenar gordura. Leoncio come arroz uma ou duas vezes por dia e é tão magro quanto um corredor de maratona.

"Batatas, bananas-da-terra", ele disse. Essas comidas, cozidas ou assadas e servidas puras também vão parar nos pratos dos tsimane uma ou duas vezes por dia. Batatas e bananas-da-terra são, como os cientistas de Harvard descrevem, "bombas de amido", que é um carboidrato presente em tudo, desde trigo, até o arroz e o milho. Mas alimentos como batatas e bananas-da-terra têm relativamente mais amido. Alguns cientistas dizem que ele é "ruim" baseados na mesma teoria controversa do modelo carboidrato-insulina. Também citam estudos que descobriram que pessoas que comem muitos chips de batata e batatas fritas tendem a ganhar mais peso ao longo do tempo. Mas... Se parássemos de comer toda comida natural que também fritamos, cobrimos com queijo ou misturamos com creme, manteiga ou açúcar, não teríamos mais nada para comer.

Gurven me disse que, na média, cerca de 70% da dieta dos tsimane corresponde a esses alimentos monótonos e cheios de carboidratos, alimentos que dietas modernas e até mesmo nossas instituições mais respeitadas difamaram. E, pelo que eu iria aprender, de forma bem equivocada.

Para entender por que os corações dos tsimane não falham, primeiro temos que compreender como o cérebro de escassez se comporta com a comida, como nosso estranho novo mundo de abundância de calorias, sabores e texturas está mudando sistemas que se desenvolveram há mais de meio bilhão de anos. Isso também pode revelar por que a indústria de dieta e de perda de peso, que vale US$800 bilhões por ano, tem sido um fracasso espetacular. Na verdade, a previsão é de que vamos acumular mais doenças relacionadas à alimentação nas próximas décadas.

O cérebro de escassez evoluiu em um mundo onde a oferta de comida era pequena. Por isso, ele foi projetado para desejar todos os alimentos, principalmente aqueles cheios de calorias. Quanto mais caloria tem uma comida, mais deliciosa ela é. Quanto mais deliciosa ela é, mais probabilidade temos de desejá-la e, com isso, de comer um pouco mais do que precisamos. Nosso corpo armazena essa comida extra como gordura. No passado, ter gordura extra era uma política de seguro contra a fome. Nossos corpos recorriam a essa gordura para sobreviver diante da escassez de comida, para termos energia quando não conseguíamos encontrar alimentos.

Mas durante praticamente todo o tempo, os alimentos que caçávamos, colhíamos ou extraíamos da terra não tinham tanta caloria. Eles não eram apenas escassos em quantidade, também eram escassos em calorias, sabores, texturas e todas as outras qualidades que os tornam mais agradáveis. Nós comíamos plantas que encontrávamos e animais que caçávamos ou pescávamos. Lembre-se: raízes sujas e peixes viscosos cozidos sobre uma fogueira. Nossas dietas modestas não eram desejáveis.

Há pelo menos 13 mil anos, começamos a entender que poderíamos ter mais comida se a criássemos e cultivássemos em vez de irmos atrás dela. Portanto, assim como Leoncio, continuamos a caçar, pescar e coletar, mas também começamos a criar animais, como ovelhas e cabras, e a cultivar alimentos como arroz, batata, milho e trigo.

Os seres humanos começaram a cultivar trigo, ervilha, lentilha e grão de bico no Oriente Médio. Batata, feijão, milho e amendoim nas Américas Central e do Sul. Arroz na China. E muitos outros. Esses alimentos cultivados proporcionaram o aumento da população e o desenvolvimento de civilizações e impérios. As fontes de comidas logo se espalharam pelo mundo graças ao comércio e às conquistas de território.

A humanidade começou a investir nos alimentos cultivados porque são plantas incríveis, supercomidas, no sentido de serem bons para gerar progresso, viver bem e não morrer. "São a única maneira de termos cidades e exércitos, e são eles que criam impérios", Rachel Laudan, historiadora de alimentos, me contou. Cientistas agrícolas chamam essas comidas de culturas básicas. Elas se tornaram a base da dieta humana porque proporcionam calorias, vitaminas e minerais suficientes para as pessoas viverem.

Hoje em dia, alguns acadêmicos dizem que a agricultura foi o "pior erro" que os humanos cometeram. Alegam que ela gerou problemas como estratificação de classes, e que nossos ancestrais que caçavam e coletavam tinham menos trabalho do que nós, mas não há evidências que confirmam isso (a maioria dos estudos sugerem que isso não leva em conta o tempo necessário para processar a comida caçada e coletada). E quando demos início à agricultura, cientistas estimam que o mundo tinha cerca de 10 milhões de pessoas, pois a caça e a coleta exigiam que andássemos imensas áreas de terra a fim de encontrar comida suficiente para não morrer de fome. Se não cultivássemos as culturas básicas, ainda estaríamos procurando comida por aí, e ainda haveria cerca de 10 milhões de nós. A probabilidade é que você, aqueles acadêmicos e eu não fôssemos um desses 10 milhões de sortudos. Então não vamos reclamar muito.

Geralmente, vegetais e carne eram pequenos acompanhamentos. Os vegetais têm nutrientes importantes, mas não proporcionam calorias suficientes pelo esforço que precisávamos empenhar. Por exemplo, trigo tem de cinco a vinte vezes mais calorias por porção em peso do que a maioria dos vegetais.

É por isso que os seres humanos, até recentemente, morreriam de fome se tentassem comer como um vegano de Los Angeles, apenas com plantas coloridas o tempo todo. Isso só é possível se você tiver um cartão de crédito com bastante limite e fácil acesso aos mercados modernos e restaurantes de salada no estilo rápido, casual e yuppie. Portanto, os tsimane comem vegetais da mesma maneira que os humanos comem há eras — como um suplemento que proporciona reforço nutricional.

O mesmo acontece com carne e peixe. Apesar do que os defensores das dietas keto, paleolítica e carnívora acreditam, a maioria dos primeiros humanos não comiam grandes porções de carne. Eles não andavam por aí roendo pernas assadas dos animais que caçavam, como vemos com frequência em representações de desenhos animados dos nossos ancestrais.

Alyssa Crittenden, uma antropóloga da Universidade de Nevada em Las Vegas e especialista na evolução da dieta humana, contou que essas dietas populares se concentram muito na carne. "Os caçadores e coletores geralmente comiam dietas baseadas em plantas", disse. Alimentos como tubérculos e frutas. Há exceções raras, como povos das regiões árticas. Entretanto, mesmo em períodos raros em que a carne é mais abundante, a dieta da maioria dos caçadores e coletores é composta, majoritariamente, de plantas. Por exemplo, mesmo quando há muita carne para os Hadza do norte da Tanzânia, ela constitui apenas 40% da sua dieta. E estamos falando apenas dos homens. As mulheres comem muito menos. Há períodos do ano em que a dieta deles consiste quase que inteiramente de tubérculos.

Carne e peixe possuem proteínas e minerais necessários que têm sido fundamentais para a dieta humana. Mas o problema dos animais é que podem fugir correndo ou nadando. A caça é desafiadora mesmo quando você tem uma espingarda, uma arma bem menos artesanal do que arco e flecha ou lança. Mesmo quando os humanos domesticaram animais como porcos e vacas, não conseguíamos criar muitos deles, pois não tínhamos a bioengenharia moderna e a abundância de ração.

"A carne sempre foi muito escassa", disse Laudan, historiadora de alimentos. "A maioria das pessoas eram vegetarianas. Elas não queriam matar os animais que tinham, porque lhes davam ovos ou ninhadas." Até 1900, disse, a carne era considerada um capricho, e ainda é em alguns países de baixa renda. Comer a quantidade de carne que o americano come, em média, hoje — 340g por dia — era possível apenas para reis e rainhas.

No passado, a maioria de nós tinha dietas como a dos tsimane: alimentos básicos como grãos ou batatas acompanhados com um pouco de carne e vegetais. Mas essas dietas permitiram que civilizações surgissem e alimentaram nossos maiores pensadores. Homero, o antigo autor grego de *Ilíada* e *Odisseia*, chamava uma dieta de cevada e farinha de trigo de "a essência dos homens". Até nossos guerreiros e conquistadores mais valentes eram sustentados por alimentos de base. Soldados romanos comiam 900g de trigo por dia. No século XVIII, o Império Britânico dominou um quarto do mundo alimentado por pão feito com trigo. Os samurais japoneses viviam à base de arroz.

Nossos alimentos básicos até desenvolveram nossos cérebros incríveis. Um estudo recente realizado por uma equipe de arqueólogos de Harvard descobriu que, de 2 milhões a 700 mil anos atrás, seres humanos começaram a comer, principalmente, carboidratos cheios de amido como raízes, parecidas com as batatas-doces de hoje em dia. Pode ser isso que fez nosso cérebro dobrar de tamanho, em vez da carne gordurosa que alguns afirmam ser completamente responsável pelo crescimento do cérebro.

Nossos ambientes de escassez e algo relacionado aos nossos alimentos básicos manteve nossos corações batendo. Como um estudo no *American Journal of Medicine* afirmou: "A doença cardíaca era uma causa incomum de morte nos Estados Unidos no início do século XX". A doença nem aparecia em livros didáticos de medicina até 1904. Mas algo mudou nos anos 1970.

O almoço havia acabado; Leoncio e eu estávamos relaxando e assistindo seus cachorros brigando pelos restos da nossa comida.

Estava satisfeito, mas não muito cheio, o que fazia sentido. Um famoso estudo australiano sugere que alimentos básicos puros acompanhados de alguma carne e vegetais são, talvez, a combinação mais potente para nos deixar satisfeitos e evitar que comamos demais.

Mas também estava ficando cético. Eu me perguntava se a refeição que acabamos de comer era algo extraordinário e especial, algo grandioso que os tsimane servem para convidados, mas não comem regularmente quando estão sozinhos. Talvez Leoncio e sua família simplesmente não tivessem tanta comida como nós temos. Sabemos que quanto menos uma pessoa come, menos probabilidade ela tem de sofrer de doenças cardíacas. Por exemplo, durante a Segunda Guerra Mundial, a Noruega viu suas taxas de morte por doenças cardiovasculares despencarem depois que começou a racionar comida.

Perguntei isso ao Leoncio. Em resposta, ele mexeu sua mão em direção à floresta. Uma árvore possui mais bananas-da-terra do que você poderia encontrar em um depósito na Costco. Outra árvore tinha abacates suficientes para alimentar todos os hipsters do Brooklyn com torradas de abacate por um mês. O arrozal estava muito cheio.

Até os anos 1940, a maioria dos americanos não se preocupava se a comida encheria suas cinturas ou entupiria suas artérias, Adrienne Rose Bitar, uma historiadora de alimentos da Universidade Cornell me contou. As pessoas daquela época tinham muito mais probabilidade de morrer de forma nojenta e teatral. Elas começariam a vomitar e teriam febre ou diarreia. Ou suas gengivas começariam a sangrar. Ou começariam a tossir sangue ou desenvolverem feridas horríveis por todo o corpo. Esses eram sinais de cólera, disenteria, pneumonia, pelagra, escorbuto e muitas outras doenças. A maior parte das pessoas da época morriam de doenças infecciosas e desnutrição.

A comida era considerada um remédio no sentido de que comer mais dela afastaria a morte ou ajudaria as pessoas a se recuperarem de deficiências de nutrientes e bactérias assassinas. É por isso que o governo sugeria que as pessoas comessem mais, dando conselhos do tipo "coma um almoço que encha o poço!"

No entanto, um número crescente de americanos e pessoas em outros países desenvolvidos estavam morrendo de formas estranhas. Não havia um período dramático antes de suas mortes, como substâncias saindo de todos os orifícios, ou se parecendo e se sentindo como zumbis. Essas pessoas aparentavam estar bem até que apertavam o peito e caíam mortas no chão.

Apenas 1% das pessoas no início do século XX morriam do que os médicos chamavam de doenças dos órgãos circulatórios. Mas os números dispararam. A comida tinha alguma coisa a ver com isso.

Os seres humanos processam comida há 1,8 milhões de anos, cozinhando, secando, triturando, fermentando, entre outros. Mas esses processos eram simples e realizados em uma escala relativamente pequena. Quando a Revolução Industrial aconteceu, começamos a produzir mais de tudo, de formas diferentes e em quantidades muito maiores. Inclusive comida.

Trigo, batata, milho, arroz e aveia eram cultivados em larga escala, depois transformados em milhares de produtos alimentícios. Hoje em dia, um mercado tem, em média, 50 mil produtos. A maioria deles são deliciosas misturas embaladas feitas de cinco culturas básicas.

Transformamos nossos animais e os produtos que obtemos deles. A carne do passado não era como a de hoje. Nós comíamos animais magros que — assim como os seres humanos do passado — andavam o dia inteiro procurando por uma comida que era escassa. Nossos animais não eram superprojetados, supermedicados e superalimentados para se tornarem uma gordura deliciosa. Por exemplo, devido à gordura extra, cortes modernos de carne podem ter cerca de 87% mais calorias do que a carne de caça que os tsimane comem.

Em chãos de fábricas, casas e restaurantes, começamos a alterar os alimentos básicos — que mantiveram os humanos saudáveis por milhares de anos — em pratos complexos e comidas embaladas que não eram conhecidos pelo cérebro de escassez, comidas que esse cérebro é projetado para desejar. Misturas doces, salgadas, gordurosas, crocantes, picantes e cheias de calorias.

Costumamos ouvir sobre os aspectos negativos do nosso sistema alimentício moderno. Mas as vantagens dessa revolução alimentícia foram gigantes. Pela maior parte do tempo antes dela, "nossos ancestrais viviam vidas magras e curtas constantemente acometidas por doenças, muitas das quais podiam ser diretamente atribuídas ao que eles comiam ou deixavam de comer", Rachel Laudan, a historiadora de alimentos, escreveu em um famoso artigo.

A comida se tornou abundante e a fome começou a diminuir em todo o mundo. Ela se tornou mais fácil e segura de ser transportada e de durar por mais tempo. Ficou mais nutritiva. Descobrimos que doenças estranhas como bócio, escorbuto e pelagra são causadas por uma deficiência de nutrientes específicos, como iodo ou vitamina C ou B3. Começamos a enriquecer os alimentos com os nutrientes que faltavam e — puf — salvamos milhões de vidas. As pessoas até começaram a ficar mais altas.

A Segunda Guerra Mundial expandiu o processamento de comida. Houve um esforço intenso para alimentar milhões de tropas em todo o mundo. Pequenas empresas alimentícias se juntaram aos esforços de guerra para ajudar a fornecer rações duráveis e transportáveis para as tropas. Entre elas General Mills, Kraft, Nestlé e Coca-Cola.

Depois da guerra, com muitas novas linhas de produção, essas empresas se concentraram na alimentação do americano comum. Elas recorreram a agências de marketing para vender seus produtos. Cientistas alimentícios e agrícolas entraram na dança (no fim do século, havia 70 mil deles apenas nos Estados Unidos). Uma indústria floresceu.

Nos anos 1950, os sistemas alimentício e médico estavam tornando a desnutrição e doenças infecciosas irrelevantes. Tínhamos muitos alimentos e os comíamos como se ainda estivéssemos em tempos de escassez. E foi por aí que Ancel Keys, que havia lecionado em Harvard e era fisiologista da Universidade de Minnesota, percebeu um paradoxo. Homens americanos ricos com amplo acesso às novas comidas eram bem alimentados, mas estavam sendo assolados por aquelas mortes de colocar o mão no peito e cair morto no chão.

Por outro lado, homens pobres de cidades pequenas do sul da Itália, Japão e outros países tinham de quatro a dez vezes menos risco de sofrer de doenças cardiovasculares e geralmente passavam dos 90 anos.

O sucesso do enriquecimento de alimentos havia mostrado aos cientistas que a falta de um nutriente específico na comida poderia causar doenças. No entanto, Keys se perguntou, será que ter nutrientes *demais* em uma comida faria o mesmo?

Keys acreditava que sim. A gordura consistia em aproximadamente metade das calorias da dieta média do americano, mas apenas um quinto da dieta média do italiano. Doenças cardíacas, segundo ele, "são mais comuns entre homens americanos e tende a diminuir progressivamente conforme analisamos outros países onde a gordura está menos presente na dieta total".

"Então, em 1955, o presidente Eisenhower sofreu um infarto", disse Adrienne Rose Bitar, a historiadora de alimentos da Cornell. "Foi quando a atenção pública convergiu para a ideia de que as doenças cardíacas eram uma epidemia. Eisenhower teve que fazer uma dieta de baixo colesterol e gordura. O trabalho do Dr. Keys foi adotado pela cultura popular e começou a moldar os conselhos nutricionais do governo."

O pensamento científico sobre a comida mudou. Começamos a vê-la como vários elementos químicos individuais que poderíamos manipular para nos deixar saudáveis — ou não. Por isso o governo, universidades e gurus de dieta entraram em cena para aconselhar pessoas a comerem menos ou mais de componentes específicos e invisíveis dentro dos alimentos. Como gordura, carboidratos, gordura saturada, fibras, açúcar e proteína. Daí vieram todos os tipos de dietas que nos vendem alegando que possuem o segredo da saúde: comer pouca gordura, ou pouco carboidrato, ou mais proteína, ou menos açúcar, entre outras. Era como as ideias de Nguyen sobre captura de valor, mas com componentes alimentícios.

Nos anos 1970, algo mudou profundamente nossa capacidade de buscar o suficiente. "Se você olhar para o padrão de obesidade, verá que estamos ficando cada vez mais obesos na maior parte dos últimos cem anos", disse Stephan Guyenet, pesquisador de obesidade, neurocientista e autor do livro *Como a Comida Controla seu Cérebro?*. "Mas a obesidade acelerou nos anos 70, 80, 90 e até hoje. O que nos fez começar a comer mais? Acho que há muitas explicações, mas claramente tem a ver com a nossa comida."

No final dos anos 1990, Kevin Hall estava terminando seu doutorado. As doenças cardiovasculares estavam caindo de um auge em 1950 porque as pessoas fumavam menos. Mas nas últimas décadas ela tem aumentado novamente devido ao crescimento da obesidade.

Hall é físico de formação, um homem que lida intensamente com números, dados e valores. Ele é um pesquisador dos Institutos Nacionais de Saúde. Esse papel o proporciona grande financiamento e recursos para realizar todos os tipos de experimentos altamente controlados que podem perscrutar o efeito da comida na nossa saúde e nas nossas cinturas. Ele tranca pessoas em laboratórios. No entanto, por razões éticas, só pode fazer isso por algum tempo.

Quando conversei com Hall, ele me contou: "Geralmente, a ciência da nutrição se concentra em tentar entender as moléculas dos alimentos — carboidratos, gorduras, proteínas, fibras, açúcar, sódio, gorduras saturadas etc — e como o corpo processa esses nutrientes específicos e em quais valores maiores ou menores eles são mais saudáveis". Hall fez a famosa descoberta de que, por exemplo, não há diferença na perda de peso entre dietas de baixo carboidrato ou de baixa gordura desde que a pessoa coma a mesma quantidade de calorias.

Mas no início dos anos 2010, um grupo de cientistas do Brasil começou a alegar que, como Hall me contou: "estávamos pensando em tudo isso da forma errada. O grupo disse que os nutrientes isolados da comida não são importantes nem relevantes, mas que o aspecto saudável da comida está associado à extensão e propósito do seu processamento. Afirmaram que são os alimentos ultraprocessados que estão provocando obesidade e doenças cardiovasculares".

"Alimentos ultraprocessados" são descritos oficialmente como "formulações compostas principalmente de fontes baratas de energia alimentar e nutrientes, além de aditivos, utilizando uma série de processos e contendo uma quantidade mínima de alimentos integrais". Isso quer dizer que o termo é um eufemismo científico para "comida lixo".

Para Hall, a teoria dos cientistas brasileiros era um monte de baboseiras sendo acrescentada à montanha de outras baboseiras da ciência da nutrição. As leis da termodinâmica mostram que uma caloria é uma caloria, vindo ela de um brócolis ou de um brownie da Hostess. "Quando ouvi a afirmação deles pela primeira vez", ele disse, "achei que não fazia sentido."

Ele até ligou para o grupo para demonstrar sua indignação e fazer perguntas difíceis. Destacou que os seres humanos têm processado comida por um longo período, mas a obesidade aumentou apenas recentemente. "Perguntei: 'O que vocês acham que há de ruim nos alimentos ultraprocessados?' E as respostas que ouvi pareciam enfraquecer seu argumento. Eles responderam: 'Esses alimentos são muito ricos em açúcar, sal e gordura e pobres em fibras e proteína.' Eu respondi: 'Espera, vocês acabaram de mencionar um monte de nutrientes. Não podem dizer que os problemas não são os nutrientes e, quando eu os pressiono, a primeira coisa que dizem é que essas comidas são ricas desses nutrientes que fazem mal e pobres dos nutrientes que fazem bem.' Pareceu-me intelectualmente preguiçoso."

A única maneira científica de calar outra pessoa, principalmente se ela for uma cientista, é provar que está errada com dados. Números e valores concretos.

"Então trouxemos vinte pessoas para o laboratório e elas ficaram conosco durante um mês", disse Hall. "Nós lhes demos três refeições e uma caixa de lanches todos os dias e as instruímos a comerem a quantidade que quisessem." Uma pesquisa altamente controlada como essa é mais confiável do que pesquisas nutricionais baseadas em questionários padrão, pois os cientistas podem medir as quantidades exatas de comida e controlar todos os outros fatores que podem influenciar o peso, como exercício, tabagismo e estresse.

Por metade do mês, as refeições e lanches dos participantes correspondiam à dieta padrão americana, cheia de alimentos ultraprocessados. Na outra metade, eram o que os tsimane comiam.

O café da manhã nas semanas de dieta americana padrão tinha coisas como croissants com manteiga, linguiça gordurosa de porco e iogurte Yoplait azul vibrante. Durante as semanas de tsimane, o cardápio era ovos com batatas e vegetais. Um almoço não saudável de um dia foi um cheeseburguer com batatas fritas. Um almoço tsimane foi salmão com uma batata doce e vagem. Um jantar não saudável foi uma carne gordurosa com purê de batata amanteigado e molho. Um jantar tsimane era um corte de carne mais magro com arroz e vegetais.

"As duas dietas foram equilibradas em relação à quantidade de calorias, carboidratos, gordura, açúcar, sódio, proteínas e fibras", disse Hall. "Então pensei que se fossem mesmo esses nutrientes que estivessem provocando o aumento de peso, não haveria nenhuma diferença."

Hall e sua equipe monitoraram, pesaram e registraram cada pedaço de comida que os participantes comeram.

E, sim, a dieta americana padrão tinha *cookies* de sobremesa — e biscoitos Graham, frutas cristalizadas ou doces de pasta de amendoim. Por outro lado, a sobremesa das semanas de dieta dos tsimane era iogurte natural com frutas vermelhas, ou pedaços de maçã ou laranja.

O resultado? Se você der um biscoito a uma pessoa — ou cheeseburguer, ou iogurte azul royal, ou purê de batata com manteiga, creme e cobertura de molho salgado espesso — ela comerá essas comidas até engordar e morrer de doença cardíaca. Se você der um iogurte natural com frutas vermelhas para uma pessoa — ou batata pura, ou carne magra, ou arroz — ela comerá apenas o *suficiente* desses alimentos e ficará menos propensa a cair no ciclo da escassez de comida.

As pessoas do estudo não apenas comeram as comidas não saudáveis, elas as devoraram. "Na dieta de ultraprocessados, os participantes comeram quinhentas calorias a mais por dia e ganharam peso e gordura corporal", disse Hall. Mas quando eles comeram a dieta parecida com a dos tsimane, "espontaneamente comeram menos e perderam peso e gordura corporal".

As explicações possíveis parecem estar relacionadas ao cérebro de escassez e nosso mundo de abundância.

Uma explicação, segundo Hall, é que alimentos ultraprocessados têm mais calorias em cada mordida. "Quando alimentos ultraprocessados são criados, suas calorias ficam concentradas", ele disse. "Portanto, cada mordida terá mais calorias, independentemente dos nutrientes." Por exemplo, digamos que comemos 57g de batatas. Se estiverem assadas e puras, teriam 50 calorias. Em forma de chips, 360 calorias.

A segunda explicação possível tem a ver com a repetição rápida embutida no ciclo de escassez. "Descobrimos que as pessoas comeram as refeições ultraprocessadas muito mais rápido", disse Hall. Isso pode estar relacionado ao fato de que os alimentos parecidos com os dos tsimane faziam os cérebros dos participantes liberarem uma quantidade maior do hormônio chamado PYY, que reduzia seu apetite. Eles também diminuíram um hormônio chamado grelina, que os faziam sentir fome. As comidas tsimane até deram mais trabalho para serem mastigadas. A dieta processada, no entanto, fez o oposto, eliminando os freios naturais que nos ajudam a encontrar o suficiente.

Portanto, o que provocou o aumento da obesidade e seus efeitos colaterais maléficos para o coração? Nos anos 1970, nosso cérebro de escassez — que por milhões de anos se adaptou a um mundo de pouca comida e menos comida interessante — estava vivendo em um mundo de abundância. Alimentos projetados para nos fazer comer mais rápido estavam em todos os lugares e prontamente disponíveis para todos os americanos. E nós os comemos com mais frequência.

A repetibilidade rápida foi uma peça essencial para a indústria alimentícia. Pense nos lanches. O executivo de P&D Carlos Barroso disse: "Há três Vs no mundo dos lanches: valor, variedade e velocidade". O ciclo de escassez.

"No início dos anos 1970, profundas mudanças foram feitas nos lanches", disse Guyenet, pesquisador de nutrição. "Havia um grande esforço de marketing para criar uma categoria de alimentos inteiramente nova para a dieta americana: lanches. Foi bem-sucedido. E se você prestar atenção nos tipos de comida que as pessoas lancham, são alimentos ultraprocessados."

Uma caloria ainda é uma caloria, disse Hall. Os alimentos não saudáveis não violam as leis da física. Mas comeremos mais e mais rápido se uma caloria vier de um alimento não saudável. Agora ele está projetando estudos para entender exatamente o que provoca o ganho de peso que observou no estudo.

Ainda assim, quando queremos ser mais saudáveis, vendem para nós uma dieta da moda que demoniza ou enaltece um nutriente ou aspecto do alimento e nos dão vários tipos de produtos alimentícios ultraprocessados que se enquadram nas regras da nossa dieta. Por exemplo, o Burger King te oferece um hambúrguer no estilo da dieta keto que tem mais calorias do que os tsimane ingerem em duas refeições. Ou pilhas de panquecas paleolíticas seguidas de doces keto. Depois, tacos com poucos carboidratos, chips de batata e biscoitos com pouca gordura. As barras produzidas pela Pure Protein têm a mesma quantidade de calorias e processamento que os doces em barra normais, e são o segundo lanche mais pedido na Amazon.

E isso, como o acadêmico Yuval Noah Harari explicou, é uma dupla vitória para o consumismo. "Em vez de comer pouco, o que provocará uma retração na economia", escreveu, "as pessoas comem demais e depois compram produtos de dieta — contribuindo duas vezes para o crescimento econômico." Quando compramos "alimentos de dieta", geralmente pagamos mais para comer menos, um fenômeno estranho no cenário geral.

E quando nossas dietas são muito extremas e nos forçam a comer menos, nosso cérebro de escassez fica na defensiva. Aprendemos isso com o Experimento da Fome de Minnesota[2], conduzido durante a Segunda Guerra Mundial. Ele descobriu que, quando comemos pouco, nosso corpo desacelera seu metabolismo, desativando processos corporais que promovem saúde. Faz com que o coração bata mais devagar, a temperatura do corpo caia e que os órgãos encolham. Enquanto isso, nosso cérebro responde voltando sua atenção para os alimentos e aumentando os sinais de fome, fazendo com que seja mais difícil resistirmos à comida. O resultado: a perda de peso diminui, a fome aumenta, desistimos da dieta e enfiamos o pé na jaca. No final do estudo, os participantes estavam mais pesados do que quando começaram. E seus metabolismos e sinais de fome ficaram desregulados por anos.

A grande ironia é que esses efeitos da fome são benéficos se a pessoa estiver passando fome *de verdade*. Eles nos ajudaram a economizar energia e priorizar a comida quando ela era mais difícil de ser encontrada (muito antes de vivermos em um mundo com despensas cheias e restaurantes de fast-food em cada esquina).

No entanto, hoje esses mecanismos de sobrevivência do cérebro de escassez estão trabalhando contra nós. É por causa deles que muitos dos 74% de americanos que estão acima do peso ou obesos têm dificuldades para emagrecer. Quem faz dieta e acredita cegamente no "menos" começa com entusiasmo e

---

[2] Experimento realizado pelo governo americano com o objetivo de entender os efeitos psicológicos e fisiológicos da fome no ser humano. Os voluntários recebiam apenas 1.600 calorias por dia. [N. da T.]

um metabolismo normal, então começa a perder peso rapidamente e seu corpo sabota seus esforços.

O ciclo de escassez ajuda a explicar por que 95% das pessoas que perdem peso o recuperam em certo momento. Quando começamos a emagrecer, a balança nos oferece recompensas imprevisíveis toda manhã. Mas quando a perda de peso fica estagnada, o número da balança se torna previsível. As recompensas imprevisíveis não aparecem mais. A pessoa que está na dieta se frustra — e a extinção acontece. Ela volta para seus hábitos antigos. Uma solução: Continue com sua dieta e encontre *outro* comportamento que te faça entrar no ciclo e ajude no seu objetivo. Por exemplo, levantar pesos. Conforme você se torna mais forte, a quantidade de peso e o número de vezes que pode levantar muda de forma imprevisível e tende a subir de maneira empolgante.

Conversei com meu amigo Mike Roussell sobre nosso novo mundo de comida e dieta. Ele é um nutricionista com PhD que comanda uma empresa de consultoria em nutrição e atende pessoas comuns, atletas profissionais e bilionários do Vale do Silício que o fazem assinar contratos de confidencialidade.

"Meu pai é alfaiate há 45 anos e ele nunca esteve tão ocupado desde a pandemia", disse Roussell. "Ninguém consegue mais vestir suas roupas. A combinação do sedentarismo, estar perto de alimentos ultraprocessados o tempo todo e comer para aliviar o estresse fez com que muitas pessoas engordassem. Mas a preocupação é que esses novos hábitos sejam permanentes."

Por exemplo, a venda de doces bateu recorde na pandemia. Aumentou 15%. O grupo de comércio de doces Associação Nacional dos Confeiteiros escreveu: "Quando os tempos estão difíceis, as pessoas recorrem aos doces para se sentirem melhor. A pandemia não apenas deu às pessoas mais oportunidade de comprar coisas gostosas, mas fez com que desenvolvessem o hábito de as comprarem pela internet para consumirem em casa."

Eles estão certos. Imagine o seguinte cenário: Estamos sentados em um balcão. Na nossa frente há tigelas com dois tipos novos de M&Ms. Os da primeira tigela são de "baixa caloria", e os da segunda tigela são "ricos em caloria". Cientistas da Universidade de Miami descobriram que quando recebemos sinais de escassez — digamos, uma notícia que mencione que nem tudo está bem no nosso mundo, como uma recessão econômica, uma pandemia, ou alguma coisa relacionada à política americana — escolhemos os M&Ms com muita caloria e comemos o dobro da quantidade que comeríamos se não recebêssemos um sinal de escassez.

Informações negativas, pelo que os cientistas acreditam, fazem com que nosso cérebro inconscientemente presuma que haverá falta de alimentos. Essa reação aos sinais de escassez é um recurso que foi desenvolvido muito antes dos humanos. Pense em qualquer animal. Quando ele acha que os recursos estão escassos, reage comendo. Muito. Tenta engordar. O ganho de peso é um mecanismo de defesa brilhante.

Combine nosso cérebro de escassez com o fluxo de notícias moderno, a corrida dos ratos que é a vida, abundância de alimentos ultraprocessados e o lançamento do McRib por tempo limitado. Parabéns, você tem a fórmula para ganhar peso.

Roussell recentemente desafiou seus clientes a passarem um mês com 80% da sua dieta sendo composta por alimentos tsimane.

"Uma das maiores descobertas foi que as pessoas notaram que muitos dos alimentos que acreditavam ser 'saudáveis' eram ultraprocessados", disse Roussell. "Eu tinha um cliente que era adepto da dieta keto. Ele descobriu que a maioria das coisas que comia eram muito processadas: biscoitos keto, bebidas keto, barras keto, refeições keto embaladas. Havia uma cliente que saía do trabalho e ia direto para a academia. Lá, ela comprava um *smoothie* e jantava em casa. O smoothie era vendido como algo saudável e que promovia muitos benefícios à saúde, mas tinha muitos açúcares e gel de frutas processadas, o que fazia o smoothie ter inesperadas novecentas calorias."

Roussell continuou: "As pessoas têm dificuldades de enxergar em meio a todo marketing de saúde. No entanto, geralmente alimentos 'saudáveis' embalados são ainda mais processados, porque é difícil produzir um gosto de biscoito decente se você não estiver usando farinha, açúcar, derivados de leite ou nenhuma dessas coisas. Por isso, acho que o cérebro é afetado em muitos níveis: da perspectiva do marketing, mas também porque muitos dos nossos alimentos 'saudáveis' são hiperprocessados e, por consequência, fáceis de serem consumidos de forma exagerada". Por exemplo, uma pesquisa da Universidade Cornell mostrou que as pessoas acreditam equivocadamente que alimentos orgânicos processados têm menos calorias e, por causa disso, comem mais deles.

O experimento de Roussell foi igual ao de Hall, mas no mundo real. "Eu não falei para ninguém comer mais ou menos comida", disse Roussell. "Mas as pessoas descobriram que estavam perdendo peso mesmo sem esforço, porque estavam consumindo menos calorias."

E ao contrário dos participantes do Experimento da Fome de Minnesota, ao comer uma dieta como a dos tsimane, não sofremos os efeitos perniciosos da mente e do corpo por comermos muito pouco, como sofreríamos se estivéssemos em uma dieta radical. Nós encontramos o *suficiente.*

Quando perguntei a Roussell sobre suas teorias acerca dos tsimane, ele respondeu rapidamente. "Não é difícil entender por que comemos demais e eles não", disse. "Alimentos ultraprocessados são regulados de várias formas para nos fazer comer mais deles. Seus sistemas de sabores estão ajustados para estimularem nossos cérebros e nos fazer querer comer mais. As comidas também são fisicamente processadas de forma que exijam menos mastigação, fazendo com que seja literalmente mais fácil comermos mais e mais rápido. Os tsimane não têm esses alimentos ultraprocessados que são ricos em calorias ou facilmente acessíveis."

Mas com o tempo, nossos cérebros se adaptaram a esses deliciosos alimentos não saudáveis. "Eles nos fazem comer mais", disse Guyenet. "E nosso cérebro se acostuma com essas comidas. Quando você come alimentos ultraprocessados por um tempo, não vai querer comer arroz integral, brócolis e peixe. É igual ao que acontece com a adicção."

Quando descobrimos isso, podemos ficar frustrados com o sistema alimentar moderno. Mas não devíamos. "O maior equívoco que percebo em relação aos alimentos é que as pessoas acham que temos uma comida horrível e um sistema alimentar terrível", disse Rachel Laudan, historiadora de alimentos. "Temos uma comida melhor do que qualquer pessoa da história já teve." Só não percebemos isso porque poucos de nós já passaram por uma escassez de comida longa e grave. Ou leram relatórios de médicos legistas do século XIX, que tentavam entender por que tantos corpos de pessoas jovens estavam cobertos com feridas horríveis de pelagra.

A abundância não é um problema exclusivo dos países ricos, disse Laudan. Em todo o mundo, a obesidade triplicou desde 1975. Atualmente mais da metade de todos os países têm taxas de obesidade acima dos 20%. O mundo tem 400% de pessoas a mais sofrendo com os efeitos ruins da hiperalimentação, a doença da abundância, comparada com a desnutrição, é uma doença da escassez. A falta de comida é mais um problema de distribuição e política do que de disponibilidade. Nos Estados Unidos temos tanta comida, que jogamos fora cerca de um terço dela.

É bom ter problemas de abundância de comida. De qualquer forma, são problemas.

Empresas alimentícias criaram e comercializaram alimentos hiperestimulantes. Entretanto, assim como os jogos de azar e o uso de drogas, culpar totalmente a indústria é apenas uma forma de transferir nossa responsabilidade pessoal (isso é o que o cérebro de escassez quer).

Por exemplo, é fácil demonizar o McDonald's ou a Lay's por gastarem milhões de dólares em pesquisas e testes com batatas fritas e chips de batatas que oferecem a combinação perfeita de açúcar, sal, gordura e textura para que alcancemos, como o psicofísico alimentar Howard Moskowitz descreve, o "ponto de felicidade". Mas queremos mesmo viver em um mundo onde *não* temos comidas que ofereçam esse ponto de felicidade?

"Não tenho queixas contra a indústria alimentícia por produzir alimentos deliciosos. Esse é o trabalho dela", disse Roussell. "Mas cabe a nós dizer: 'Escolho não comer essa comida todo dia e apreciá-la apenas às vezes.'"

"E se você prestar atenção na indústria relacionada à comida, com seus livros de culinária, revistas, restaurantes, chefs, YouTube e Instagram", disse Laudan, "perceberá que essa comunidade coloca tanta ênfase no sabor quanto as grandes corporações alimentícias." Ela destacou que os livros de culinária em geral, até cerca de (você adivinhou) 1970, raramente focavam no sabor como o aspecto mais importante. "Economizar dinheiro era o principal e o sabor era algo que você esperava conseguir enquanto poupava, mas isso mudou." Este é outro benefício da abundância: a comida ficou mais barata. Em 1920, os americanos gastavam mais de 40% da sua renda em comida. Em 2020, o valor era de 8,6%.

Não é que um dia decidimos que iríamos comer mais. Na verdade, nos tornamos capazes de comprar e comer mais alimentos que têm uma abundância de gatilhos que deixam o cérebro de escassez feliz e nos levam ao ciclo de escassez da comida.

E por que não comeríamos essas comidas exageradamente? Comer muito quando há a oportunidade foi o que manteve os seres humanos vivos e bem por milhões de anos. Entretanto, para a maioria de nós, isso superou a capacidade natural do nosso cérebro de encontrar o suficiente. Essa comida extra foi para nossas cinturas e artérias. Quando você oferece alimentos mais variados e ricos aos seres humanos, eles irão comê-los, a não ser que nos tornemos cientes do cérebro de escassez e dos elementos do ciclo de escassez que são integrados à comida — como a escassez nos faz desejar alimentos que desencadeiam uma espiral de mais desejos — e escolhamos comer como Leoncio. Comer o suficiente.

Havíamos acabado de terminar o almoço. "Ok", disse a Leoncio. "Estou convencido."

Agora, para os detalhes. "*¿Qué comes todos los días?*" O que você come todo dia? Como é um dia de refeições dos tsimane? Precisava dos pormenores. Ele concordou e me disse que... não havia nada de especial.

Em cada refeição, um quarto do seu prato geralmente é uma proteína magra, como frango, peixe, alguns ovos ou carne vermelha. Outro quarto são vegetais, como repolho. A metade final é composta por alimentos não processados de culturas básicas, como batata, batata-doce, arroz, quinoa, abóbora, milho ou bananas-da-terra.

Essa dieta pode não ser tão fantasticamente saborosa como a que estamos acostumados. Mas foi útil por milhares de anos para nos manter livres de doenças. E não precisamos nos preocupar com os detalhes. A única coisa comum em todas as comidas dos tsimane: elas têm apenas um ingrediente.

Passei mais algumas noites na floresta. Comi mais refeições leves, mas satisfatórias. Acidentalmente pisei em um formigueiro. As formigas, por sua vez, atacaram minha perna com centenas de mordidas. Assisti um menino tsimane de 13 anos usando um facão para arrancar violentamente a cabeça de um bagre de 22kg que ele havia pescado. O sol se punha sobre o rio enquanto ele golpeava repetidas vezes, lançando para cima jatos de sangue, vísceras e de fragmentos de medula espinhal. Foi um tanto quanto idílico.

Embora os tsimane não sofram das doenças que nos matam, eles ainda morrem, é claro. Gurven me disse que pneumonia e outras infecções ainda são um problema. Ou eles sofrem acidentes. Quando perguntei ao Alex sobre os perigos que os tsimane enfrentam, ele se virou e olhou seriamente para mim. "Surucucu", disse. Ao que parece, é uma víbora que pode ter até 4,5m.

"Uma pessoa pode morrer com uma picada?", perguntei.

"Claro", disse Alex. "Meu tio morreu com uma picada de surucucu." O veneno é muito forte e os hospitais são muito distantes.

Então tive que me despedir dos meus novos amigos. Para ser sincero, não sei se eles me consideram um amigo ou apenas um estranho bem grande que fez muitas perguntas sobre comida (o que pode explicar meu tamanho).

Voltando pelo rio, paramos em uma vila a cerca de 1h de Rurrenabaque. Lá morava outro povo, chamado de Moseten. Assim como os tsimane, eles me receberam com um almoço — mas de um tipo diferente. Os ingredientes principais ainda eram os mesmos, mas eles empanaram e fritaram as bananas-da-terra e o peixe. Eu estaria mentindo se dissesse que o almoço dos moseten não era melhor do que o dos tsimane. Mas os pesquisadores com os quais eu conversei descobriram que os moseten consomem cerca de 350% a 550% mais açúcar e óleo do que os tsimane.

Os moseten são tão ativos quanto os tsimane. Ambas as tribos dão cerca de 20 mil passos por dia, algo que deveríamos tentar para ajudar nossos corações. No entanto, uma pesquisa mostrou que os corações dos moseten estão começando a ficar parecidos com o meu — "a saúde cardiometabólica deles é inferior", disse Gurven. À medida que a civilização avança pelo rio, os pesquisadores afirmam que até alguns grupos remotos de tsimane estão começando a fritar e salgar suas comidas e a comprar alimentos ultraprocessados e, por isso, estão comendo mais.

Vemos isso acontecer no mundo todo, disse Gurven. Ele mostrou uma pesquisa sobre o povo Turkana, do noroeste do Quênia. Sua dieta tradicional não tem alimentos ultraprocessados. Mas cada vez mais pessoas de lá estão se mudando para as cidades. Explicou que os turkanas que comem sua dieta tradicional não sofrem de doenças crônicas. "Mas os turkanas que se mudaram para as cidades — mudaram a dieta, estão comendo mais alimentos ultraprocessados e seus hábitos de atividade física também mudaram", disse Gurven. "E é possível ver grandes mudanças em seus riscos de ter diabetes e doenças cardíacas. E essas mudanças podem ser rápidas."

De volta a Las Vegas, decidi que por um mês minha dieta seria o mais parecida possível com a de Leoncio.

Primeiro dia: Fiz um inventário da minha despensa. Havia 127 alimentos diferentes. Isso é surpreendentemente menos do que a média da despensa americana. Mas apenas 15 deles eram comidas de apenas um ingrediente que os tsimane poderiam comer, e estava contando os vegetais em lata.

O resto — até mesmo coisas que podemos acreditar que são saudáveis, como cereal integral e *Clif Bars* — era cheio de ingredientes. Minha geladeira estava um pouco melhor, com suas cenouras e maçãs frescas. Mas as paredes de condimentos alinhados na porta da geladeira — pastas calóricas açucaradas, salgadas, gordurosas e feitas para realçar o sabor — estavam fora de cogitação.

Fiquei apenas com arroz, batatas, beterrabas, cenouras, cebolas e maçãs. Por sorte, meu congelador estava cheio de carne magra de alce de uma caçada recente.

Para complementar minha dieta, fui para o Costco, um lugar que, juntamente com a democracia, considero uma das melhores instituições dos Estados Unidos. À medida que empurrava meu carrinho grande pelos corredores largos e multidões de pessoas disputavam amostras grátis, logo percebi que a maior parte da loja estava fora de cogitação. Corredores inteiros e freezeres continham apenas alimentos ultraprocessados.

Meu cérebro ignorou as sacolas e caixas de tudo o que eu desejava, mas não podia comer. Minha esposa, no entanto, jogou uma caixa de Froot Loops do tamanho de um vagão de trem no carrinho. Interpretei isso como um ato hostil e minha expressão facial mostrou. Ela me olhou e disse: "Shh. Otário", então prosseguiu para os corredores, fazendo escolhas que pareciam estar completamente baseadas na pergunta: "O que Michael adoraria comer se não estivesse na dieta tsimane?"

Quando fiz minhas escolhas, ela tinha muitos comentários. "Ah, então o peixe tsimane é igual a...", ela disse, pegando um produto que eu havia colocado no carrinho e lendo seu rótulo, "Hambúrgueres de Salmão Selvagem do Alasca da *Trident Seafoods*?"

Eu queria manter esse exercício tão parecido com a dieta tsimane quanto possível. Mas também tinha que ser sensato. Leoncio pode ir até o Quiquibey e pescar um peixe fresco. Eu vivo em um deserto e preciso ir ao Costco para comprar — isso mesmo — hambúrgueres de peixe congelados rapidamente, desossados e embalados a vácuo.

O café da manhã de todo dia foi aveia com frutas vermelhas e ovos. O almoço era arroz ou bananas-da-terra, repolho e hambúrguer de salmão. Para o jantar, batata-doce, vagem e carne de alce. A sobremesa era uma maçã. Se precisasse de um lanche, comia cenouras cruas ou banana.

Apesar de sua simplicidade, minha dieta era muito mais variada do que a das pessoas ao longo da história. Laudan, historiadora de alimentos, explicou que pela maior parte da história documentada, apenas poucas comidas dominavam as dietas das pessoas. "Todo dia elas comiam uma cultura básica e talvez um pouco de carne", ela disse. Nossa abundância de escolhas é boa. Mas lembre-se de que pessoas que têm mais opções de alimentos em uma refeição têm mais probabilidade de comer demais. Isso também explica por que geralmente "temos espaço" para a sobremesa, mesmo depois de comer uma grande refeição.

Todas essas opções de alimentos também nos tornaram mais exigentes na mesa. Laudan disse: "Um dos problemas da abundância é que todo mundo pode elaborar sua própria dieta. No passado, se você não comesse o que todo o resto da família comia, não haveria mais nada para comer. Ninguém prepararia nada especial para você. Isso também provocou um tipo de controle familiar no tamanho da porção da dieta, porque costumava haver comida suficiente, mas não o bastante para que cada um comesse quanto quisesse", explicou. "Mas hoje as crianças crescem achando que podem escolher qualquer coisa dentro dos limites do razoável. As pessoas não acomodam seus gostos a mais ninguém. Existe uma individualização impressionante nas nossas dietas. Isso arruinou a sociabilidade do ato de comer em um nível muito grande."

Com isso em mente, não falei sobre meu experimento quando um vizinho nos convidou para um jantar. Comi o que eles serviram, mas dei preferência às comidas que pareciam mais com as dos tsimane, como salada e um pouco de frango grelhado. Dei o meu melhor nos restaurantes. A maioria deles servem carne grelhada com um carboidrato, como batata ou arroz. É claro, as porções dos restaurantes eram individuais. E claro, elas tinham uma quantidade de manteiga e sal suficiente para matar um cavalo, mas o que eu poderia fazer? A adoção de porções individuais e realçadores de sabor como manteiga é a razão pela qual os pratos de restaurantes tradicionais contribuem mais para o ganho de peso do que comidas de restaurantes fast-food.

Ao longo da minha dieta, minha esposa continuou a tratar meu experimento com deboche. Quando fazia o jantar, ela perguntava: "Ah, os tsimane usavam uma panela de pressão *Instant Pot* para cozinhar a carne?" Ou "Eles não bebem água do rio? Talvez você devesse ir para o deserto para tentar encontrar água".

Não conseguia segurar o riso. E valeu a pena aguentar suas brincadeiras. Comecei a emagrecer rápido. Fui de 81kg para 79kg em algumas semanas. As refeições eram satisfatórias. Encontrei o território do *suficiente*. Eu nunca caí no consumo exagerado e desatento do ciclo de escassez da comida. A dieta dos tsimane usava as segunda e terceira formas de sair do ciclo de escassez. Ela removia as recompensas imprevisíveis e a repetição rápida. Percebi isso em mim mesmo, e Hall e Roussell perceberam isso nos participantes dos seus estudos.

No entanto, não queria perder muito peso. Para manter os 79kg, tinha que comer mais. Mas era muita comida. Os tsimane comem cerca de 2.750 calorias em um dia, mas eu tinha que ingerir cerca de 500 a mais para manter meu peso. Na minha dieta americana padrão, sempre tinha o problema oposto, que era tentar não comer demais. Mas com a dieta dos tsimane, algumas refeições pareciam quase um exercício. Um dia levei trinta minutos só para comer as bananas-da-terra que havia preparado para o almoço.

Mas eu estava dormindo melhor, minha pele estava mais clara, minha pressão sanguínea e frequência cardíaca em repouso estavam mais baixas, tinha mais foco, estava mais produtivo no trabalho e me sentia melhor.

Depois de um mês, terminei meu experimento com a dieta tsimane. Mas havia aprendido algumas coisas. Por exemplo, como meu hábito de tomar um refrigerante diet estava provocando azia à noite. Parei de bebê-lo depois das 17h e comecei a dormir melhor. Por exemplo, o fato de bananas-da-terra fritas na air fryer serem uma comida maravilhosa — satisfatória e deliciosa. Por exemplo, como a maçã como sobremesa pode ser quase tão satisfatória quanto uma tigela de cereal *Reese's Puffs*, com cerca de quatro vezes menos calorias. No geral, encontrei alimentos que não desencadeavam o ciclo.

Mantive a maioria dos elementos da dieta. Minhas refeições padrão se tornaram as refeições dos tsimane. Mas também não me preocupava se, ocasionalmente, saísse da dieta e comesse um cheeseburguer com batatas fritas e muito refrigerante diet quando surgia a oportunidade. Tenho certeza que os tsimane fariam o mesmo. A comida moderna é fantástica, nós apenas temos que encontrar o equilíbrio.

O mais importante é que essa dieta é durável. Uma equipe internacional de pesquisadores recentemente analisou catorze dietas diferentes e descobriu que a durabilidade é fundamental. Como o brilhante cientista de nutrição Layne Norton, PhD, explicou: "O que essa análise mostrou é que precisamos perguntar: 'Qual é a dieta mais fácil para você aderir a longo prazo?' E provavelmente você deve segui-la".

No fim da nossa conversa, Gurven e eu falamos sobre como normalmente sabemos o que é bom para nós: alimentos de um ingrediente só, exercícios e nos estressarmos menos. Mas a indústria da dieta deixou a saúde mais complicada do que lançar um satélite em órbita. Ela nos fez aderir a dietas estranhas e recomendações específicas sobre exercícios e sono, entre outras coisas.

"Acredito que não devemos nos estressar muito com cada coisinha", ele disse. "Se os detalhes da sua alimentação saudável, exercícios e sono estão gerando ansiedade, você provavelmente está fazendo essas coisas da forma errada. E digamos que algumas recomendações de saúde complicadas realmente acrescentem mais um ano à sua vida. Bem, você terá que subtrair todo tempo e esforço dolorosos que gastou se preocupando e fazendo o que te estressou."

Com 2kg a menos, estava pronto para explorar as outras coisas que o cérebro de escassez deseja. Joguei um monte de coisa na parte de trás do meu carro e fui para o interior.

Coisas

Após dirigir por 13 horas de Las Vegas para Missoula, finalmente me tornei um passageiro. Laura Zerra nos levou para o leste no seu Jeep Cherokee de 2017 pela Rodovia 200 de Montana. É a rodovia estatal mais longa do país, uma grande faixa de asfalto de duas pistas que corta horizontalmente o estado.

Havia pinheiros gigantes ao lado do asfalto. Eles sombreavam a estrada de maneira intermitente, criando um efeito estroboscópico enquanto passávamos sob o sol e as sombras. Isso iluminava e ofuscava a tinta preta densa que cobre os braços e as pernas de Zerra. Suas tatuagens parecem um sonho febril de Carl Jung e Joseph Campbell. Tudo mítico e simbólico.

No seu antebraço direito há uma serpente ouroboros, o símbolo da morte e do renascimento encontrado em muitas culturas antigas. Uma aranha navajo em seu antebraço esquerdo. Um corvo zuni no interior da parte de cima do seu braço direito. Há um lobisomem devorando uma velhinha, que ela tirou de uma xilogravura do século XIX, na parte exterior do seu braço direito. Na parte de cima do braço oposto há uma hiena.

"Todo mundo acha que hienas apenas se alimentam de carniça", falou enquanto guiava o Jeep em uma curva. "Mas, na verdade, as hienas caçam mais do que os leões. Eu amo animais mal-compreendidos." Isso explica o abutre no interior do seu braço. "Necrófagos como os abutres têm uma reputação horrível. Mas desempenham um papel importante no ecossistema e me identifico com isso", afirmou. "Eu me identifico de uma forma muito real com o viver das sobras do excesso dos outros."

Os seres humanos modernos também são animais. Às vezes nossos smartphones, Doritos e casas com carpete nos fazem esquecer isso. Mas alguns vivem de forma mais parecida com a original. Essas pessoas tendem a ser como hienas e abutres: mal compreendidas. Como Zerra.

Havíamos deixado Missoula uma hora mais cedo e chegamos na periferia de Lincoln, a cidade onde Ted Kaczynski, o Unabomber, vivia em sua cabana de 3m por 3m fora do mapa. Zerra estava recostada no banco do motorista e me contando: "Eu era uma criança estranha. Amava passar um tempo na floresta. Amava os animais de lá e queria vê-los cara a cara. Acabei fazendo amizade e passando a maior parte do meu tempo com um grupo de coiotes, ou apenas os ensinando a me tolerar. E aqueles coiotes…" Sua voz diminuiu.

Ela tirou o pé do acelerador, deixando o Jeep mais devagar. Endireitou as costas e tomou a forma de um abutre enquanto observava o acostamento da estrada.

Um veado-mula estava deitado ali. Atropelamento. Zerra esticou seu pescoço e semicerrou os olhos enquanto o Jeep continuava a desacelerar. Cada vez mais devagar.

"Ahhh, não", disse pisando no acelerador para que o carro andasse mais rápido. "Nesta época do ano, no fim da primavera, se você não encontrar animais atropelados bem cedo de manhã, é um sinal ruim."

Zerra carrega o que chama de "kit de *serial killer*" no porta-malas do seu Jeep. Ele contém uma serra óssea, uma lona, luvas, bisturis, uma corda e sacos de lixo. Se o veado tivesse sido morto recentemente, teríamos parado, o cortado e levado a carne de volta a Missoula. "Odeio ver animais morrendo por um motivo ruim", ela disse. "A carne não precisa ser desperdiçada."

Seu cachorro, um pastor belga malinois chamado Nerron, só come carne de animais recém atropelados. "Cheguei a um ponto que, mesmo enquanto estou dirigindo, posso dizer com facilidade há quanto tempo o animal foi atropelado", ela falou. "Eu costumava parar o carro para checar."

A maior parte dos pertences de Zerra está nesse Jeep. É claro, tem o kit de serial killer. Mas também uma mochila expansível da Eberlestock cheia até a metade com equipamento muito específico.

Antes de partirmos, estávamos na casa da sua amiga Jana Waller, uma celebridade do mundo da caça que apresentava um programa no Canal Sportsman e agora na CarbonTV. Em 2021, Zerra começou a viver em um quarto de hóspedes na casa de Waller pois gostava do acesso fácil que o lugar proporcionava à vida selvagem de Montana.

Zerra e eu estávamos sentados no chão da sala de estar com todo nosso equipamento espalhado e nos preparávamos para passar algumas noites no Bob Marshall Wilderness. É uma faixa de um milhão de acres na natureza selvagem de Montana que o Serviço Florestal dos EUA afirma conter uma das maiores densidades de ursos-pardos nos 48 estados inferiores. Mas nossas pilhas de equipamento para a futura viagem pareciam diferentes.

A dela continha o seguinte: uma lona usada como abrigo, pois é muito menor e mais leve do que uma barraca. Uma bolsa de sobrevivência com um cobertor de emergência, bússola, isqueiro, pasta de fogo e um frasco de *Super Glue* para colar cortes. Faca. Calças impermeáveis e casaco. Papel higiênico e escova de dente. Um suéter de lã quente e uma jaqueta *puffer*. Uma lanterna de cabeça e uma panela de latão para cozinhar. Spray de urso. Uma refeição liofilizada de acampamentos para cada noite. Um pão e três barras de manteiga para o café da manhã e almoço. Uma colher.

"Normalmente eu não levaria isso", disse segurando a colher. "Eu só morderia um pedaço da manteiga e o cuspiria no pão. Mas não queria fazer isso na sua frente. A colher é para não horrorizar você."

Olhei para a minha pilha. Pelas minhas roupas, parecia que havia planejado ser uma Diana Ross ao ar livre. Muitas meias, cuecas e camadas. Também tinha uma barraca espaçosa. Um kit de primeiros socorros que poderia tratar todos os feridos da Praia de Utah.[1] Uma grande variedade de jantares e cafés da manhã de acampamento, doces, barras proteicas e coisas do tipo (claramente, o experimento tsimane havia acabado). Uma faca. Um canivete que também tinha uma faca e outras 37 funções. E por aí vai. Planejava levar tudo isso em uma mochila do tamanho de um carro sedan.

"Você acha que estou levando muita coisa?" perguntei.

"Hmm... Precisa saber o que vai funcionar para você", Zerra disse. Essa parecia uma forma mais legal de dizer: "Você está levando muuuuuuita coisa."

Tentando aprender com ela, comecei a tirar algumas coisas da minha pilha de equipamentos para que ficasse mais parecida com a dela. Troquei minha mochila grande por uma menor. Deixei minha barraca e peguei uma lona

[1] Nome de uma das cinco praias onde os aliados desembarcaram na Normandia em junho de 1944, durante a Segunda Guerra Mundial. [N. da T.]

emprestada com ela. “Na região dos ursos, você fica só preso numa barraca”, disse Zerra. “Barracas são como uma prisão de tecido.”

Abri mão das camadas, meias e cuecas extras. Resisti ao impulso dos meus genes de gordo e tirei um pouco da comida.

Zerra havia colocado um frasco extra de spray de ursos e uma Glock 10mm em uma mesa próxima. Para os ursos-pardos, ela disse, poderia levar um desses itens, ambos ou nenhum deles. Meu primeiro impulso foi me armar fortemente... sim, é claro... e talvez Zerra tivesse um míssil Hellfire por ali.

Então comecei a pensar melhor. Percebi que, para levar a Glock, teria que sacar, atirar e acertar uma bala de 10mm na testa de 20cm de um urso-pardo que estaria se aproximando de mim como um carro de Fórmula 1. E isso teria que acontecer enquanto gritava e esvaziava minha bexiga e intestinos, ao mesmo tempo em que me arrependia de não ir mais à igreja. Isso parecia uma demanda bastante técnica.

Por isso levei apenas o spray de urso. Estava seguro de que conseguiria pelo menos lançar uma nuvem dele enquanto um urso-pardo estivesse se aproximando de mim, uma névoa apimentada suficiente para me cegar e não ter que assistir minha agonia.

“Bom”, Zerra falou enquanto eu prendia o spray no cinto da minha mochila. “Com essa arma, você provavelmente erraria ou acertaria o corpo, deixando o urso ainda mais irritado”, ela disse. “Ou se o urso estivesse *me* devorando, você provavelmente atiraria na *minha* cabeça.” É bom estar com pessoas que acreditam em você.

Minha bagagem ainda estava cheia, apesar da seleção que havia feito. E ainda tinha um item final que queria levar: um Fogão de Acampamento *MSR WindBurner*. Tentei por todos os ângulos fazê-lo caber na mala.

Depois de alguns minutos empurrando coisas e puxando zíperes, desisti. “Podemos usar sua panela para ferver água”, eu disse. “Iria usar meu fogão apenas para fazer café.” Ela deve ter percebido o sinal de tristeza nos meus olhos, porque pegou meu fogão. “Vou levá-lo para você.”

Fora o kit de serial killer, Zerra é impressionantemente sã.

“Não sei como falar isso”, falei para ela na estrada, enquanto o Jeep acelerava depois de passar pelo corpo do veado. “Mas se não considerarmos essa questão dos animais atropelados, você é bem normal para uma pessoa que faz o que você faz."

Ela riu. "É por isso que não sou uma sobrevivencialista.[2] Pelo menos não me considero uma", disse. "Simplesmente consigo viver com nada e tenho feito isso há muito tempo."

Sem contar com a colher, Zerra tem vivido apenas com uma versão dessa bagagem pelos últimos quinze anos. E está sendo modesta. Com certeza é uma sobrevivencialista. Mas não do tipo teatral, do qual há vários tipos. Há os sobrevivencialistas de montanha, que se vestem de pele de castor e levam mosquetes em encontros de revivalismo na fronteira. Há os sobrevivencialistas preparadores, que se equipam com habilidades e provisões de alimentos para um apocalipse nuclear iminente ou uma invasão alienígena. Há os sobrevivencialistas extremistas, que estão mais preocupados em viver fora do mapa e acumular armas e balas para a ascensão de um governo tirânico. E há os sobrevivencialistas de habilidades primitivas, hippies com filtros dos sonhos que cultivam e produzem sua própria comida, roupas e casas e, de modo geral, tentam estar em unidade com a Mãe Terra.

Zerra é uma criatura singular. Uma corredora, atiradora, exploradora, viajante e buscadora da experiência humana em todas as suas variedades. Viajou o mundo sem nada para chamar de seu por anos. Mas também viajou por um curto período com bilionários. Trabalhou como pescadora em alto mar, açougueira, ferreira, coletora de cogumelos, fazendeira e também apareceu no programa *Largados e Pelados*, que ganhou com tanta facilidade que os produtores pediram para ela voltar para participar de desafios mais longos e difíceis. Ela até mesmo já ganhou um carro no programa *The Price Is Right*. De fato, a experiência humana em todas as suas variedades.

Zerra nem sempre foi tão incomum. "Sempre fui uma boa aluna. Podia escrever artigos e regurgitar informações. Queria ser médica ou veterinária", ela me disse enquanto continuava a dirigir. "Me disseram que a forma de ser feliz e ter a melhor vida possível era tirar boas notas para conseguir o melhor emprego. Mas o que eu queria fazer mesmo era explorar ambientes diferentes e aprender como sobreviver neles." Ela notou que ser médica seria uma ótima forma de juntar dinheiro para explorar e se testar na natureza durante suas férias anuais remuneradas.

---

[2] Grupo de pessoas ou indivíduos que praticam habilidades de sobrevivência como um hobby ou que se preparam para emergências catastróficas. [N. da T.]

Ela entrou na Faculdade de Connecticut em 2003. É uma das faculdades de artes liberais mais elitizadas do país. Parte das "*Little Ivies*" da Costa Leste. Ela só tirava As. Mas ainda naquela época, usava seu tempo livre para fazer o que amava. Seu dormitório se tornou um lugar para tomar banho e guardar livros e, na maior parte do tempo, ela vivia em um abrigo que construiu na floresta de Connecticut, perto da faculdade.

No entanto, às vezes é necessário passarmos pela pior experiência humana para chegarmos à melhor. "Eu tinha uma amiga que era maravilhosa, inteligente e talentosa", Zerra me contou. "Mas ela ficou muito estressada por causa das provas e do trabalho. Isso porque também achava que a forma de viver a melhor vida possível era tirar notas boas para conseguir um bom emprego e poder fazer o que quisesse nos finais de semana e nas férias. Minha amiga ficou tão sobrecarregada que tentou se suicidar na faculdade. Entrei no quarto e a encontrei daquele jeito. Isso virou uma chave na minha cabeça que me faz pensar: o que é importante de verdade? Tudo na minha vida tinha sido feito para conseguir um pedaço de papel. Percebi que não estava aprendendo nada importante pra mim. As informações não se aplicavam ao que eu queria fazer."

Ela percebeu que uma pessoa pode viajar, explorar ambientes diferentes e aprender a sobreviver neles de graça. Pela quantidade de tempo que quiser. E não terá que se preocupar com férias se não tiver um emprego.

Então deixou a faculdade faltando apenas um semestre para terminá-la. "Foi a coisa que eu fiz que mais decepcionou as pessoas, mas a que mais me orgulhava", Zerra disse. "Porque foi a primeira coisa que eu fiz por mim mesma e não baseada na narrativa que todos contam para si mesmos e para mim sobre como o mundo funciona. Eu podia contar comigo mesma. Eu acreditava em mim."

Ela fez uma bagagem com uma versão mais antiga da mesma mochila de equipamentos e começou a viajar. E lá estava eu, junto com ela neste momento da sua jornada.

Achava que Zerra podia ter alguma coisa sábia para me ensinar sobre viver bem no nosso mundo de consumismo exagerado. Se os dados estiverem certos, as compras por impulso cresceram durante a pandemia e continuaram elevadas desde então. Ainda tentava entender meu próprio comportamento.

Os algoritmos da internet pareciam colocar itens perfeitamente adequados à minha personalidade e interesses na minha frente quando estava mais suscetível à distração. E eu os comprava.

Por exemplo, durante o isolamento da pandemia, eu não tinha nenhum lugar para estar nem para ir e um relógio no meu celular, o qual olhava a cada cinco minutos. Mesmo assim, comprei um luxuoso relógio de pulso ridiculamente caro. Eu o usava em casa enquanto vestia uma calça de treino da Target que custou US$14 e uma blusa que ganhei de graça do meu dentista.

Além das compras irracionais na internet, tive um outro episódio especialmente desonroso. Tentarei resumir os detalhes do que aconteceu, mas acabou comigo trocando minha amada caminhonete de quatro anos por um Subaru Outback.

Não foi apenas uma compra desnecessária, tendo em conta que minha caminhonete ainda tinha muita vida útil. Mas de um ponto de vista da personalidade, não foi nada adequado. Eu não tenho nada contra veículos para famílias grandes como Subaru Outbacks, mas eu não tenho filhos e um estilo de vida aventureiro não é a minha praia. É o mesmo que um pai trocar seu Honda Odyssey por uma moto Harley-Davidson Shovelhead.

"Você comprou um Subaru… Outback?", minha esposa perguntou quando cheguei em casa. Ela olhava para mim da mesma forma que olharíamos para um cachorro leal e bem treinado que acabou de fazer xixi no seu tapete favorito. Foi um olhar de desgosto e decepção — mas também uma preocupação legítima de que esse animal poderia estar gravemente doente.

"Esse carro é um *Best Buy* da Consumer Reports!" afirmei.

Ela só balançou a cabeça. Meu controle de impulsos não apenas parecia estar em pedaços. Meus impulsos recentemente desequilibrados estavam me levando a um novo território traiçoeiro. Era como se o filho pródigo estivesse voltando para casa chapado — de pó de anjo.

Era o ciclo de escassez. Eu pensava ou via um produto que achava que melhoraria a minha vida. Em seguida, procurava a versão certa dele na internet e finalmente encontrava o melhor. Depois repetia o ciclo. Eu e a moça da UPS[3] já estávamos nos chamando pelo primeiro nome.

Mas por minhas novas posses estarem se acumulando, elas pareciam estar tomando conta de mim. Por exemplo, comecei a trabalhar com consultoria, algo que não queria, mas sentia que deveria aceitar para pagar as contas que estavam se acumulando e justificar uma compra.

---

[3] *United Parcel Service*, empresa de transporte e entrega de encomendas. [N. da T.]

Então, uma hora percebi que tinha muitas coisas e isso começou a me incomodar. Havia atingido um ponto crítico e comecei a buscar respostas. Não podia me desfazer das contas. Mas o que encontrava na internet sugeria que eu estaria melhor se apenas me desfizesse de algumas coisas. Fui conduzido para o menos, ou "minimalismo".

Mas não sentia que nenhum desses recursos me ajudava a fazer a pergunta mais importante sobre por que eu estava comprando tanto. Organizar as coisas parecia um alívio temporário. Isso não quebrava o ciclo; era uma *parte* dele.

Então me perguntei se Zerra tinha uma solução para esse ciclo de compras. Eu não tinha ilusões de que logo estaria vivendo apenas com uma mochila e venderia o depósito com ar-condicionado que chamo de casa. Eu também não queria isso. Na verdade, queria refletir profundamente sobre qual seria a minha própria versão da mochila de Zerra e como isso me mudaria. Talvez olhando para o motivo mais profundo por trás das minhas posses, pudesse encontrar o suficiente.

É legal pensar que nossos ancestrais eram seres iluminados e sem apegos que viviam em sociedades parecidas com as comunidades hippies. Como se posses não fossem importantes para eles e tudo fosse só *kumbaya*,[4] compartilhamento, paz e amor.

Apesar de ser verdade que nossos ancestrais não tinham o tanto que temos hoje, a ideia de existir pessoas hoje, ontem ou há milhões de anos que não se importassem com coisas é um conto de fadas. "Todas as pessoas são materialistas em algum nível", cientistas escreveram no livro acadêmico *Consumer Behavior* [*Comportamento do Consumidor*, em tradução livre]. "As pessoas naturalmente anseiam por mais de qualquer recurso material valorizado em sua cultura."

Apesar das ideias agradáveis e cinematográficas da Disney sobre nossos ancestrais estarem em unidade com a natureza e usarem apenas o que precisavam, a verdade é o oposto. A natureza geralmente era brutal e muito mais parecida com um filme do Tarantino. Para sobreviver, tínhamos que ser brutais

[4] Canção folclórica americana que se tornou um símbolo de união e harmonia. Também é usada para se referir a um espírito de cooperação, paz e solidariedade. [N. da T.]

da mesma forma. E quase sempre foi melhor para a nossa sobrevivência ter coisas de mais do que de menos.

Pense, por exemplo, na prática do *piskun* do povo *Blackfoot*. Significa "caldeira funda de sangue" e descreve uma prática de caça de 2 mil anos na qual membros do povo iam atrás de manadas de búfalos. Eles formavam um funil e conduziam os búfalos até um penhasco, matando centenas de animais de uma só vez. Era a versão dos Blackfoot do dia de Ação de Graças e da *Black Friday*: um evento grandioso de aquisição de comida e coisas.

Eles conseguiam toneladas de carne e bens materiais com essa prática. As peles dos búfalos eram usadas para construir abrigos e confeccionar roupas. Ossos e outras partes se tornavam boas ferramentas e equipamento militar. Mas os membros da tribo não conseguiam aproveitar todos os búfalos rapidamente. Uma grande quantidade da comida e dos materiais apodreciam.

Isso é apenas um exemplo. Sociedades humanas antigas eram diferentes na questão do materialismo e do compartilhamento. No entanto, nenhuma era completamente igualitária. Muitas eram puras acumuladoras. Como os Kwakiutl da Ilha de Vancouver. A antropóloga Helen Codere, que os estudou, escreveu: "Cada casa fazia e tinha muitos tapetes, caixas, cascas de cedro e cobertores de peles, pratos de madeira, colheres de chifres de animais e canoas". Ela explicou que eles continuavam fabricando coisas. "A produção de mais dos mesmos itens [nunca] pareceu algo supérfluo", afirmou. Por exemplo, por que ter apenas uma colher de chifre para cada pessoa se podemos ter cinquenta colheres por pessoa? Essa prática começou muito antes dos europeus chegarem, então eles não aprenderam essa ideia de acumular com pessoas de outros lugares.

Ou havia os povos ao sul dos Kwakiutl. Graças ao clima e à abundância do que agora é a Califórnia, os povos da área raramente precisavam migrar. Por isso, usavam o tempo para acumular coisas. Cientistas escreveram que eles tinham uma "obsessão" pela acumulação de riquezas.

Antropólogos da Universidade do Texas acreditam que nosso padrão é coletar mais coisas, em vez de menos. Eles teorizam que há três razões pelas quais os humanos evoluíram para amar bens materiais.

A primeira é que ter coisas nos ajuda a sobreviver. Os cientistas explicaram: "No passado, ter os bens certos nas quantidades certas proporcionava proteção, conforto e maior capacidade de troca por outros bens necessários". Provavelmente é melhor pensar nesses itens como "equipamentos" em vez de coisas. Equipamentos têm uma utilidade clara. Equipamentos como ferramentas, abrigo e armas nos ajudaram a realizar tarefas essenciais para a vida. A mesma regra se aplica hoje.

A relação de Zerra com suas posses é o maior exemplo de enxergar itens como equipamentos. "Tudo que possuo precisa valer seu peso", disse. "Eles devem ter múltiplas funções."

A segunda razão pela qual gostamos de bens materiais é que eles nos proporcionam status. Ter as coisas certas para o nosso tempo e lugar podem elevar nossa posição social. Alguns bens desempenham não apenas seu propósito principal, mas também um secundário, o de mostrar às outras pessoas a nossa posição ou lugar na sociedade.

O economista e sociólogo americano Thorstein Veblen, em 1899, chamou isso de "consumo conspícuo". É quando compramos coisas caras, em vez de coisas mais baratas e igualmente funcionais, para elevar nosso status social. Ele escreveu: "O consumo conspícuo de bens valiosos é um meio de reputabilidade do cavalheiro do lazer". Por exemplo, ninguém compra um Cartier *só* para saber que horas são. Nem uma bolsa Louis Vuitton apenas para carregar suas coisas.

Escassez e exclusividade são os ingredientes secretos para que marcas de luxo vendam coisas por um preço *premium*. Cientistas da Universidade Temple descobriram que sinais de escassez — a crença de que um item é difícil de ser obtido ou limitado —, supera os sinais de popularidade, como apresentar um produto como um best-seller.

O consumo conspícuo e bens difíceis de serem obtidos encantam até os mais iluminados entre nós. Por exemplo: Sua Santidade, o Dalai Lama, possui quinze relógios de luxo. A coleção inclui dois Rolex e um Patek Philippe extremamente raro. Para os que não entendem de relógios, a última marca é o que você compra quando um Rolex está muito barato.

A terceira razão é que podemos usar bens materiais para nos sentirmos pertencentes. Isso é diferente de comprar coisas para obter status. Os cientistas explicaram: "O status se manifesta em esforços para estar *acima* de outras pessoas do grupo, enquanto o pertencimento se manifesta em esforços para estar *com* outras pessoas do grupo".

Cientistas chamam isso de "tribalismo de marca". É quando encontramos significado social nas compras que fazemos. Pense em marcas como Whole Foods, Goop, Black Rifle Coffee Company e Patagonia. Fazer compras e exibir o logotipo é um ato tão sociopolítico, de pertencimento e quase religioso, quanto comprar alimentos, suplementos, café ou uma jaqueta *puffer* cara. Os humanos têm carimbado marcas em itens há pelo menos 5 mil anos.

Mas por quase todo o tempo, havia um limite para as coisas que podíamos ter. Os materiais que precisávamos para produzir nossas coisas eram mais difíceis de serem obtidos, e moldar nossos bens com as mãos exigia muito mais tempo. Por exemplo, um ferreiro levava um minuto para forjar um único prego. Pregos eram tão escassos e valiosos que algumas pessoas incendiavam prédios apenas para roubá-los. Atualmente, as máquinas modernas que moldam pregos conseguem produzir 360 deles em um minuto.

Outra razão pela qual tínhamos menos posses no passado é que muitos grupos de pessoas migravam constantemente. Em geral, elas tinham que abandonar algumas coisas difíceis de carregar.

Portanto, não é que queríamos ter menos no passado. Desejávamos ter mais e aproveitávamos a oportunidade com alegria quando surgia. Mas ela raramente surgia.

Ainda no século XVIII, a maioria dos americanos não tinha muita coisa. Um abrigo. Ferramentas que os ajudavam a adquirir e cozinhar comida. Alguns móveis básicos. Uma Bíblia. Poucas peças de roupa. Alguns pregos, dependendo de quantos prédios eles haviam incendiado recentemente. Naquela época, por exemplo, homens e mulheres americanos tinham uma média de três conjuntos de roupa. Até mesmo as pessoas mais ricas não precisavam de closets. A esposa de Thomas Jefferson, Martha, possuía dezessete conjuntos de roupas.

A terceira parte do ciclo de escassez é a repetibilidade rápida. Antigamente, o ato de fazer compras não nos fazia cair no ciclo de escassez. Nós éramos muito pobres e as coisas eram muito escassas e caras. As pessoas eram muito mais propensas a fazer ou comprar algo uma vez e usá-lo até que ficasse completamente gasto e inutilizável.

Mas o século XVIII foi o início do fim dessa realidade. Em 1733, o inglês John Kay inventou uma máquina de tecelagem. Ela dobrou a velocidade com a qual um trabalhador têxtil conseguia tecer.

Mas isso não significa apenas que começamos a produzir mais tecidos. A invenção de Kay deu início a um efeito dominó. Ela aumentou a demanda por fios. Para suprir essa demanda, percebemos que precisávamos inventar uma máquina que poderia produzir mais fios. Por sua vez, isso significava que precisávamos de uma máquina para preparar mais algodão. Depois, uma máquina para produzir mais máquinas. E assim foi. Uma máquina aumentava tanto a produtividade de um setor que incentivava outros setores a inventar ou adotar novas máquinas para suprir a demanda. E assim foi acontecendo, até que todos os setores estavam produzindo muito mais materiais graças à mecanização.

Por volta de 1850, uma revolução industrial completa estava acontecendo. À medida que começamos a entender como produzir coisas mais rápido e barato, nossos ambientes de escassez, no qual estivemos desde que nosso gênero *homo* se diferenciou dos chimpanzés há cerca de 2,5 milhões de anos, começaram a se tornar ambientes de abundância.

Se tivéssemos que mostrar nossos closets para Martha Jefferson hoje, ela ficaria chocada. Em média, o americano compra 37 peças de roupas por ano. Um estudo descobriu que agora nós temos 107 peças de roupas. Esse estudo também detalhou como vemos essas peças. Ele descobriu que consideramos 21% delas impossíveis de serem usadas. Achamos que 57% delas não estão ótimas — ou muito apertadas ou muito largas. E temos uma média de 12% que nunca usamos. E isso nos deixa com um guarda-roupa de Martha Jefferson, ou seja, 10% — 11 peças — que usamos regularmente. A Agência de Proteção Ambiental diz que jogamos fora cerca de 30kg de roupas e tecidos por pessoa a cada ano.

Mas a mecanização, é claro, não nos deu apenas mais roupas. Ela nos deu mais de tudo.

A Associação Internacional de Transportes e Embalagens, grupo comercial das empresas de mudanças, diz que, atualmente, a casa americana tem em média cerca de 4 toneladas de coisas. Isso está espalhado em 10 mil a 50 mil itens leves e pesados — de canetas a televisões. O *Wall Street Journal* descobriu que os americanos gastam US$1,2 trilhões anualmente em coisas que não precisam.

Os psiquiatras começaram a notar compras compulsivas entre os ricos nos anos 1930. Mas agora não precisamos ser ricos para comprar compulsivamente. A historiadora Jeannette Cooperman escreveu: "Apenas no século XX as pessoas começaram a acumular exageradamente itens aleatórios e não valiosos."

Um estudo do jornal *Frontiers in Psychiatry* descobriu que 6% dos americanos sofrem com transtorno de compras compulsivas. Alguns estudos sugerem que o número seja 2%, enquanto outros acreditam que chega a 16%.

O proeminente psiquiatra americano, e professor da Universidade de Iowa, Donald W. Black identificou fases distintas pelas quais os compradores compulsivos passam. E elas parecem o ciclo de escassez. Primeiro, os compradores procuram boas oportunidades — lugares com promoções frequentes ou produtos novos. A próxima é a pesquisa: eles entram no mundo das lojas, shoppings ou sites de compras online. Black percebeu que esses compradores geralmente procuram ofertas imprevisíveis. Pode ser uma bolsa de mão por US$30 em vez de US$60. Ou pode ser uma bolsa de luxo com desconto de 40% por tempo limitado, a US$2.200. E assim elas compram — e começam logo a procurar a próxima coisa para comprar.

Black escreveu que pessoas com transtorno de compras compulsivas "descrevem [as compras] como algo intensamente emocionante". E assim como a adicção, geralmente isso é um mecanismo de sobrevivência aprendido, segundo Black. "Emoções negativas" — por exemplo, depressão, ansiedade, tédio — "foram os antecedentes mais comumente citados para [compras], enquanto euforia ou alívio dessas emoções negativas foram as consequências mais comuns."

Black disse que a abundância de coisas baratas significa que o transtorno afeta pessoas de baixa renda tanto quanto os ricos. E a repetibilidade rápida é a chave, ele explicou: "Muitos compradores compulsivos compram em grande quantidade".

Até o nosso conceito de "necessidade" mudou. Gostamos de pensar que a necessidade é a mãe das invenções. Mas o Pew Research Center destacou que é, na realidade, o contrário. A invenção é a mãe da necessidade. Nós inventamos algo que não precisamos de verdade, mas ao longo do tempo essa invenção domina tanto a nossa cultura que começamos a pensar que ela é uma necessidade. Como GPS, *bluetooth*, fones de ouvido sem fio, controles remotos, televisão, micro-ondas e muitas outras coisas. Formatamos nossas máquinas e elas nos formatam de modo que nos tornamos cada vez mais adictos delas. O número de coisas que os americanos consideram "necessidades" em vez de "luxos" multiplica a cada década.

Quando soube desses números, achei que eram muito altos. Até mesmo absurdos. Quem possui 10 mil coisas, quanto mais 50 mil? Por isso, enquanto escrevia este parágrafo, eu dei uma pausa e contei dezenove itens só na minha mesa. Canetas, porta-canetas, caneca, aromatizador de ambiente, computador, celular, monitor, webcam, adaptadores, luminária de mesa, livros, um Kindle, um notebook, entre outros. E em todo o meu escritório? É de fazer rir. Os destaques desnecessários: um quadro de cigarros Camel em árabe que veio do Oriente Médio, muitos livros (a maioria deles lidos até a metade), uma foto da ficha policial de Jerry Garcia na parede e uma garrafa com um pó estranho que eu comprei de um cara em um beco de Bangkok. Ele me disse para usá-lo "apenas em caso de emergência". Na verdade, se surgisse uma emergência, há apenas uma coisa no meu escritório que eu levaria comigo: meu cachorro, que estava encolhido em uma cama para cachorros da Tempur-Pedic, rodeado por três brinquedos de cachorro.

Sim, muitos cachorros nos Estados Unidos atualmente têm mais posses do que os americanos de poucos séculos atrás. Minha esposa e eu não colocamos roupas no nosso cachorro porque crueldade com animais é errado. Mas estima-se que só a indústria de roupas para cachorros valerá US$16,6 bilhões nos próximos anos.

Ao contrário dos nossos ancestrais, não somos forçados a deixar nossas coisas para trás em algumas ocasiões e a nos desfazermos radicalmente delas. Passamos por ciclos e acumulamos coisas ao longo de nossas vidas. Como Mary Oliver escreveu em seu poema "Eu tenho uma casa": "Eu tenho uma casa, pequena mas confortável. Nela há uma cama, uma escrivaninha... um telefone. Entre outras coisas — você sabe como é: as coisas se acumulam". De fato, as coisas se acumulam.

Mas nossas coisas não estão se acumulando em chalés pequenos, como o que Oliver morava. Em média, as casas cresceram 75% desde 1910. Agora elas têm aproximadamente 232m^2. Em algumas cidades, as casas triplicaram de tamanho, como em minha terra natal, Las Vegas.

Conforme a industrialização se espalhou pelo mundo, nosso cérebro de escassez continuou fazendo o que faz de melhor: nos levando a querer mais. Agora nós possuímos tantas porcarias que temos um complexo industrial inteiro projetado para nos ajudar a gerenciá-las. Nós compramos livros e assistimos a programas de TV que nos ensinam a mágica arte de nos desfazer e organizar nossas porcarias. Depósitos, locais discretos que pagamos para que consigamos acumular cada vez mais porcarias não são apenas uma moda; também são o segmento de negócios que mais cresce no país. Atualmente há mais instalações de autoarmazenamento nos Estados Unidos do que McDonald's, Burger Kings, Starbucks e Walmarts — juntos.

Cientistas da Universidade da Califórnia em Los Angeles afirmam que parte da razão pela qual tendemos a acumular tantas coisas é que nós não temos um regulador biológico que nos diz quando compramos demais. Se comemos ou bebemos, frequentemente exageramos, mas uma hora vamos nos sentir muito satisfeitos e teremos que parar. Mas isso não acontece com as coisas (da mesma forma que influência e informação). Nós podemos repetir sempre que quisermos. Rapidamente. E comprar um depósito.

Eis uma regra geral para ajudar você a decidir se compra algo novo ou doa algo velho: decida dentro de 60 segundos. A pesquisadora de psicologia Melissa Norberg, que é presidente da Associação Australiana de Terapia Cognitiva-Comportamental, escreveu: "Sempre que você perceber que levou mais de um minuto para tomar uma decisão, é provável que esteja tentando encontrar uma justificativa para fazer uma compra desnecessária ou manter um item que não precisa".

Muitos de nós nos sentimos culpados com nossas compras. Acreditamos que a imensidão das nossas coisas está destruindo o meio ambiente. Por exemplo, cada compra na Amazon Prime ou blusa de US$6 que compramos de uma loja *fast-fashion* é um voto para matar os ursos-polares.

Mas conversei com Andrew McAfee, que aliviou um pouco da culpa — embora com duas ressalvas. McAfee é o codiretor do Tech for Good Research Group do MIT. Explicou que até os anos 1970 parecia que a Terra estava fadada à destruição ambiental.

Ele contou: "A poluição estava aumentando. Havíamos dizimado espécies e ecossistemas estavam ameaçados. O uso de recursos estava crescendo exponencialmente a cada ano, juntamente com o desenvolvimento econômico". Mas em algum momento perto do primeiro Dia da Terra, o consumo de recursos começou a cair, mesmo com a população crescendo. Essa tendência continua e acelera todos os anos. O número de pessoas aumenta. Nossa economia se fortalece. Mas usamos menos recursos.

"Finalmente descobrimos como deixar o planeta menos sobrecarregado, mesmo com o crescimento das populações e economias", McAfee disse. E não é que começamos a consumir ou desejar menos. Foi o contrário.

"Na verdade", McAfee me contou, "houve um golpe duplo de capitalismo competitivo e um conjunto de ferramentas tecnológicas muito boas e em constante evolução que começou a permitir que fizéssemos mais com menos. E isso se deve ao fato de que moléculas e recursos custam dinheiro e empresas gostam de economizar. Portanto, quando surgem oportunidades para que elas façam mais com menos por meio da tecnologia, para que lancem seus bens ou serviços enquanto gastam menos dinheiro em materiais, elas irão aproveitá-las sempre que puderem".

Por exemplo, em 1960, uma única lata de cerveja usava mais alumínio do que um pacote inteiro de seis cervejas usa hoje. Latas de alumínio passaram de 85g para menos de 13g. Produtores de cerveja provavelmente não pensavam na disponibilidade de alumínio no mundo. No entanto, eles pensavam nas suas demonstrações financeiras. Usar menos alumínio por lata faz com que produtores de cerveja (e as pessoas que as bebiam) economizassem dinheiro. Essa regra geral se aplica para a maior parte do uso de recursos.

Nos Estados Unidos, os níveis de seis poluentes do ar, inclusive monóxido de carbono e chumbo, diminuíram em 77% desde 1970. Enquanto isso, nosso PIB e população cresceram 285% e 60%, respectivamente. Nós reduzimos nosso dióxido de carbono total em 13% desde 2007. Tudo isso graças à economia simples e regulamentações ambientais inteligentes por parte do governo.

Não estamos apenas usando recursos com mais eficiência, mas também estamos vendo inovações antigas convergirem em uma. Por exemplo, numa das minhas aulas, mostro aos estudantes um anúncio famoso da RadioShack de 1991, que apresentava todos os produtos que estavam em promoção na loja: um computador, um telefone, um rádio relógio, um aparelho de som, uma calculadora, um scanner de polícia, uma filmadora, uma câmera, um gravador de voz, uma secretária eletrônica e muito mais. E o anúncio original estava, é claro, impresso em um jornal.

"Todos esses itens foram para os smartphones", explicou McAfee.

Coloque esses dois fenômenos em escala e os misture com intervenções governamentais sábias que reduziram a poluição e protegeram a vida selvagem, e temos sido capazes de aprimorar a condição humana enquanto sobrecarregamos menos o planeta. Atualmente, estamos consumindo menos recursos, usando menos terras, poluindo menos e até mesmo recuperando espécies que quase levamos à extinção. Tudo isso enquanto nossa população cresce e os padrões de vida melhoram.

McAfee disse que apostava que, em uma década, estaremos usando menos recursos do que hoje, independente de quanto a nossa população e economia cresçam.

Dito isso, não estamos totalmente fora de perigo. Para começar, McAfee me disse: "o aquecimento global é real. É causado por nós e é ruim. Também há partes do mundo onde há muita poluição e está piorando". Ele acredita que a resposta é fazer o que tem funcionado desde 1970. "Sabemos o jeito certo de lidar com esses problemas", disse.

Salientou que é esperado que a população mundial comece a reduzir por volta de 2050. "Nosso planeta é abundante o suficiente para satisfazer nosso consumo", disse. "Isso é contraintuitivo porque foi incutido em nós que estamos destruindo o planeta e que a situação está ficando cada vez pior." Mas os dados sugerem que ficaremos bem se continuarmos a inovar e espalhar essas inovações pelo mundo.

O segundo problema não pode ser resolvido por avanços como uma lata de alumínio melhor e ter um monte de produtos convergidos em um só. Ele tem a ver com a condição humana. À medida que nos tornamos mais confortáveis e adotamos mais tecnologias eficientes e coisas do tipo, não necessariamente ficamos mais satisfeitos. Problemas de saúde mental estão crescendo em todo o mundo. Muitas dessas mudanças tecnológicas estão, na verdade, causando nossos males. Estão nos desconectando não apenas de outras pessoas, mas também de nós mesmos e de maneiras de viver que nos satisfaçam.

"A abundância traz consigo problemas", McAfee contou. "Devemos preferir esses problemas do que os de escassez, mas ainda são problemas."

Zerra passa seis meses do ano na natureza, bem longe de qualquer rastro. Mas ela não é uma campista casual ou uma exploradora da natureza. Andamos em prados de pinheiros, sobre colinas rochosas, campos de pedras e através de matagais densos e árvores.

Era a tarde do nosso segundo dia no campo. Talvez vinte minutos mais cedo nós havíamos pausado para "almoçar". Para mim foi uma barra da Clif Builders com gotas de chocolate e menta. O sabor é o mesmo de você tomar leite com chocolate depois de escovar os dentes.

Zerra comeu manteiga. Usou sua colher para pegar um quarto de uma barra de manteiga e colocá-la sobre uma fatia de pão. Então ela o dobrou como se fosse um taco. Um taco de manteiga.

O problema é que depois de um almoço cheio de manteiga, Zerra fica igual a um jovem terrier que se empaturrou de grãos de café expresso e agora corre freneticamente ao redor da casa a toda velocidade. Só que ela e eu estávamos em uma das montanhas mais acidentadas dos 48 estados contíguos, avançando para regiões mais altas e cada vez mais para dentro da natureza.

Existe caminhada e existe o que Zerra estava me obrigando a fazer: andar em um terreno que até os mais seguros animais de quatro patas evitariam. Ela ficou bem na minha frente enquanto escalávamos uma encosta rochosa.

Apontou para o topo da encosta, que terminava em penhascos verticais de centenas de metros de altura. "Geralmente é plano no fundo dos penhascos", disse. "Carneiros gostam de ficar em lugares assim. Eles morrem com frequência. Então esse é um bom território para encontrar crânios."

No outono, Zerra às vezes caça animais para comer suas carnes. Na primavera e verão, gosta de caçar galhadas — que é, basicamente, procurar e coletar chifres deixados naturalmente pelo animal. Em cada inverno, animais ungulados[5] como cervos e alces trocam seus chifres. Ela às vezes encontra crânios e ossos de cervos, alces e carneiros-selvagens.

Zerra prefere caçar galhadas porque, como ela disse, "posso fazer isso em qualquer momento do ano. É mais difícil porque o animal não está migrando e procuro por algo menor. Tenho que estar muito mais atenta... Na verdade, não estou procurando chifres. Estou procurando por um momento no tempo em que um animal morreu, geralmente para que outro pudesse viver".

Algumas pessoas caçam galhadas como uma atividade lucrativa paralela. Colecionadores pagam milhares de dólares por um crânio de carneiro perfeitamente preservado com chifres espessos e curvos, ou por um crânio com galhadas de um alce. O chifre é uma das substâncias naturais mais fortes da terra em relação ao seu peso, e os bem preservados podem ser usados para confeccionar cabos de facas ou como uma decoração em qualquer item que um vendedor do Etsy que gosta de atividades ao ar livre possa imaginar. Mas até chifres bem preservados podem ser vendidos para empresas que querem vendê-los como ossos mastigáveis para cachorros, a US$30 o meio quilo.

"Eu nunca vendo os crânios, chifres ou galhadas", Zerra me disse. "Para mim, isso estragaria completamente a procura." A busca é inteiramente pela emoção dos altos e baixos e pelo objetivo claro de procurar, o que a encanta e

[5] Animais com cascos. [N. da T.]

a motiva a ficar na natureza por mais tempo. Guardei essa informação. Parecia muito com as ideias sobre o ciclo de escassez de Daniel Sahl e Thomas Zentall.

Finalmente chegamos ao topo da encosta. Esticamos nossos pescoços para olhar para os penhascos acima de nós, que só ficavam mais altos. "Esse parece ser um lugar perfeito para morrer", ela disse. Era escarpado e protegido lá em cima. Um lugar para o qual poucos animais iriam querer ir.

Então ela correu pelo espaço plano logo abaixo dos penhascos. Parecia um cachorro que caça pássaros e que sentiu o cheiro de um faisão, analisando o caminho enquanto andava rapidamente. Em um momento, a base plana do penhasco se transformou em uma encosta íngreme a milhares de metros de altura.

"Sem sorte", disse Zerra. O lugar não tinha nada. Foi um quase acerto. Mas tinha uma vista maravilhosa. O céu estava branco e bem claro, pontuado com nuvens cinza-escuras que pareciam que iam se abrir para nós. O lago abaixo serpenteava como uma cobra gorda, deslizando entre as montanhas. Ficamos sentados por um tempo.

Zerra me disse que durante suas viagens foi obrigada a se tornar um tipo de MacGyver sem-teto da natureza. "Eu tinha uma mochila que comprei barato em uma loja de sobras militares. Nela havia um cobertor de lã, uma garrafa de água, uma panela, uma faca, um diário, meu passaporte e um isqueiro da Bic." Tinha que ser criativa se não tivesse algo que precisava. "Encontrei um pedaço de Tyvek que serviu muito bem como uma lona. Quase ficava chapada por estar em uma situação onde havia um problema e tinha que ser criativa para encontrar a solução. Porque não podia simplesmente comprar alguma coisa. Isso me fez estar completamente presente nas minhas experiências, era muito recompensador."

Zerra pode parecer estranha, mas está falando de algo profundo.

Cientistas das Universidades de Illinois e Johns Hopkins escreveram recentemente: "O consumismo e as compras exageradas se tornaram o padrão de vida e a abundância se tornou a norma, principalmente no mundo [desenvolvido]". Os cientistas dizem que, por termos amplo acesso a todos os tipos de recursos, recorremos às compras para solucionar problemas.

Para entender as desvantagens da nossa tendência de comprar para solucionar problemas, os cientistas realizaram seis experimentos diferentes com dois grupos. Ao primeiro disseram que os recursos eram escassos, enquanto os participantes do segundo grupo acreditavam que os recursos eram abundantes.

Em cada um dos seis experimentos, foi pedido aos grupos que resolvessem problemas com os recursos que tinham. Por exemplo, em um deles, os participantes tinham que pensar em tantos usos para um tijolo quanto podiam. Em outro, eles ganhavam Legos e tinham que inventar o brinquedo mais legal possível. Em outro, recebiam uma vela, um pacote de fósforos e uma caixa de tachinhas. Tinham que descobrir como fixar a vela na parede sem que a cera pingasse no chão quando ela fosse acesa.

Em todos os seis estudos — todos os seis! — os participantes com recursos escassos tiveram um desempenho melhor. Pensaram em mais usos para os tijolos. Seus brinquedos eram mais divertidos. Se transformaram no MacGyver. Ao todo, o grupo de escassez não apenas pensou em soluções melhores, mas suas soluções também eram mais eficientes e criativas.

Conclusão: quando as coisas são abundantes, tendemos a solucionar qualquer problema com mais coisas. A comprar e acrescentar. Temos mais probabilidade de usar os itens da forma que eles são anunciados porque deve haver outra engenhoca que podemos comprar para resolver nossos problemas.

O oposto acontece na escassez. Sim, nossa tendência é resolver nosso problema acumulando coisas primeiro. Mas os seres humanos são criaturas criativas e persistentes. Não desistimos se não pudermos resolver um problema com adição. Nossa espécie teria desaparecido há muito tempo se desistíssemos quando não tivéssemos o suficiente. No mundo moderno, se combatermos nossa tendência a acrescentar — nos obrigando a solucionar um problema com o que já temos — provavelmente iremos solucioná-lo de uma forma melhor, mais criativa e eficiente. A criatividade e a eficiência florescem com a escassez.

Esse estudo reforça décadas de pesquisa. Enfrentando restrições, geralmente acabamos conquistando mais. E isso não é nem uma questão relativa de "mais com menos". É só uma questão de mais.

Zerra percebeu que suas experiências e momentos de epifania durante soluções de problemas com recursos limitados também mudou sua visão de mundo.

"Eu não era uma pessoa extrovertida quando comecei", contou. "Gostava de ficar sozinha. Pensava que as outras pessoas estavam destruindo a natureza que eu amava tanto." Ela presumiu que ficaria perambulando por um tempo e depois adotaria um estilo de vida solitário em alguma cabana fora do mapa.

"Mas comecei a me apaixonar pelas pessoas através das caronas", explicou. "Entrava em um carro e tinha uma quantidade de tempo limitada com uma pessoa. E nós duas sabíamos que nunca nos veríamos de novo. As pessoas eram muito sinceras comigo porque não tinham que fingir ser quem achavam que tinham que ser em suas vidas normais. Elas me contavam seus segredos mais profundos e sombrios e chorávamos juntas. Era uma experiência maravilhosa atrás da outra. E isso vinha da liberdade de poder estar completamente presente no momento e sem amarras. Eu não tinha que me preocupar em trabalhar para conseguir uns US$400 para uma passagem de avião ou ônibus. Isso teria mudado completamente a minha experiência e alterado aquelas horas da minha vida. Eu entraria no avião ou no ônibus, não conversaria com ninguém e chegaria ao meu destino. Perderia muitas experiências que mudaram minha vida e perspectiva do mundo completamente."

Depois de observar a vista por alguns minutos, Zerra começou a andar de novo. Começamos a descer surfando nas pedras até lá embaixo. As pedras deslizantes eram tão barulhentas que ela precisou gritar.

"Ouvir as histórias das pessoas e apenas deixá-las falar. Acho que foi quando percebi que só queria experimentar a condição humana na sua totalidade. Os detalhes, altos e baixos, coisas boas e ruins dela e apenas ter uma experiência de vida muito rica", ela gritava em meio ao ar rarefeito de Montana. "Eu não achava que essas experiências humanas seriam todas boas. Mas pensei que todas seriam importantes. Elas mudariam minha perspectiva. Porque eu podia ver que todo mundo estava fazendo apenas o melhor que podia com o que tinha, sabe? No geral, as pessoas são boas. Mas todos nos encaixamos no molde que nós mesmos construímos. Se focarmos nas coisas negativas, vamos procurar coisas negativas. Mas se tivermos uma abordagem com um mínimo de compaixão, interesse verdadeiro, e dermos às pessoas o benefício da dúvida, podemos ver como elas não se encaixam nas nossas narrativas. Descobrimos que as pessoas são maravilhosas."

É importante destacar que Zerra não é uma jovem com um estilo de vida alternativo que é sustentada pelos pais. Eles são da classe média — uma professora de pré-escola e um engenheiro elétrico. "Eu consegui meu primeiro emprego em uma fazenda quando tinha 14 anos. Provavelmente era um trabalho ilegal", disse. "Mas meus pais me disseram que se eu quisesse algo, deveria pagar por isso. E eu queria um carro quando fizesse 16 anos, para poder ir para a natureza."

Apesar de Zerra ter deixado a faculdade, ela ainda tinha que pagar empréstimos. Grandes. Trabalhou em empregos temporários por um mês ou dois durante suas viagens para conseguir pagar os empréstimos do ano.

Ela também viveu um período completamente fora do seu padrão de vida nômade. Sua breve fama televisiva a levou a fazer amizade com um grupo de pessoas super-ricas que gostavam de se aventurar em experiências mais rústicas. Por exemplo, todos eles saíam em viagens de US$40 mil para caçar.

Zerra disse que o peso psicológico do dinheiro sempre esteve presente. "Percebi que quanto mais as pessoas tinham, menos envolvidas no momento pareciam estar. Concentravam-se mais no futuro, em fazer e manter coisas e tudo que vinha com elas."

"Tudo era previsto, planejado e programado", contou. "Descrevo isso como um McLanche Feliz muito caro. Era uma cópia exata do que toda outra pessoa rica tinha. As coisas aconteciam exatamente como o planejado. E era muito diferente das experiências que eu vivi quando tinha uns US$6, uma mochila com poucas coisas, ia para a natureza e tinha que me virar sozinha. Aquelas experiências eram muito únicas, e não as entendia quando tínhamos todo esse dinheiro para ter tudo perfeito."

Conforme a encosta acabava e as pedras davam lugar aos pinheiros, Zerra procurava galhadas e crânios. Ela me disse que entende que pessoas que trabalham têm restrições. Portanto, isso não é um tipo de julgamento. "Se você administrasse uma empresa ou tivesse muitas famílias que dependessem de você e quisesse tirar uma folga, mas só tivesse seis dias", disse, "posso entender por que pagaria para aproveitar o máximo desses seis dias. Você acabaria comprando a experiência do McLanche Feliz. Não iria querer planejar e não iria querer que algo desse errado. Tem um tempo limitado e estaria pensando em todas as outras responsabilidades que tem."

"Entendo isso", ela disse. "Mas sinto que o dinheiro não me ajudou a ter experiências melhores do que as que tive sem dinheiro. Ele proporciona mais controle, mas também menos aventura. Quando começo com menos recursos e materiais, o que for que eu ganhe, seja qual for o problema que tenha que resolver sozinha, desfruto de cada momento um pouco mais do que se tivesse recursos ilimitados. Isso é muito libertador e incrível. A palavra 'empoderamento' se tornou um pouco grosseira, mas é o empoderamento no sentido de você saber que está criando sua própria experiência e que depende de si mesmo. E assim, quando ela acaba, há uma sensação maior de satisfação porque você se dá conta que fez tudo isso."

Seu comentário me lembrou algo que Zentall disse. Como aprendemos, o ciclo de escassez surgiu para que pudéssemos concentrar nossa atenção e encorajar a persistência em comportamentos que nos ajudaram a sobreviver, como procurar comida. Mas o cérebro de escassez desenvolveu outros mecanismos sofisticados para tornar mais desafiadoras as buscas mais recompensadoras.

"Se os animais estiverem com fome e tiverem que procurar comida por mais tempo e com mais dificuldade do que o normal, tendem a valorizá-la mais do que se ela fosse fácil de se encontrar, ainda que seja exatamente a mesma comida", Zentall me contou. "Esse valor psicológico extra encoraja a persistência futura e os estimula a continuar procurando."

Buscávamos recompensas em uma aposta importante. Quanto mais fortes nossos sinais internos nos diziam que precisávamos de uma recompensa — muita fome para conseguir comida, frio de arrepiar para conseguir um abrigo — maior era a sensação psicológica quando encontrávamos a comida ou fazíamos aquela fogueira. "Acho que isso se aplica no mundo moderno quando as pessoas valorizam mais as coisas que tiveram que trabalhar por mais tempo e com mais afinco para conseguir", disse Zentall.

É por isso que a primeira refeição que fazemos depois de um acampamento ou de correr meia maratona parece muito mais deliciosa. Ou porque a primeira grande promoção que recebemos depois de trabalhar arduamente por anos com um salário baixo é muito mais satisfatória. Ou porque, disse Zentall: "meus alunos que recebem uma nota A na disciplina mais difícil ficam muito mais felizes do que quando ganham um A em uma matéria com a qual tinham facilidade. Essas duas notas valem exatamente a mesma coisa para sua média de pontos, mas eles valorizam as notas que foram mais difíceis de conseguir".

Pensei nisso enquanto Zerra e eu andávamos entre pinheiros que se abriram em um prado amplo e inclinado. Minhas viagens de trabalho favoritas sempre acabam sendo aquelas em que algo dá errado e eu tenho que lidar com problemas. Como minha viagem para o Iraque, com suas tempestades de areia e meu guia maluco. Ou aquela descida maluca não planejada para a selva boliviana.

Por causa disso, defini um lema que agora uso para todas as dificuldades que enfrento: "Sem problema, sem história". Toda história tem uma complicação, um ponto onde eventos não planejados tornam a nossa vida incerta e desafiadora. Se fugirmos deles ou pagarmos para eliminá-los, removemos o desafio e ganhamos a certeza. Mas também aprendemos menos sobre nós mesmos e não nos tornamos heróis de nossas próprias jornadas.

Também passei por isso em uma viagem de caça recente. Uma empresa havia me convidado para caçar em uma grande faixa de terras particulares com um grupo de caçadores. Isso foi diferente de toda caça que eu havia feito antes.

Minha caça típica geralmente acontece em terras públicas. Eu como comidas de acampamento liofilizadas horríveis e durmo na terra. Fome, tédio, frio e exaustão fazem parte do passeio. Caçar em terras públicas é mais difícil. As chances de sucesso são muito menores. É melhor adentrar nas entranhas da natureza, enfrentar o desafio e estar disposto a ficar mais tempo do que o planejado.

Essa caçada era o oposto. Ficamos em uma pousada (imagine um Marriott de baixo nível, acessível apenas por uma estrada de terra). As refeições eram grandes e saborosas e os quartos eram quentes e bem equipados. Durante o dia, quando os animais iam dormir, voltávamos para a pousada para tirar um cochilo em uma cama macia, checar nossos e-mails ou assistir televisão.

A caçada foi verdadeira. Mas a gestão da vida selvagem da propriedade era tão eficiente que tínhamos a garantia quase total de que voltaríamos para casa com um alce grande. Os outros caçadores da viagem eram muito parecidos com os ricos que Zerra descreveu: pessoas bem-sucedidas com tempo limitado.

Foi uma experiência boa, mas não senti a mesma emoção ou sentimento de recompensa que geralmente sinto quando caço. Mesmo em caças malsucedidas.

Parece estranho, mas dormir na terra, sentir frio à noite, comer comidas de acampamento liofilizadas horríveis e sentir um tédio profundo durante toda a tarde por algo que pode não me recompensar, embora seja desconfortável no momento, torna o processo mais recompensador. E por eu comer cada pedaço da carne, posso lembrar da experiência toda noite no jantar.

"Houve um tempo em que eu era mais radical", Zerra disse enquanto caminhávamos. "Ficava estressada se o que tinha era mais do que poderia caber facilmente em uma mochila. Via isso como uma responsabilidade. Tinha um sentimento residual de que, se possuía aquela coisa, era responsável por ela e teria que cuidar dela. E isso é estressante."

Enquanto andávamos, esquilos apareciam da vegetação rasteira de vez em quando ou subiam apressados nas árvores. Estavam trabalhando duro para conseguir sua próxima refeição. Acontece que nós, seres humanos, temos mais em comum com os esquilos do que podemos imaginar.

Em todo outono, o frio se estabelece e muda os esquilos. Provoca uma liberação de hormônios que instiga seus pequenos cérebros de escassez a ativar o modo de acumulação. Eles começam a coletar e armazenar a maior quantidade de comida possível para o inverno. Mas essas temporadas podem acontecer de duas maneiras diferentes.

A acumulação do outono é uma empreitada relaxante se o verão tiver sido bom para a geração de frutos secos e sementes. É como se fôssemos ao shopping Mall of America com amigos e bastante dinheiro. Os esquilos coletam e cumprimentam seus amigos esquilos enquanto fazem isso. Colocam todos seus frutos secos e sementes em uma toca e os deixam lá despreocupados enquanto coletam mais.

Mas a situação é diferente se tiver sido um verão ruim para a geração de frutos secos e sementes. A escassez torna a cena apocalíptica. Os esquilos ficam defensivos e paranoicos. Eles acham que seus amigos estão tentando roubar suas coisas. Lutam com outros esquilos por frutos secos e sementes escassos. E então, quando acumularam uma boa quantidade de recursos, se preparam para mais conflitos. Ficam na frente da toca como um segurança de bar, prontos para defender seus alimentos.

Conversei com Stephanie Preston. Ela é uma psicóloga da Universidade de Michigan que passou sua carreira estudando como animais e seres humanos se relacionam com suas posses. Disse que quando enfrentamos um desastre que torna os recursos escassos, nos tornamos iguais aos esquilos. "Um bom exemplo disso é a pandemia", Preston contou. A pandemia foi como um verão muito ruim.

No início, as pessoas entraram em pânico. Nossa primeira reação foi acumular coisas. Brigas aconteciam nos corredores de supermercado enquanto pessoas compravam papel higiênico, comida enlatada, álcool em gel, entre outros. E então, quando tínhamos os recursos necessários para resistir ao inverno da pandemia, continuamos com o nosso comportamento de esquilo.

"Foi quanto vimos uma tendência maior de pessoas se preocupando em terem seus papéis higiênicos ou comidas roubadas", disse. "Por isso começaram a comprar armas. Houve um recorde de vendas de armas e munição e no número de novos donos de armas. Isso é exatamente igual aos esquilos, que acumulam e depois se posicionam em frente às suas tocas, prontos para brigar com concorrentes."

Mas depois dos nossos surtos de esquilo no início da pandemia, uma segunda fase começou. Foi o que disse Kelly Goldsmith, o pesquisador do Centro Médico Universitário de Vanderbilt, do capítulo 4, que estuda escassez. Depois que as pessoas asseguraram os itens básicos, muitos de nós começamos a cair no ciclo de escassez das compras impensadas para aliviar o estresse.

A mídia deu muita atenção para essa tendência. Mas o que não ouvimos com a mesma frequência foi outra tendência de comportamento. Algumas pessoas reagiram da maneira oposta. Organizar, desapegar, se desfazer das coisas e buscar a perfeição também disparou nessa segunda fase da pandemia. Os esquilos não praticam a mágica arte da organização. Mas nós, sim.

As doações para o Exército da Salvação dobraram. A quantidade de coisas que não eram lixo que as pessoas jogaram fora de julho a setembro de 2020 em Nova York cresceu aproximadamente 10%. O diretor executivo da Associação de Profissionais de Revenda disse ao *New York Times*: "Todo mundo está sobrecarregado com as mercadorias que chegavam. Essa é uma experiência que nossa indústria nunca viveu". Alguns brechós tiveram que alugar depósitos para administrar todas as doações. A razão pela qual alguns jogaram coisas fora é a mesma que alguns compraram. Como alguém que se desfez de coisas na pandemia afirmou: "Agora me sinto muito mais calmo".

Preston passou anos estudando esse tipo de comportamento. Seu trabalho ajudou a entender os ciclos de compra e desapego pelo qual muitos de nós passamos.

Ela explicou que tanto a acumulação exagerada quanto o minimalismo são "geralmente impulsionados por um tipo de perfeccionismo onde você quer fazer tudo certo. Há um tipo de ansiedade, mas é diferente dos acumuladores. Eles têm medo de que irão cometer um erro e precisar de algo, por isso acumulam cada vez mais. Mas [os minimalistas] têm um tipo de ansiedade relacionada à desordem e a ter tanta coisa na qual não conseguirão escapar". Seja guardando todos os tipos de coisas na sua casa por medo de precisar delas um dia ou mergulhando no minimalismo, "esse comportamento ajuda as pessoas a encontrarem uma sensação de controle", disse.

É por isso que buscar cegamente possuir menos não funciona. O minimalismo parece ser bonito nas fotos que compartilhamos na internet, mas não resolve o problema essencial que acreditamos que resolverá. Assim como a adicção, é melhor entender o que está acontecendo debaixo da superfície. Por que queremos menos?

"Todos estamos um pouco estressados por que trabalhamos muito", Preston disse. "Então, com acesso a bens baratos e abundantes em todo lugar, vemos que muitos de nós caímos no ciclo de usar coisas para nos aliviar." Pode ser comprar muito de alguma coisa, um pouco, acumular, organizar ou minimizar. "Mas você cai em um ciclo que, no fim das contas, torna tudo pior. Ele acaba prejudicando sua qualidade de vida", disse Preston.

Zerra diz que agora sente que encontrou o equilíbrio delicado de ter o suficiente. "Estou muito satisfeita agora", afirmou. "Não tenho muito, é claro. Mas também não sinto que estou me privando de nada. Tudo que tenho tem uma finalidade e eu gosto disso."

Pensei no estilo de vida de Zerra enquanto caminhávamos. "Sinto que você não tem coisas", falei. "Parece mais que você tem 'equipamentos'. Cada item que possui tem uma finalidade maior, às vezes múltiplas finalidades, e ajuda você a fazer as coisas que te fazem se sentir viva, como caçar chifres."

Ela pensou sobre isso: "Sim, eu não tinha visto dessa forma. Mas realmente tenho mais equipamentos do que coisas."

BAR

Na nossa última tarde, eu estava cansado de caçar chifres. Não havíamos encontrado nada. Assim como os cassinos aprenderam com seus caça-níqueis antigos, muitas perdas em sequência faz com que as pessoas desistam do jogo.

Mas então fomos em direção a um vale de pinheiros densos e arbustos mortos e espessos. Zerra sentia que aquela área era "ótima para a morte de alces".

"Veja", ela disse. Dois chifres estavam no chão a quase 14m de distância. Sua cor *off-white* e curvas se destacavam dos galhos retos e marrons que estavam ao redor deles. Deu longos passos em sua direção, empurrando os arbustos grossos.

Zerra ficou em cima dos chifres. Então cerrou seus punhos e levantou os cotovelos, como um jogador de futebol da Copa do Mundo que fez um gol decisivo. Era um crânio completo de alce com as duas galhadas intactas. Jackpot.

Pegou as galhadas pelas pontas da testa, que são as partes que ficam acima dos olhos do alce. O crânio ficou apoiado na sua barriga e os chifres principais brancos e escuros ficaram suspensos horizontalmente a 1 m de altura.

Seu sorriso parecia o de uma criança. Encantado e alegre. “É lindo”, sussurrou. “Tão emocionante.”

Nossos esforços, cálculos e determinação resultaram em algo impressionante. Agora que havia entendido a caça a chifres, me converti. “Nós ainda temos algumas horas antes do anoitecer”, falei para Zerra. “Vamos continuar andando.”

Duas horas depois estávamos no cânion oposto. Era coberto de vegetação, assim como todos os outros cânions dali. Eu tinha que me curvar às vezes para conseguir entrar nos matagais densos de madeira. Zerra viu algo *off-white* em uma clareira.

Um crânio de ovelha. A descoberta final. Ela correu em sua direção e segui de perto. Mas quando chegamos a poucos metros, ela olhou para mim. “Ah, não”, disse. “Não. Está velho. Os chifres estão podres. Isso é triste. Muito triste.” A descoberta final era, na verdade, um quase acerto. Como se os quatro símbolos do jackpot se alinhassem e o quinto ficasse um pouco alto demais para completar a vitória.

Na última noite, estávamos sentados perto da fogueira. Uma brisa fria fazia a fumaça de pinheiro da fogueira virar, às vezes, sobre nossos rostos.

“Você se importa se eu fizer uma pergunta estranha?”, eu disse. “Quando você está caçando galhadas, o que sente durante a busca?”

Zerra olhou para as chamas. “Estou 100% presente no momento. Não penso em nada além do que estou fazendo”, contou. “Não estou pensando no que pode existir no futuro e o que aconteceu no passado. Só estou 100% ali. E isso é muito libertador.”

Então ela teve que falar o óbvio. “Também fico ciente de que o que está me levando para lá, naquele momento, é literalmente encontrar essas estruturas descartadas de uma cabeça de animal. É meio estranho. Na verdade, é bastante estranho.”

Continuou: "Mas parece que o suspense cresce à medida que procuro. E essa busca é muito desafiadora no momento. Mas a alegria verdadeira acontece cinco minutos antes de encontrar uma galhada, quando entro em uma área e penso: 'Essa área parece ser muito boa'. É muito imprevisível. Posso pensar que estou em uma área boa e não encontrar nada. Mas busco um sentimento constante de esperança. Se encontrasse um chifre ou crânio todas as vezes, não seria divertido. Perderia seu propósito".

"E quando encontro galhadas ou um crânio, é muito recompensador. E isso me dá um marco de sucesso e uma finalidade artificial por estar ali. Não se trata apenas de encontrar chifres. Eu dou a maioria deles. Na verdade, é um momento divertido e totalmente envolvente de estar *ali*."

Ela pausou e olhou para mim. Estava concordando com a cabeça o tempo todo. "É como se uma parte diferente do meu cérebro fosse ativada. E isso faz muito bem para a minha saúde mental, poder estar completamente presente no momento dessas buscas, é isso que importa. Eu sei que é estranho."

O que Zerra faz está mais para ultrassanidade.

Expliquei o ciclo de escassez para ela. Falei sobre o trabalho de Thomas Zentall e como o ciclo é tão poderoso porque foi desenvolvido para nos manter vivos. Expliquei como Si Redd e a indústria de cassinos tiraram proveito dele e como está sendo usado e aperfeiçoado atualmente por muitas das tecnologias que nos sugam.

"Ah, então é como se a natureza fosse o meu cassino e a caça aos chifres fosse meu caça-níqueis", ela disse.

Zerra usa o ciclo de uma forma que lhe dá propósito. Ele proporciona presença radical, tempo na natureza, exercício e uma saúde mental melhor. Zerra transformou o ciclo de escassez em um ciclo positivo e poderoso de geração de hábitos. Um ciclo da abundância.

Enquanto saíamos da natureza no dia seguinte, pensei de novo em Zerra e na minha preparação para a viagem. Eu me saí surpreendentemente bem ao seguir suas orientações.

A experiência me deu uma regra para guiar minhas futuras compras. Eu defini: "equipamentos, não coisas". Coisas são posses sem propósito. São uma adição à coleção de itens que já temos. Geralmente usamos as coisas para preencher um impulso emocional ou mostrar para a sociedade que somos um certo tipo de pessoa. Ou elas solucionam um problema que poderíamos ter solucionado com um pouco de criatividade.

O equipamento, por outro lado, tem uma finalidade clara de nos ajudar a alcançar um propósito maior.

Essa forma de pensar abrange todas as três maneiras de sair do ciclo de escassez. Remove a oportunidade, as recompensas imprevisíveis e a repetição rápida das compras irracionais. A oportunidade que um item proporciona muda para algo mais relevante. As recompensas imprevisíveis se tornam o que o equipamento nos permite conquistar e experimentar. E a pausa de pensar "equipamento, não coisa" antes de comprar algo reduz a quantidade de coisas que compramos.

Os equipamentos de Zerra são os itens que ela guarda na mochila. Ela não tem muita coisa. Nem pouca. Tem equipamentos: itens úteis que a fazem cair em um ciclo de abundância que coloca seu corpo e mente para funcionar e promove uma satisfação profunda.

Para o resto de nós, "equipamento, não coisa" pode nos ajudar a chegar mais perto da nossa mochila metafórica de itens que nos fazem viver de forma mais presente e com mais significado. Mesmo que nossa mochila seja uma casa.

Informação

Conheci o astronauta Mark Vande Hei no espaço sideral. Ele estava na órbita baixa da Terra, girando a 29 mil km/hora e a 402 km acima da superfície terrestre. E eu estava no meu escritório em Las Vegas, firmemente estável no chão e falando com ele por meio de uma chamada de vídeo superpoderosa.

Vande Hei é um fanático por resistência interestelar. Já fez parte de cinco expedições diferentes para a Estação Espacial Internacional (ISS, na sigla em inglês) e acumulou 523 dias, 8 horas e 59 minutos no espaço. É o americano que passou mais tempo no espaço, um período de 355 dias entre 2021 e 2022.

Para manter os astronautas bem-dispostos e psicologicamente envolvidos durante longos períodos no espaço, a NASA faz conexão com qualquer pessoa com quem o astronauta queira conversar. Vande Hei gostou de ouvir uma versão de áudio do meu último livro, *A Crise do Conforto,* durante seu tempo no espaço, e ficou curioso para conversar comigo. Então a NASA fez isso acontecer.

O pessoal da NASA em Houston marcou minha conversa com Vande Hei às 8h05 da manhã. Entrei no meu computador quinze minutos mais cedo e naveguei pela internet enquanto esperava. Ceticamente, devo acrescentar. Minha vizinhança, cercada por picos irregulares do deserto, mal tem sinal de celular suficiente para encomendar uma pizza de um restaurante a 5km de distância. E aqui estava eu, esperando para fazer uma chamada de vídeo com uma pessoa dentro de, literalmente, um asteroide feito por humanos que estava vagando ao redor do planeta.

"Olá." Ouvi uma voz vindo dos alto-falantes e cliquei no aplicativo da chamada de vídeo. "Obrigado por separar um tempo para conversar comigo."

E ali estava Vande Hei. Sabia que não era um golpe porque o cara estava flutuando. De verdade. Ele vestia calças caqui e uma camisa azul com a barra por dentro da calça. O vídeo estava surpreendentemente nítido; dinheiro dos impostos em ação.

Ele começou a chamada me mostrando a estação.

O interior da ISS parece ter sido projetado por um acumulador de tecnologia que ama a cor branca. Cada superfície estava coberta por uma variedade de fios, interruptores, botões, telas, mostradores, tubos e painéis. Sem gravidade não existe teto ou chão. Tudo é parede. Não há em cima, embaixo ou lados.

Mostrou a cozinha que era, sem dúvida, a cozinha mais limpa e bem organizada do universo. Comida desidratada dentro de pacotes em forma de mangas de camisa preenchiam uma gaveta de metal como se fossem pastas de documentos. Em seguida, ele me levou à sala onde ficam os trajes espaciais. Depois para a academia, que tinha instrumentos estranhos presos em cada parede. O cosmonauta russo Pyotr Dubrov estava na horizontal do enquadramento da câmera, de pé na parede e fazendo agachamentos no Dispositivo Avançado de Exercício Resistivo. Ele usa cilindros vedados a vácuo para produzir até 272kg de resistência.

Durante os 90 minutos em que conversamos, Vande Heu orbitou a Terra exatamente 1,29 vezes. Os astronautas dão voltas tão rápidas ao redor da Terra que eles veem o nascer e o pôr do sol dezesseis vezes por dia.

"Nossa atividade principal aqui é a ciência", contou. "Estamos aqui para conseguir informações." Por exemplo, os astronautas da ISS recentemente sequenciaram DNA na estação, estudaram o efeito da gravidade no nervo óptico, analisaram como o fogo se comporta em um ambiente de gravidade zero, e muito mais. No espaço, sistemas que ignoramos e achamos normais na Terra se comportam de maneira diferente. Vande Hei explicou que precisaremos entender essas diferenças para, com êxito, nos aprofundarmos no espaço e compreender a nós mesmos e ao nosso futuro.

"Todo dia aprendo algo novo", ele disse. "Toda a ideia da ciência é fazer e aprender coisas novas. O desejo e a oportunidade de explorar e obter uma perspectiva diferente me levou a querer ser um astronauta. A exploração se trata de viver novas experiências e buscar respostas para questões maiores."

Ele admitiu que essa exploração nem sempre é fácil. Os astronautas se sacrificam muito para quebrar barreiras do entendimento humano. Há o desgaste psicológico ao passar um ano longe da família, preso em uma nave grande, branca, barulhenta e desconfortável, que tem o tamanho de um Boeing 747. Mas também existe a questão física. "Provavelmente vou perder 8% da minha densidade óssea nesta missão", Vande Hei disse. Isso significa que ele deve voltar para a Terra com os ossos frágeis de uma pessoa de 100 anos. Ele terá que limitar suas corridas por um tempo, e levará um ano ou dois para recuperar essa densidade óssea. Um dos obstáculos para chegar a Marte — uma missão que levaria, pelo menos, 3 anos — é pensar em formas de preservar o corpo humano.

Mas Vande Hei disse que as provações valem a pena. "Deixe-me mostrar uma coisa", disse.

Largou o computador e o jogou em um longo corredor. As paredes brancas e claras da ISS ficaram escuras. A tela se estabilizou e Vande Hei estava de volta, segurando o computador na sua frente.

"Aqui está a Terra", disse. Ele girou a câmera em 180°.

Um quarto de círculo pairava em um vazio infinito. Uma linha azul fina separava o quarto de círculo do vazio escuro.

"Aquela faixa azul é a atmosfera", falou. A única coisa que nos separa da morte por queimadura. "É ali que vivemos. Nós não vivemos na terra. Vivemos na atmosfera." Minha casa, sua casa, nossa casa.

"Agora estamos passando sobre o Canadá, Michigan e pelos Grandes Lagos", explicou. O topo da luva de Michigan e a Península Superior estavam quase completamente brancos por causa da neve, fractalizada com um pouco de marrom. As margens dos Grandes Lagos eram verde-água e se esfumaçavam em um corpo de água azul-aço. Estava escuro para o oeste.

Tenho lutado com a questão de se a vida veio do nada, não significa nada e segue para nenhum lugar. E, bem, digamos que ver a Terra dessa perspectiva me fez pensar, de forma bastante profunda, que há uma ordem maior para tudo isso.

O lago St. Clair estava azul-bebê. O rio Detroit emergia dele, dividindo a cidade de mesmo nome e indo em direção ao lago Erie. Se eu puder dar alguma esperança para o futuro, uma razão para ser um humano prestativo, é essa: até mesmo Detroit é bonita quando vista lá de cima.

Vande Hei devia saber que esse ponto de vista pode impactar as pessoas. Ficou em silêncio por um tempo para que eu pudesse absorver aquilo tudo. Finalmente, sua voz retornou.

"Depois da minha primeira missão na estação, achei que não dava para ver as estrelas muito bem porque temos muitas luzes aqui dentro", ele disse, com a câmera ainda apontada para a Terra. "Mas comecei a vir para cá meia hora antes de todo mundo acordar. Desligava as luzes e apenas ficava sentado com meus olhos abertos e meditava, tentando não pensar em muita coisa, só tentando absorver tudo. Foi desafiador no início, mas no final das contas foi maravilhoso. Meus olhos se ajustaram. Na verdade, o espaço não é aquela tinta preta que eu descrevi às pessoas depois da minha primeira missão. Parecia que as estrelas que normalmente vimos como estrelas isoladas não eram daquele jeito. Comecei a notar as estrelas suaves, muito distantes. Havia tantas delas que o espaço parecia mais uma mistura de tons de branco, preto e cinza. Estava mais para uma textura, uma rede. E isso mudou minha forma de pensar sobre a percepção, os limites do conhecimento humano e como temos muito mais coisas para explorar."

Os astronautas seguem uma longa linhagem de exploradores. Cientistas acreditam que a vida existe no nosso planeta há 3,75 bilhões de anos. Ela começou como uma célula no oceano. Mas graças à exploração, em parte, aquela célula se metamorfoseou ao longo do tempo. Evoluiu para se tornar todas as bactérias, insetos, peixes e animais que já viveram. *Homo sapiens,* a nossa espécie, surgiu dessa sequência entre 200 mil e 300 mil anos atrás.

Essa exploração sempre foi desafiadora. Mas foi exigido que os animais evoluíssem e melhorassem suas vidas. Os humanos são o maior exemplo dessa história.

O desconhecido nos chama em alto e bom tom para se tornar conhecido — para encontrar oportunidade e progresso. Mas agora a abundância e o ciclo de escassez estão se unindo para mudar nosso desejo por informação e exploração de maneiras que estão nos afetando.

Nenhuma outra espécie explora como os humanos. A maioria dos outros animais se compromete com um território no qual se adaptaram e permanecem nele de geração a geração. Mesmo quando outras espécies migram ou se dispersam, elas o fazem dentro de áreas previsíveis. Por exemplo, caribus não migram para Miami. Pinguins não marcham para Minnesota. Trutas-arco-íris não nadam para Seaside Heights, distrito de Nova Jersey.

Até os animais que se espalharam amplamente não exploram como nós. Por exemplo, há raposas em todos os lugares da Terra. Mas elas mudaram conforme se espalharam. Por isso, há 23 tipos diferentes de raposas, cada um com seu próprio nicho ecológico. Raposas-de-bengala, raposas-do-ártico, raposas-vermelhas, raposas-das-ilhas, raposas-dos-pampas, entre outras.

Enquanto isso, atualmente existe apenas um tipo de ser humano, o *homo sapiens*. E podemos ir ou viver em qualquer lugar. Subimos aos picos mais altos da Terra e mergulhamos nos pontos mais profundos dos oceanos. Construímos mais de cinquenta estações de pesquisa ativas no Polo Norte, estabelecemos postos avançados nos lugares mais densos da Amazônia, e construímos cidades modernas em desertos onde não se espera nenhuma forma de vida.

Valorizamos nossa capacidade de fazer isso. Muitos das nossas melhores histórias falam de uma pessoa comum que saiu para uma busca épica, encontrando o desconhecido e vivendo uma experiência que a levou a um estado maior de consciência. Chamamos isso de a jornada do herói ou da heroína. Ela existe nas histórias de todas as culturas. A *Odisseia, As Mil e Uma Noites, Moby Dick, Coração das Trevas,* a *Epopeia de Gilgamesh, Alice no País das Maravilhas, O Senhor dos Anéis,* e muitas outras.

Nossa jornada para nos tornarmos ótimos exploradores levou mais de 3 bilhões de anos. Para entender isso, liguei para Neil Shubin.

Shubin é um biólogo evolucionista da Universidade de Chicago. No trabalho, ele estuda a vida na Terra e como ela aconteceu. Nos finais de semana, ele é um paizão do Meio-Oeste que corre bastante nas laterais dos jogos de futebol juvenil.

Por isso é difícil imaginar Shubin em um dos lugares mais selvagens da Terra: a Ilha Ellesmere, uma massa de tundra e gelo inabitável no Ártico canadense. Ela faz parte do Arquipélago Ártico, um conjunto de ilhas no norte do Canadá e um dos lugares mais ao norte do planeta.

"A ilha é um alto deserto ártico", Shubin me contou. "Imagine o sudoeste americano — arenito vermelho, afloramentos rochosos[1] e mesetas[2] — mas em uma paisagem polar com geleiras, gelo, tundra e ursos-polares."

---

[1] Quando parte de uma rocha naturalmente interna fica exposta sobre a superfície da terra, permitindo seu estudo. [N. da T.]

[2] Área elevada com topo plano e rodeada por escarpas inclinadas. [N. da T.]

Em 2004, um helicóptero deixou ele e sua pequena equipe de cientistas no canto sudoeste da ilha. Estavam lá para procurar algo morto há centenas de milhões de anos. Shubin havia passado todo mês de julho de todos os seis anos anteriores em Ellesmere. Gastou milhões de dólares de bolsas para pesquisa nessas buscas, mas não havia encontrado nada.

Shubin estava interessado em uma característica fascinante do braço humano. Nossos braços são formados da seguinte maneira: um osso ligado ao nosso tronco (nosso úmero), dois ossos conectados a esse osso (nosso rádio e ulna), um conjunto de pequenos ósseos fixados a esses dois ossos (nosso pulso), e depois nossos dedos ligados a esse conjunto de ossos. Essa é *exatamente a mesma* estrutura dos braços dos lagartos, ursos, cachorros, gatos, leões, tigres… qualquer animal que você imaginar. Todo animal terrestre tem essa estrutura de um osso para dois ossos, para um conjunto de pequenos ossos, para os dedos.

O mesmo acontece com nossas pernas, pulmões, fígados, olhos, orelhas, bocas, etc. Parecemos muito diferentes, mas todos os animais terrestres têm estruturas semelhantes. Um tipo de modelo de seus corpos. Mas de onde veio esse modelo? Tinha que vir de alguma coisa.

Shubin estava pesquisando a Ilha de Ellesmere para encontrar essa coisa. Examinando fósseis mais velhos e mais novos, deduziu que essa coisa deve ter surgido há cerca de 375 milhões de anos. Mas procurar fósseis aleatoriamente é a mesma coisa que jogar um dardo em um quadro do tamanho do globo terrestre. Ellesmere tinha pedras sedimentares de 375 milhões de anos, que são os tipos de pedras que podem conter fósseis. E elas estavam expostas, não cobertas por grama ou shoppings.

E se as pedras sedimentares expostas de Ellesmere tivessem aquela coisa, aquele modelo, e se conseguisse encontrá-lo, ele faria uma das maiores descobertas de todos os tempos. Era uma empreitada científica ambiciosa.

Mas 2004 foi "a hora do vamos ver", contou. "Estávamos ficando sem dinheiro. Financiadores, assim como apostadores, param de dar dinheiro se sofrem muitas perdas seguidas. E todos os sinais estavam apontando para outro fracasso.

Em um dos últimos dias na ilha, Shubin estava no sopé de uma pedreira. O lugar parecia a superfície de Marte, com montes de rochas vermelho-fogo cobertas de azul caleidoscópico e gelo branco. Ele estava fazendo o que fez quase todo dia de julho pelos seis anos anteriores: batendo em pedaços de rocha e gelo, procurando aquela coisa, preocupado com outra expedição fracassada e com a entrada na grande e esquecida lista de cientistas que não conseguiram provar suas teorias.

Enquanto usava seu martelo com preocupação, notou um pedaço de gelo que cobria algumas rochas. Parecia todos os outros pedaços de gelo e rocha que ele estava martelando. No entanto, continuou e "vi algo que nunca vou esquecer", ele disse.

Escamas. Ele já havia encontrado muitos fósseis escamosos na ilha. Mas essas eram diferentes. Em vez de serem grandes e lisas, estavam dispostas como pequenas telhas ásperas de argila sobre um telhado de tijolo de adobe.

Seu coração começou a acelerar. Ele martelou mais. Mais escamas apareceram. Mais marteladas. E então a grande descoberta: um conjunto de mandíbulas assustadoras.

Antes dos animais terrestres aparecerem, a história basicamente aconteceu a seguinte forma: Há aproximadamente 13,8 bilhões de anos, aconteceu o Big Bang, que criou o espaço sideral. Com o passar do tempo, as galáxias começaram a ser formar. A Terra se formou há cerca de 4,8 bilhões de anos. Nosso planeta era uma bola sólida inabitável e em constante mudança. Mas logo uma atmosfera envolveu a bola. Em seguida, a água foi se acumulando na superfície rochosa da bola e encheu suas áreas mais baixas para criar oceanos e lagos.

A vida se formou há cerca de 3,75 bilhões de anos. Ela apareceu no oceano como uma única célula microscópica.

Em algum momento há cerca de 800 milhões de anos, algumas dessas células se agruparam. Isso permitiu que elas encontrassem mais recursos e segurança juntas. Esses grupos de células se dividiram em grupos menores dentro do seu grupo maior e assumiram papéis específicos. Por exemplo, alguns desses grupos percebiam a localização de comida. Outro grupo ajudava a processar essa comida. Isso significa que esses grupos pequenos se tornaram órgãos dentro de um corpo maior: cérebros, tratos digestivos e tudo mais. Foi assim que os primeiros animais surgiram.

Há 580 milhões de anos, todos os tipos de animais aquáticos esquisitos enchiam os oceanos. Eles tinham corpos em forma de esponjas, fitas e tapetes mágicos espinhosos. Em algum momento essas criaturas marinhas começaram a desenvolver conchas e espinhos para se protegerem, e cabeças e rabos feios para se moverem rapidamente e atacarem com força para matar e comer outros.

Então, há cerca de 400 milhões de anos, Shubin me contou: "havia um lugar para que as criaturas vivessem na terra. Plantas e insetos haviam desenvolvido sistemas de raízes e solos. Portanto, na terra, havia um novo ecossistema inteiro a ser explorado, mas a maior parte da vida ainda estava evoluindo nas águas".

E essas águas eram um "ambiente onde peixe comia peixe", disse Shubin. "Havia peixes pequenos e grandes, mas quase todos predadores. E estou falando de peixes *grandes* — de 4 m com dentes gigantes do tamanho de pregos de trilhos de trem."

Assim como os dentes que encontrou naquela pedreira da Ilha de Ellesmere.

Shubin e sua equipe escavaram a criatura fossilizada com cuidado e levaram para o seu laboratório. O peixe parecia um cruzamento de enguia, truta e jacaré. Tinha quase 3m de comprimento. Era um azarão da sua época. Os recursos eram escassos e a vida era perigosa para esse peixe. Os peixes maiores e mais rápidos tentavam comê-lo ou a sua comida. Mas ele tinha um recurso diferenciado: barbatanas estranhas.

Essas barbatanas eram construídas de forma única — um osso espesso ligado a dois ossos, que por sua vez se fixavam a um conjunto de ossos pequenos, que se conectavam a coisas que pareciam dedos. Isso permitiu que esse peixe se apoiasse e se arrastasse no fundo do oceano. Da mesma forma que um crocodilo anda.

Um dia esse peixe usou essas barbatanas especiais para se arrastar para fora da água e chegar na terra. Foi a maior e mais importante expedição exploratória na história do nosso planeta. Esse peixe foi o primeiro Hernando de Soto ou Fernão de Magalhães — indo para o desconhecido para obter informações que poderiam lhe proporcionar uma vida melhor. Essa criatura descobriu que a terra oferecia mais. Mais comida. Mais recursos. Mais segurança.

Fazendo isso, o peixe trouxe um modelo para a terra.

Shubin deu ao peixe o nome de tiktaalik, que significa "peixe grande de água doce" em inuíte. Agora é bem aceito nos círculos científicos que os braços, pulmões, pescoço, dentes, nariz, olhos, orelhas e o resto do tiktaalik forneceram o modelo dos nossos braços, pulmões, pescoço, dentes, nariz, olhos, orelhas e o resto. E também para todos os outros animais que viveram na Terra — de velociraptores e papagaios-do-mar até leões, tigres e ursos. O tiktaalik deu uma receita genética um tanto quanto direta para a vida na Terra. A receita se desenvolveu de forma simples para cada criatura de maneiras que as permitem ter mais e continuar vivendo. Se isso não acontecer? Extinção.

"E isso não é algo especulativo", disse Shubin. "Elas são lindas conexões que têm múltiplas linhas de evidência por mais de um século e meio de pesquisa científica."

Em abril de 2006, Shubin publicou sua pesquisa sobre esse peixe e o que ele pode nos revelar sobre nós mesmos. O estudo apareceu na capa do periódico *Nature*.

Além de proporcionar o modelo para todos os corpos dos outros animais, esse peixe talvez carregasse um tipo de impulso para explorar. Um incômodo permanente que o levava a buscar informações que podiam melhorar sua vida e a disposição para continuar procurando até encontrá-las. Os tiktaaliks "tinham as invenções certas da época para explorar a terra", Shubin me contou. "Dessa forma, ele saiu da água por causa das oportunidades que esperava encontrar."

Oportunidade ⟶ *Recompensas Imprevisíveis* ⟶ *Repetibilidade Rápida*

Cientistas já acreditaram que fome, sede, sexo ou outras necessidades de sobrevivência orientavam tudo que os humanos faziam. Mas psicólogos de Harvard descobriram, nos anos 1950, que humanos e muitos outros animais são motivados a explorar.

A pesquisa estava se acumulando há anos. No início do século XX, Ivan Pavlov, o psicólogo famoso por treinar cães, percebeu que seu cachorros tinham o que ele chamou de "reflexo investigatório". Isso é um pouco técnico, então Pavlov às vezes o chamava apenas de reflexo "o que é isso". Quando colocava um cachorro em um lugar novo, ele imediatamente começava a correr pelo lugar enquanto o cheirava — explorando-o para encontrar informações que responderiam o que era aquilo.

Também percebeu o reflexo "o que é isso" nele mesmo, nos seus colegas de trabalho, nos seus amigos, na sua família — em todos. Então cientistas começaram a descobrir que a exploração é essencial para o nosso desenvolvimento como humanos. Recém-nascidos, por exemplo, examinam e exploram visualmente novas cenas por muito mais tempo do que os mais velhos. Isso contribui para o desenvolvimento cerebral. Outra pesquisa mostra que bebês e crianças pequenas cujos pais as deixam explorar o ambiente se desenvolvem melhor e mais rápido do que aquelas que são levadas no colo de um lugar a outro ou que ficam quase sempre no mesmo lugar. Crianças exploradoras desenvolvem habilidades físicas e linguísticas mais rápido, desenvolvem sistemas imunológicos mais fortes e entendem melhor o mundo. Elas até dormem melhor.

Pavlov explicou que o reflexo "provoca a mesma resposta nos humanos e animais" para explorarem coisas e lugares novos.

Logo depois, em 1925, cientistas continuaram pesquisando as ideias sobre exploração de Pavlov. Descobriram que ratos passavam por uma cerca elétrica que lhes dava choques apenas para terem o privilégio de entrar em um novo território.

Outros estudos descobriram que, para conseguirem explorar, macacos se submeterão a quatro testes extremamente difíceis e frustrantes — o equivalente ao teste da OAB para macacos.

O interessante é que nenhum desses animais de laboratório estava com fome, excitado, com sede, com frio ou em perigo. Em todos os casos, esses animais exploraram quando todas as suas necessidades como comida, sexo, água e segurança estavam supridas. Exploravam apenas por explorar.

Portanto, nos anos 1950, os cientistas de Harvard se sentiram confiantes para afirmar que "Uma das características mais óbvias do comportamento animal é a tendência de explorar o ambiente. Gatos têm a reputação de morrerem por causa de sua curiosidade, os cachorros tipicamente fazem uma busca minuciosa nas suas redondezas, e macacos e chimpanzés sempre impressionaram seus observadores por serem investigadores incansáveis". Por isso, os pesquisadores declararam que "a exploração deveria ser listada como um impulso primário independente".

Embora os humanos compartilhem esse impulso com outros animais, nossa motivação para explorar é mais forte — nos levando para mais longe e mais adentro do desconhecido. Assim como o tiktaalik tinha barbatanas especiais que o permitiram rastejar para o grande além da terra, nossos corpos e cérebros humanos têm características que nos tornam investigadores ainda mais incansáveis.

A escassez nos tornou exploradores épicos. Lembre-se que no Capítulo 4 eu falei que a Terra passou por um grande período de resfriamento, entre 9,3 e 6,5 milhões de anos atrás. Naquela época, nossos ancestrais eram muito mais parecidos com os macacos do que nós somos agora. Eles viviam nas selvas da África e sobreviviam comendo frutas. Mas conforme o mundo ficava mais frio, nossas selvas começaram a diminuir. Seus arredores se tornaram bosques muito mais secos. As árvores que davam frutas foram desaparecendo. As frutas ficaram muito mais difíceis de serem encontradas e disponíveis em apenas algumas estações.

Nesse novo ambiente de escassez, os melhores exploradores prosperaram. Os macacos que tinham peculiaridades corpóreas que os permitiam andar mais e ficarem mais eretos para alcançar as frutas eram capazes de conseguir comidas melhores e em maior quantidade. Por isso, eles sobreviveram e espalharam seus genes. Isso deu início à evolução dos macacos para os humanos.

A escassez é a mãe do movimento, da invenção, das ideias e da conquista de novos territórios no mapa e na mente.

Ao longo do tempo, a seleção natural cumpriu seu papel. Nos tornamos, como a banda Grateful Dead falou em sua música *The Wheel*: "obrigados a andar um pouco mais". Nossos ancestrais desenvolveram características que nos permitiram ficar eretos e andar sobre dois pés, em vez de nos mover com quatro apoios usando os punhos, como a maioria dos outros primatas. Ganhamos arcos nos nossos pés, articulações grandes no joelho, joelhos angulados abaixo dos quadris, articulações grandes no quadril voltadas para os lados, uma cintura alta e estreita, uma coluna longa, entre outras.

Andar em pé sobre duas pernas nos ajudou a andar por distâncias maiores e deixou nossas mãos livres. Isso nos deu duas vantagens únicas.

Primeiro, podíamos alcançar mais comida escassa em árvores e levá-la de volta ao acampamento. Os humanos são os únicos animais que podem carregar peso por longas distâncias por vontade própria. Assim, podíamos também carregar ferramentas e outros suprimentos para o desconhecido. Essas ferramentas nos ajudaram a sobreviver em lugares estranhos.

Segundo, andar sobre dois pés nos tornou muito mais eficientes para percorrer distâncias mais longas. Por exemplo, os macacos gastam quatro vezes mais energia para andar a mesma distância que nós.

Ainda hoje outros macacos, como chimpanzés, percorrem uma média de apenas 1km a 3km por dia, enquanto os caçadores-coletores modernos andam, em média, 12km. Mas às vezes nossos ancestrais andavam mais de 32km em um único dia, durante grandes caçadas ou explorações. Atualmente, ultramaratonistas podem correr 106km em menos de 24 horas.

Pesquisadores de Yale dizem que nossas jornadas extensivas a pé criaram um ciclo épico de retorno da exploração. Quanto mais explorávamos, mais recursos obtínhamos, principalmente comida. Quanto mais comida conseguíamos, mais combustível tínhamos para desenvolver nossos cérebros incríveis. Quanto mais nossos cérebros incríveis eram desenvolvidos, mais conseguíamos descobrir como explorar novos territórios.

Pode ser por isso que, até hoje, caminhar com consciência do mundo ao redor pode melhorar a criatividade, concentração e a compreensão. Um estudo recente da *Psychological Research* descobriu que um grupo que caminhava ao ar livre prestando atenção no mundo tinha uma pontuação muito mais alta em um teste de criatividade e ideias do que pessoas que andavam prestando atenção nos seus celulares. Outro estudo descobriu que crianças que andavam por vinte minutos melhoravam sua concentração e capacidade de entender informações complexas. Os cientistas escreveram que caminhadas sem foco podem "contribuir para a saúde cognitiva e podem ser necessárias para o funcionamento eficiente [do cérebro] ao longo de toda a vida". Foco e criatividade aprimorados durante as caminhadas podem ter nos ajudado a notar pontos de referência importantes, sonhar com maneiras de ir mais longe e sobreviver durante a exploração.

Muitos animais têm características que os ajudam a terem sucesso em locais específicos. Como, por exemplo, o pelo branco da raposa-do-ártico. Mas nossos cérebros nos permitiram ser generalistas. Nós podemos pensar com criatividade e imaginar usos únicos para as nossas ferramentas. Enquanto os outros animais podem ver uma árvore caída como um obstáculo, os humanos podem imaginar aquela árvore caída sendo escavada com uma pedra, colocada na água e usada como canoa. Quando nossa canoa estiver na água, continuaremos a pensar de forma abstrata para chegar mais longe. Pensamos em ideias como juntar uma vela a um leme.

Como o vencedor do prêmio Nobel e diretor do Instituto Max Planck para Antropologia Evolucionária, Svante Pääbo, falou para a *National Geographic*: "Nenhum outro mamífero se move como nós. Atravessamos fronteiras. Avançamos para um novo território mesmo quando temos recursos onde estamos. Outros animais não fazem isso. Nem outras [espécies humanas antigas]. Neandertais estavam aqui há cerca de centenas de milhares de anos, mas nunca se espalharam pelo mundo. Em apenas 50 mil anos alcançamos tudo. Isso é um pouco maluco. Ao navegar no oceano, não se tem ideia do que estará do outro lado. E agora vamos para Marte. Nós nunca paramos. Por quê?"

É verdade, por quê? O que estamos procurando? Atualmente, os cientistas acreditam que nosso impulso de explorar é, na verdade, uma busca por informações.

Dr. Judson Brewer, um psicólogo da faculdade de medicina da Universidade Brown, me disse que, à medida que os seres humanos evoluíram, nosso cérebro de escassez desenvolveu um desejo por informações, principalmente as que melhoravam nossas vidas e aumentavam nossas chances de sobreviver.

Ter mais informação diminuiu muito a probabilidade de morrermos a qualquer momento. Ela nos ajudou a saber de onde viria a nossa próxima refeição. Ou a descobrir novas áreas para conseguir comida e outros recursos. Ou a saber se uma tempestade estava chegando, entender as motivações de outras pessoas ou predizer o futuro. Quanto mais informações podíamos obter, maior a probabilidade de conseguir comida, sexo, coisas, status, entre outros, e evitar as situações que poderiam nos matar.

É por isso que Tommy Blanchard, um pesquisador no Laboratório de Neurociência Cognitiva Computacional de Harvard, se referiu aos seres humanos como "informívoros: criaturas que buscam e digerem informações, assim como os carnívoros caçam e comem carne".

Nossas buscas no desconhecido para encontrar informações desencadeava o ciclo de escassez. Elas eram impulsionadas pelo anseio e esperança por uma grama mais verde e exigiam um envolvimento profundo da nossa mente e do nosso corpo. Tínhamos que estar totalmente presentes. Saíamos de casa direto para o abismo. Não sabíamos de nada. O que poderíamos encontrar era imprevisível. Depois da colina poderia haver um grande grupo de animais que poderíamos comer — ou que poderiam querer nos comer.

E continuávamos explorando — repetindo o ciclo — até que encontrássemos a grama verde e recebêssemos nossa recompensa. Isso é, até que percebêssemos que provavelmente havia uma grama ainda mais verde em outro lugar, caindo novamente no ciclo da oportunidade e das recompensas imprevisíveis.

Cientistas descobriram um gene chamado de DRD4-7R, que está relacionado à exploração e à disposição de se arriscar. Eles o apelidaram de o "gene *wanderlust*".

Mas ele não está relacionado apenas à exploração. O escritor científico David Dobbs explicou que o gene parece "fazer as pessoas mais propensas a se arriscarem; explorarem novos lugares, ideias, comidas, relacionamentos, drogas, oportunidades sexuais; e, de modo geral, abraçarem o movimento, a mudança e a aventura".

A NASA uma vez divulgou uma explicação oficial que afirmava: "Os seres humanos são movidos a explorar o desconhecido, descobrir novos mundos, quebrar as barreiras dos limites científicos e técnicos, e então avançar ainda mais. O desejo intangível de explorar e desafiar os limites do que nós sabemos e de onde estivemos tem proporcionado benefícios para a nossa sociedade por séculos (...). A curiosidade e a exploração são fundamentais para o espírito humano."

E talvez até mesmo para a nossa sobrevivência. O filósofo Frank White, em seu livro influente *The Overview Effect* escreveu: "A exploração espacial pode ser crucial para a sobrevivência e evolução humana, e talvez mais do que isso (...). Não estamos indo para o espaço apenas para usar recursos extraterrestres e criar oportunidades aqui na Terra. Na verdade, estamos colocando os alicerces de uma série de novas civilizações que são os próximos passos lógicos na evolução da sociedade humana".

Vande Hei e eu ainda estávamos observando o meio domo da Terra quando ele revelou que concorda com a esperança de White sobre a exploração espacial. Mas com uma ressalva.

"Espero que um dia sejamos bem-sucedidos na exploração do espaço por tempo suficiente para que possamos ir cada vez mais longe da Terra e alcançar e habitar outros lugares", disse. "Mas mesmo que encontremos ambientes bons, não consigo imaginar que serão tão confortáveis como a Terra, porque estamos completamente adaptados a viver aqui. Portanto, temos que reconhecer que a Terra é o nosso principal lugar de existência; caso contrário, corremos o risco de perdê-la."

A Terra ainda estava se movendo vagarosamente na chamada de vídeo, como um descanso de tela, quando Vande Hei me disse para olhar para os limites mais ao norte do que podíamos ver.

"Eu cresci em Minnesota", ele disse. "Passei por muitos momentos aqui onde fiquei olhando a Terra e seus espaços amplos e abertos. Vejo todos os lagos e canais de Minnesota e Wisconsin, o litoral de Labrador em Newfoundland, ou até mesmo o vasto interior da Ásia central. Eles são muito vazios. Daqui de cima podemos perceber que a Terra ainda é, em sua maior parte, espaços vastos inabitados. Agora tenho muito mais curiosidade sobre a Terra do que eu tinha antes. Quando voltar, quero sair mais e conhecer lugares novos."

Hoje em dia, a maioria de nós não está explorando no sentido tradicional. Indo ao espaço como Vande Hei. Ou passando a metade do ano andando por lugares novos na natureza como Zerra. Mas todos nós ainda exploramos.

Todos somos informívoros. O impulso de conhecer o desconhecido ainda existe em todos nós. Ele alimenta a imprevisibilidade do ciclo de escassez. É aquele desconforto profundo e angustiante que sentimos quando esperamos por informações sobre um resultado. Pode ser saber como os rolos dos caça-níqueis vão parar, a inundação ou a seca de curtidas, a mudança de uma ação da Robinhood ou esperar para deslizar para a direita.

Entretanto, no passado, a informação era escassa e limitada ao que nossos sentidos podiam captar pessoalmente e no momento presente. Parece que sempre acreditamos que mais informações poderiam melhorar nossas vidas. Mas também vivíamos em um mundo de escassez de informações, tínhamos que "ir lá" fisicamente para consegui-la.

Enquanto os seres humanos evoluíam, o mundo todo era vazio e indomado. 70% daquela terra era habitável para os humanos. Os 30% restantes eram o que os cientistas chamam de "terra estéril". Geleiras, desertos de sal, praias, dunas, rochas, e por aí vai. Essas características continuam em grande parte hoje em dia, mas podem sofrer alterações devido às mudanças climáticas.

Podemos ficar surpresos ao descobrir que ainda hoje o mundo é composto principalmente por terras amplas e despovoadas. Nossas áreas urbanas ocupam apenas uma lasquinha da Terra. Nossas cidades e vilas representam apenas 1% da nossa terra habitável. A maior parte dela, 50%, é ocupada pela agricultura.

O resto — milhões e milhões de quilômetros quadrados — está aberto para explorarmos com ousadia. Só nos Estados Unidos temos 640 milhões de acres de terras públicas, um interior assombrosamente belo e selvagem que podemos explorar. Isso é quase o mesmo tamanho de seis Califórnias e meia. Mas raramente nos aventuramos na natureza. Por exemplo, em parques nacionais, apenas 14% dos visitantes vão além das estradas pavimentadas.

Edward Abbey escreveu: "Não dá para ver *nada* de um carro; é preciso sair dessa maldita engenhoca e andar, melhor ainda engatinhar, sobre as mãos e os joelhos, pela areia e através dos espinheiros e dos cactos. Quando vestígios de sangue começarem a marcar sua trilha, você verá alguma coisa". Ele é um pouco exagerado. Mesmo assim, a ciência e pensadores sabem, há muito tempo, dos benefícios de sair do caminho convencional. Uma pesquisa sugere que um tempo na natureza realmente nos ajuda a "ver alguma coisa". Conforme eu pesquisava para escrever *A Crise do Conforto*, descobri que a natureza melhora profundamente nossa saúde mental, física e até espiritual. Quanto mais selvagem, melhor.

Além da natureza, também há milhões de quarteirões de cidades pequenas e grandes que podemos explorar. Amostras de cultura e uma chance de aprender, ouvir, cheirar, degustar e tocar novas formas de pensar e estar no mundo com os outros. Mesmo assim, uma pesquisa mostrou que a maioria de nós se rende a um cronograma previsível. Fazemos a mesma rota para o trabalho e frequentamos os mesmos bairros, restaurantes e lojas.

Atualmente, nosso desejo de explorar e expandir nossos horizontes não foi tirado de nós. Na verdade, cientistas da Universidade Temple afirmam que a maneira de explorarmos mudou radicalmente nas últimas duas décadas. Eles escreveram que, assim como nossos ancestrais buscavam informações nas savanas, hoje procuramos informações na internet.

É legal saber que procurar o melhor preço de uma cafeteira na Amazon é semelhante à exploração dos nossos ancestrais na savana africana. Mas também é um pouco deprimente.

Agora podemos buscar informações e conselhos a qualquer momento, em qualquer lugar, no mesmo segundo, e entrar em uma espiral de informações — esperando encontrar uma grama mais verde. Em um cenário mais controlado, confortável, inativo e mediado.

Até mesmo há duzentos anos, a informação ainda era relativamente escassa. Ela vinha principalmente do que nossos sentidos podiam absorver pessoalmente e no momento. Aproximadamente 15% do mundo era alfabetizado. Se quiséssemos obter novas informações, ainda teríamos que nos esforçar física e mentalmente.

Os humanos viveram dessa forma — mais presentes e focados nas informações relevantes para suas vidas no momento — até cerca de 1833. Foi aí que um homem chamado Benjamin Day começou um jornal. Ele foi o primeiro a perceber que seu "produto" não era o jornal ou as notícias. Mas seus leitores e sua atenção, que poderia vender para anunciantes. Ele entendeu que, quanto mais leitores pudesse reunir, mais poderia cobrar por anúncio.

Por isso, fez duas coisas radicais. Primeiro, para conseguir mais leitores, deixou seu jornal seis vezes mais barato do que os outros. Isso permitiu que mais pessoas tivessem condições de comprá-lo. Estava perdendo dinheiro com as vendas, mas planejava recuperar o dinheiro com a receita dos anúncios.

Segundo, investiu no tipo de informação na qual o cérebro de escassez se concentra. Os jornais da época cobriam assuntos entediantes, como negócios. Day percebeu que, para atrair mais atenção e conseguir mais dinheiro com anúncios, seria melhor divulgar histórias que tiram proveito do aspecto da imprevisibilidade do ciclo de escassez. Lembre-se de que nossa atenção é atraída por informações imprevisíveis que podem resultar em ótimas recompensas ou dor e sofrimento. Por exemplo, ver os rolos dos caça-níqueis se alinhando para indicar um jackpot ou ouvindo falar sobre um serial killer à solta.

Day tirou proveito do último. Divulgou histórias negativas: narrativas de caos, assassinato, fraudes, roubos, atrocidades, sangue, escândalos etc.

Dentro de um ano, ele já tinha o maior jornal da cidade de Nova York e cada vez mais pessoas o copiavam. Isso deu início à economia de captura de atenção e informação na qual vivemos hoje. E desde então, veículos de comunicação têm travado uma guerra para suprir nossa sede de informação e capturar nossa atenção. Ainda hoje, aproximadamente 90% das notícias são negativas.

Um grupo de acadêmicos do Reino Unido escreveu que quando o rádio apareceu no início do século XX, ele "finalmente desvendou o segredo da transmissão imediata de informação em tempo real para as massas". Os desenvolvedores do rádio entenderam que a mídia poderia "dominar" os dias das pessoas, fornecendo informações constantes para elas. Em seguida, a televisão apareceu, nos anos 1950. Ela se tornou o portal principal de informação. Depois de apenas uma década, uma pessoa assistia, em média, 5 horas de televisão por dia.

Após isso veio a internet. Ela alterou a fonte de informação em massa, que não vinha mais de uma empresa de comunicação e transmissão lá do alto. A internet permitiu que qualquer pessoa, de qualquer lugar, que tivesse um modem pudesse comunicar e transmitir informação, e divulgá-la em um ecossistema onde qualquer pessoa pudesse ler, assistir ou ouvir.

Resultado: No início do século XX, as pessoas não gastavam seu tempo absorvendo informação digital. Em 2020, as pessoas estavam passando, em média, de

11 a 13 horas por dia consumindo informação na tela e por fones. Atualmente, 40% desse conteúdo é gerado por usuários. São os vídeos do YouTube e do TikTok que assistimos, blogs e posts do Reddit que lemos e muitos podcasts que escutamos.

Alguns acadêmicos estimam que em um dia nós somos expostos a mais informações do que uma pessoa do século XV acessava em toda a sua vida. Muitas delas tiram proveito do ciclo de escassez para fazer com que nos sintamos presunçosos, indignados, felizes, tristes ou corretos — tudo para que vejamos anúncios.

O pesquisador de mídia da Universidade de Columbia, Tim Wu, explicou: "Uma consequência do [modelo de negócios de anúncio] é uma dependência total da captura e conservação da atenção. Isso significa que, sob competição, a corrida naturalmente tenderá para baixo; a atenção quase invariavelmente se concentrará na alternativa mais berrante, sensacionalista e ultrajante". Essas informações negativas e imprevisíveis nos capturam, tirando vantagem do ciclo.

E isso nos afeta. Logo depois dos atentados da Maratona de Boston, em 2013, pesquisadores da Universidade da Califórnia em Irvine investigaram dois grupos. O primeiro era composto por pessoas que assistiram 6 ou mais horas de cobertura televisiva sobre o atentado. O segundo era composto por pessoas que correram na maratona.

A descoberta: As pessoas do primeiro grupo, que assistiram muitas horas de notícias sobre o atentado, tinham mais probabilidade de desenvolver transtorno de estresse pós-traumático e outros problemas de saúde mental. Vale a pena reiterar isso: as pessoas que assistiram muitas horas de notícias sobre o acontecimento, do conforto de suas casas, tinham mais traumas psicológicos do que as pessoas que estavam, *de fato*, no lugar do atentado.

Outro exemplo: Uma investigação descobriu que minutos depois de um grupo de crianças de 9 anos entrar no TikTok, o aplicativo apresentava informações que sugeriam que a covid-19 era uma conspiração genocida. Algo do tipo: "Olá, crianças! Aqui está um vídeo de dança, outro vídeo de dança, e vocês sabiam que a covid-19 foi criada em um laboratório secreto do governo para matar você e todas as pessoas que você ama? Agora aproveite outro vídeo de dança".

Muita das nossas informações atuais são produzidas ou processadas não por seres humanos, mas por computadores. Os mesmos cálculos, produção e análise de informação que levavam dias para serem realizados por humanos podem ser feitos hoje em milissegundos por um programa de computador. Isso proporciona muitas vantagens. Por exemplo, planilhas que fazem trabalhos chatos ou sistemas de segurança que podem parar nossos carros antes de percebermos que há um pedestre na nossa frente. Mas nossa capacidade de absorver toda essa informação e tomar decisões baseadas nela não evoluíram junto, segundo cientistas alemães que estudaram o fenômeno.

Os pesquisadores explicaram que a informação atinge uma taxa de retorno decrescente. Quando não sabemos de nada, obter informação nos ajuda a tomar decisões melhores. Mas se continuarmos a recebê-las, atingimos a "sobrecarga de informações". Nesse ponto de virada, mais delas geralmente provocam decisões piores. Quanto mais lidamos com informações complexas, mais rápido atingiremos esse ponto.

Entretanto, como informívoros, não temos ideia de quando alcançamos esse ponto de virada. O cérebro de escassez ainda deseja mais informações porque evoluiu em um mundo onde ela era escassa, e quanto mais tínhamos, melhor.

Os psicólogos deram uma boa regra geral para tomar decisões em um mar de informações. É semelhante à regra que podemos usar para determinar se devemos manter ou descartar um item. Tome as decisões diárias dentro de 60 segundos. Depois disso, analisar mais informações apenas desperdiça tempo e não nos orienta a resultados muito melhores.

No passado, ou tínhamos que aceitar que não sabíamos de algo ou desbravar o desconhecido para descobrir. Constantemente pesávamos as vantagens e desvantagens para determinar se coçar a nossa coceira da informação valeria a pena. Mas agora nós não temos que nos esforçar para nos coçar, e coçamos tanto que chegamos a sangrar.

Hoje em dia, o ecossistema da informação se expande para qualquer pergunta que possamos imaginar. A internet possui bilhões de respostas. Há milhões de conteúdos sobre dieta e exercícios, produtividade e relações pessoais, quais produtos devemos comprar e em quais ações devemos investir, onde devemos jantar ou qual filme devemos assistir.

Ela se estende até às nossas questões mais profundas, por exemplo, como evitar a morte e por que a vida existe. Mas também se espalha nos detalhes mais banais da vida no primeiro mundo. Por exemplo, em 2019 o *New York Times* publicou uma reportagem intitulada "Você deveria ficar sem sapatos em casa?" E ela continha oitocentas palavras de especialistas e pesquisas científicas pesando os prós e contras e os detalhes mais sutis da questão de se os seus sapatos deveriam permanecer nos seus pés enquanto você está dentro do edifício onde mora.

Essa história não é única. Recentemente analisei a seção Viver de Forma mais Inteligente do *New York Times.* Em apenas poucas semanas eles publicaram reportagens que falam sobre assuntos do tipo "como comprar uma boleira", "como passear com seu cachorro na chuva", "como tirar o maior proveito possível da sua lava-louças", "como dividir uma cama", "como escolher o tamanho certo de uma caixa de armazenamento" e "como acordar na hora certa".

Sempre achei que as respostas para essas perguntas eram "compre a boleira que você gostar", "vista um casaco e passeie com seu cachorro", "use-a para lavar louças", "durma em um lado da cama", "escolha a caixa de armazenamento que comporte suas coisas" e "use um despertador". No entanto, parece haver abordagens profundamente obsessivo-compulsivas para todos esses assuntos. Cada reportagem tinha centenas de palavras e citava todos os tipos de especialistas e pesquisas científicas sobre as vantagens e desvantagens de cada boleira, táticas de passeio com cachorros, usos de lava-louças, compartilhamento de camas, armazenamento de coisas e abrir seus olhos de manhã. Havia até uma investigação profunda sobre uma "forma livre de estresse para pendurar sua arte". Essa reportagem mencionou cinco "especialistas em pendurar arte" diferentes. Cinco, ajudando você a solucionar um problema que provavelmente não te estressava. Até agora...

A questão não é que nós não podemos saber tudo. É que agora temos tantos especialistas com visões diferentes que não conseguimos nem encontrar os especialistas certos. Devemos escolher em qual especialista confiar em meio a centenas, até milhares deles. Muitos deles discordam completamente. Por exemplo, médicos, nutricionistas, psiquiatras e personal trainers podem nos dar maneiras completamente diferentes de comer, pensar e nos movimentar de forma saudável.

Isso é o "grande obscurecimento" do filósofo Elijah Millgram. Ele explica que o mundo de hoje tem milhares de especialistas em campos acadêmicos de nicho e especialidades de trabalho (como pendurar arte). Esses "especialistas" jogaram tanta informação no mundo que é impossível entender os detalhes mais profundos da maioria dos assuntos. Aproximadamente 3 milhões de artigos científicos são publicados todos os anos e o número cresce 5% anualmente.

Então como equilibrar nossos cérebros informívoros no nosso abismo moderno de informações? Eu levei um choque de realidade do "grande obscurecimento", de como é fácil obter informação e como ela pode nos dar uma imagem incompleta da realidade quando eu era um estagiário da revista *Esquire*, no início dos meus 20 anos. Isso foi por volta de 2010. Um editor sênior me chamou para a sala de conferências para me ensinar a como encontrar informações melhores.

Esse editor havia me dado uma estranha tarefa de reportagem. Eu devia descobrir quanto o papa ganha. Assim, dois outros estagiários e eu mergulhamos no projeto. Nós pesquisamos na internet e lemos algumas reportagens. Até entrevistei um pesquisador e historiador católico em uma universidade. Ele hesitou e me deu sua melhor estimativa. Então nós mandamos um e-mail com o arquivo de pesquisa para o nosso editor, para que ele pudesse encaminhar para um redator.

Recebemos uma resposta imediata que dizia: "Encontre-me na sala de conferência em 5 minutos".

Era o fim do expediente e nosso editor estava sentado na ponta de uma longa mesa. Conseguíamos ver a Oitava Avenida conforme entrávamos na sala de conferência com paredes de vidro no centro de Manhattan.

Todos nos sentamos. Nosso editor demorou muito para falar. Então suspirou profundamente. "Gente, não", ele disse. "Não. Não. Não. Se vocês querem saber quanto o papa ganha, têm que ligar para o Vaticano."

"Ligar para o Vaticano." +39-347-800-9066. Desde então, essa expressão se tornou um lema de como deveria exercitar meu músculo informívoro humano. É um princípio geral que deveríamos considerar toda vez que quisermos entender algo profundamente — constantemente nos questionar de onde nossa informação está vindo e, sempre que possível, ir até a fonte.

O filósofo Thi Nguyen explicou que existe uma diferença entre conhecimento e compreensão. Conhecimento é possuir fatos. Compreensão é diferente.

"Primeiro", Nguyen escreveu em um artigo de 2021, "quando entendemos algo, não apenas possuímos muitos fatos independentes, mas também vemos como eles se conectam (...). Segundo, quando entendemos alguma coisa, possuímos um modelo interno ou uma representação disso que podemos usar para fazer previsões, conduzir investigações futuras e categorizar novos fenômenos."

O entendimento tem mais chance de acontecer quando nos esforçamos um pouco mais para obter nosso conhecimento direto da fonte. Ele vem da ligação para o Vaticano. Isso exige mais esforço e uma exploração mais profunda. Uma disposição para ir lá, pegar o telefone, ou pelo menos ler uma fonte primária, como um estudo. Mas ele também promove um entendimento mais profundo e preciso.

Quer saber como algo parece ou qual é a sensação? Veja ou vivencie. Está curioso quanto ao que alguém acredita? Pergunte a ele. Mais é revelado pessoalmente e no momento presente.

Nós desejamos informações, mas preferimos que ela seja fácil de ser obtida. Falar pelo telefone ou encontrar alguém pessoalmente é mais incerto, imprevisível e incontrolável do que estar atrás de uma tela, lendo o que outra pessoa já interpretou.

Isso tem a ver com um fenômeno que pesquisadores chamam de "cérebro online". Uma equipe de cientistas de algumas das maiores instituições de elite do mundo, como a Faculdade de Medicina de Harvard, King's College em Londres e Oxford, se reuniram recentemente para estudar o cérebro online. Eles afirmaram que a internet alterou nossas mentes de três maneiras.

Primeiro, afetou nossa habilidade de foco. Nenhuma novidade. Nossos dispositivos de trabalho e aprendizado são os mesmos que usamos para checar as redes sociais, que são os mesmos onde usamos o Cartola FC, que são os mesmos onde assistimos TV, que são os mesmos que... você entendeu. Os aplicativos que tiram proveito do ciclo de escassez fragmentam nossa atenção e matam o foco necessário para um entendimento profundo.

Pesquisadores de Stanford descobriram que pessoas alternam tarefas em seus notebooks a cada 19 segundos. Mais da metade dos estudantes de universidades admitem não conseguirem estudar por 10 minutos sem ver seus telefones ou abrir uma tela em busca de entretenimento.

O segundo efeito do cérebro online é que nós passamos algumas de nossas memórias para a nuvem. Há vantagens claras — como o fato de que nós agora temos uma enciclopédia inteira em nossos bolsos. Mas a desvantagem é que isso pode dificultar que façamos conexões entre informações aparentemente divergentes. É como se não tivéssemos acesso às peças que precisamos para completar o quebra-cabeça. Em vez de todas as peças estarem sobre a mesa, algumas estão em um cômodo e outras estão em outro cômodo.

Pesquisas comprovam essa ideia. Um estudo pediu para dois grupos de pessoas buscarem informações. O primeiro grupo podia usar a internet, enquanto o segundo usou enciclopédias impressas. O grupo da internet — sem surpresa — encontrou a informação mais rápido. Mas logo depois da tarefa, eles tiveram uma pontuação significativamente menor em sua capacidade de lembrar as informações, se comparados com aqueles que usaram as enciclopédias impressas. O estudo sugere que, se quisermos lembrar melhor uma informação, buscá-la com mais esforço, por exemplo, encontrando o livro certo, depois encontrando a seção certa do livro, pode ser vantajoso. Assim como a comida preparada mais lentamente é melhor do que comer fast-food, a informação mais lenta geralmente é melhor do que a informação rápida.

Terceiro, cientistas afirmam que a internet está mudando nossas interações sociais. Nossos cérebros parecem responder à interações online e pessoais da mesma forma. Mas alguns estudos sugerem que a ascensão da internet fez com que a ansiedade social triplicasse entre jovens, desde 2008. Os pesquisadores falam de "mídia direta e indireta 24 horas por dia, 7 dias por semana". Pode ser por isso que meus alunos de jornalismo da universidade têm tantas dificuldades em se esforçar para conversar com fontes. E, é claro, seções de comentários online parecem ser um centro de treinamento para comportamentos humanos abomináveis.

Pesquisadores de Stanford relataram que a internet e suas tendências que transformam mentes se estendem para todos os lugares: nas nossas vidas social, profissional, intelectual e privada.

Falei sobre esse fenômeno quando conversei com Vande Hei. Ele disse: "Nos últimos cinco anos, quando dou palestras, mais pessoas têm me perguntado se a Terra é plana. Na verdade, passei por uma sequência em que toda vez que ia dar uma palestra em uma escola, uma pessoa levantava essa questão. Eu não sabia como responder. Isso me fez pensar muito sobre uma das coisas que a ciência tenta fazer, que é levantar uma hipótese e tentar refutá-la. Para isso, nós buscamos informações que podem contradizer o que achamos que é a realidade. É assim que podemos estar confiantes que temos uma teoria viável. Se não conseguirmos encontrar nenhuma maneira para refutá-la, então ficamos cada vez mais confortáveis com ela, mas ainda a chamamos de teoria porque podemos descobrir mais coisas depois".

Vande Hei continuou falando enquanto olhávamos para a Terra, que não era plana. "Portanto, acho que temos acesso a muitas informações que podem ser verdadeiras ou imprecisas. Quando temos uma dúvida, tendemos a pesquisar na internet informações que apenas confirmam as ideias que já temos. Podemos encontrá-las com facilidade. E ficamos cada vez mais mergulhados em qualquer ideia."

Nguyen explicou que descobrir o que achamos que é a informação certa proporciona uma sensação boa. A filósofa Alison Gopnik chegou a chamar isso de "orgasmo intelectual". Essa é uma expressão que apenas quem trabalha pensando poderia proferir, mas ela estava falando de algo importante. O momento "ahá" dá uma boa sensação, como um jackpot.

A confusão, por outro lado, é um sinal desconfortável que nos diz que precisamos pensar mais e buscar mais informações. Quando encontramos o que achamos que é a informação certa, nosso desconforto se transforma em conforto. "Ahá!", exclamamos. O sentimento de clareza que isso proporciona não é apenas reconfortante e recompensador, mas também nos diz que não precisamos buscar mais informações ou pensar mais. Uma vez que temos um momento "ahá", não precisamos passar por outro. Pense nisso como sentir fome versus se sentir satisfeito. A falta de informação é igual a um estômago vazio. Encontrar a informação é igual ao estado completo e feliz que sentimos ao terminar um hambúrguer.

Essa sensação de clareza geralmente acontece com o entendimento completo de algo, mas nem sempre. Podemos achar que entendemos um assunto e ainda estar um pouco errados sobre ele, ou até mesmo totalmente errados. Todos nós já passamos por isso mais vezes do que gostaríamos de admitir. Lembre-se que no capítulo 7 eu disse que pessoas que se sentiam 99% certas estavam erradas em 40% das vezes.

Ainda há muitos lugares onde é fácil perceber onde estamos errando. Por exemplo, podemos notar que nossa informação sobre como construir uma ponte, grelhar um bife ou arrumar nosso cabelo estava errada se a ponte cair, se o bife tiver uma consistência de couro, ou se nosso cabelo nos fizer parecer loucos. Mas a maioria das nossas decisões são questionáveis.

"Somos seres finitos com recursos cognitivos limitados", Nguyen escreveu em um artigo. "No dia a dia, precisamos descobrir o que vamos fazer: onde gastar nosso dinheiro, em quem votar, qual candidato apoiar. Enfrentamos um constante bombardeio de informações, evidências e argumentos potencialmente relevantes — muito mais do que podemos avaliar de forma conclusiva (...). Para saber se entendemos algo completamente, precisaríamos realizar uma investigação minuciosa e exaustiva." E isso é impossível devido ao nosso mundo complexo.

Provavelmente isso é diferente do passado. Para nossos ancestrais, a sensação de "ahá!" era bastante confiável porque suas buscas por informação eram bem objetivas. Ou encontravam comida ou não. Eles tinham um abrigo ou não. Eram o líder com status elevado ou não. Portanto, evoluímos para confiarmos na nossa sensação de "ahá!", de clareza.

Entretanto, na maioria dos casos atualmente, não conseguimos necessariamente escolher a melhor informação. Por isso usamos, segundo Nguyen, a sensação de clareza rápida e vaga para realizar estimativas aproximadas de que pensamos o suficiente e tomamos boas decisões. Mas essa sensação de "ahá!" interrompe a busca antes de descobrirmos defeitos na informação.

Por exemplo, o teórico da conspiração da Terra plana, Mark Sargent, contou seu ponto de vista à CNN: "Você sente que entende mais a vida e o universo. É muito mais controlável". Outro teórico da conspiração da Terra plana, David Weiss, disse: "Quando você descobre que a Terra é plana (...) fica mais empoderado".

A maioria de nós não compra essa história de Terra plana. Mas provavelmente somos presas das informações fáceis com frequência. Ou passamos por momentos "ahá!" baratos e sem significado a partir de informações bobas da internet, por exemplo, se devemos ou não tirar nossos sapatos em casa e como devemos pendurar nossa arte. Quando perguntei a Nguyen o que podemos fazer em relação a isso, ele o comparou à comida.

"É fácil preparar uma comida deliciosa se você não estiver pensando no seu aspecto nutritivo", explicou. "A mesma coisa acontece com a verdade: é fácil criar ideias sedutoramente claras se você não estiver preocupado com a verdade e com os detalhes."

Ele disse que devemos questionar qualquer informação que nos dá a sensação de clareza de maneira rápida e fácil. Aquele sentimento de "ahá!" Devemos usar esse sentimento como um sinal para procurar detalhes de como a informação pode estar errada. Como ligar metaforicamente para o Vaticano, precisamos ser sensatos quanto a isso ou vamos enlouquecer. Mas é essencial para assuntos que queremos entender.

Vande Hei me disse a mesma coisa. "Acho que é aí que entra a busca por ideias que contradizem a sua", afirmou. "Você não deve apenas reforçar uma crença pré-concebida."

Depois de conversar com Nguyen e Vande Hei, percebi que meu "cérebro online" estava agindo como um intermediário que me impedia de viver novas experiências. Nós raramente entramos em mundos completamente desconhecidos hoje. Por exemplo, não consigo fazer nada sem antes pesquisar no Google.

Para mencionar um exemplo simples, mas geral, uma pesquisa recente descobriu que a maioria das pessoas não vão para um restaurante novo sem antes ler as avaliações na internet de pessoas que foram nele. Nosso cérebro informívoro entra em ação e queremos saber tudo que devemos esperar e como devemos fazer o pedido. Por isso consultamos um intermediário online, como o Yelp.

O mesmo acontece com filmes, programas de TV, livros, viagens, produtos que compramos e muito mais. Se pudermos pesquisar e dar uma olhada em alguma coisa antes, nos sentimos mais confortáveis para fazer uma tentativa.

Mas o problema é que nosso intermediário nem sempre tem nossos interesses em mente. Pesquisadores da Universidade da Pensilvânia chamaram os comentários da internet de espada de dois gumes. Em teoria, eles são ótimos se puderem nos ajudar a tomar decisões bem informadas. No entanto, o problema é que, segundo eles: "há um problema sistêmico com muitas avaliações online — elas têm a tendência de apresentar os pontos de vista mais extremos (...). Isso dificulta o conhecimento sobre a verdadeira qualidade dos comentários da internet".

Vamos tomar os restaurantes como exemplo e como e por que as pessoas postam comentários sobre eles. Quando damos uma avaliação, resumimos uma experiência diversa em um número de estrelas. Mas as pessoas podem ter muitas razões pelas quais elas gostam ou não de um restaurante.

Por exemplo, uma pessoa com pressa pode valorizar a rapidez do serviço, enquanto alguém que busca uma experiência longa e cheia de rodeios pode ficar chateada se sua comida chegar muito rápido. Outra pessoa pode dar mais valor para o ambiente do restaurante, enquanto outra pode querer apenas uma comida saborosa sem se importar se o restaurante tem a mesma qualidade estética de um centro temporário da H&R Block. Alguns podem querer porções maiores, enquanto outros podem querer pratos pequenos. Por isso, quando escrevemos um comentário, geralmente avaliamos com base no que mais valorizamos em um restaurante. Mas quando lemos uma avaliação, presumimos que quem a escreveu tem os mesmos valores que nós.

Se nossa pessoa apressada recebesse sua comida bem rápido, ela daria cinco estrelas para o restaurante. Em contrapartida, daria uma estrela se a comida demorasse a chegar. Mas se não nos importamos com a rapidez com que a nossa comida chega, então essa avaliação nos orienta mal.

Talvez mais importante, nosso intermediário online também altera as recompensas que podemos receber por uma descoberta. Pesquisar tudo antes de fazer arruína novas experiências.

Lembre-se que Zentall disse que recebemos recompensas maiores de coisas que nos esforçamos mais para conquistar. Quando pesquisamos, por exemplo, por avaliações de restaurantes, isso acaba com a nossa imaginação e arruína as recompensas profundas da exploração, imprevisibilidade e descoberta. É como se Laura Zerra usasse mapas que a mostrassem onde galhadas valiosas e crânios estivessem, em vez de descobrir sozinha. Ou se soubéssemos antes como os rolos do caça-níquel iriam parar.

Quando lembro dos restaurantes que eu e minha esposa mais gostamos, percebo que não conhecemos nenhum deles pela internet. Encontramos nosso restaurante vietnamita favorito conversando com uma pessoa que fala vietnamita, sobre onde ela come com mais frequência e por quê. Nos deparamos com o nosso restaurante mexicano favorito atual enquanto dirigíamos em uma parte velha de Las Vegas, e vimos uma placa de restaurante com um desenho de uma mulher mexicana velha e a palavra "tamale". Por isso, demos uma chance.

Essa ideia, é claro, não se aplica apenas a restaurantes. Aplica-se a todos os tipos de experiências. Toda vez que fazemos algo verdadeiramente novo e desconhecido, podemos ser o herói da nossa própria pequena jornada do herói diária. Isso parece um pouco bobo. Mas os seres humanos sempre extraíram significado e recompensas profundas ao entrar na natureza metafórica e encontrar a grama mais verde. Nós tínhamos que fazer isso no nosso mundo de escassez.

No entanto, entrar no desconhecido hoje em dia pode nos tirar do ciclo de escassez ao nos privar da segunda e terceira coisas que podem nos tirar dele. Interrompendo as recompensas imprevisíveis da informação barata e a transformando em algo com mais significado e mais verdadeiro para nós. Ele também impede a repetibilidade rápida, transformando informações rápidas e sem significado em informações mais lentas e memoráveis.

É a mudança de um ciclo de escassez online para um ciclo de abundância do mundo real e ativo. Assim como Zerra procura chifres sem um mapa, podemos usar o ciclo para construir hábitos e experiências positivas. E, dessa forma, viver a vida de uma maneira mais autêntica e admirável.

Isso não quer dizer que a exploração pela internet é inútil e que você nunca deveria usar Yelp, Rotten Tomatoes ou qualquer outro site de avaliações. Mas devemos reconhecer suas limitações, filtros, algoritmos e o que podem nos levar a perder. Nos esforçar um pouco mais pode criar um ciclo de abundância. Alguns tecnólogos estão percebendo isso e levando isso em conta. Como podemos equilibrar a nova tecnologia com o que sempre fez os humanos saudáveis?

Liguei para John Hanke. Ele é o engenheiro de computação que liderou o desenvolvimento do Google Maps e Google Earth.

Depois de colocar todo o mundo no Google Earth e Maps, Hanke queria um projeto novo. Na época, o Google estava investindo em realidade aumentada, conhecida como RA. Ela combina conteúdo gerado por computador com o mundo real para criar uma experiência interativa. Hanke era a mente mais proeminente do mundo para programas de mapas, mas havia começado na tecnologia desenvolvendo jogos. A primeira vez que ganhou dinheiro como um empreendedor de tecnologia foi quando ele ainda era um adolescente e vivia em Cross Plains, Texas, com uma população de 982 pessoas. Hanke codificou um jogo de Atari, que mandou para uma revista que vendia jogos desenvolvidos por leitores.

Entretanto, como um nascido no oeste do Texas, ele também estava envolvido com esportes, escoteiros e 4-H.[3] Ele percebeu que a combinação de exercícios ao ar livre, exploração e estar intimamente envolvido com a natureza melhorava seu corpo, sua mente e criatividade. As coisas relacionadas à tecnologia eram fáceis para ele e gostava delas. Mas também percebeu que para conseguir saúde e

[3] Programa de desenvolvimento para jovens que proporciona experiências com agricultura, ciências, cidadania, liderança, entre outros. [N. da T.]

felicidade ideais, tinha que compensar seu tempo diante das telas com atividades ao ar livre.

Com isso em mente, Hanke fundou a Niantic, em 2010. Foi uma tentativa sincera de combinar a tecnologia com suas ideias sobre os benefícios da exploração, atividades ao ar livre e da participação na comunidade.

"Fizemos muitos protótipos de aplicativos relacionados à localização em um mapa e informações sobre a área onde a pessoa está", Hanke me disse. "Nosso primeiro app era chamado de *Field Trip*."

Field Trip foi lançado em 2012. Para entendê-lo, lembre-se da última viagem que você fez onde pegou uma estrada. Provavelmente você passou por muitas placas que diziam "Local Histórico: 1 km" ou "Local Cultural: 3 km". Ou talvez você tenha passado por uma construção antiga e bonita que despertou seu interesse. Mas não o suficiente para te fazer parar. Assim, você passou pelo lugar e perdeu o que parecia ser um conhecimento local fascinante. O aplicativo Field Trip era a mesma coisa que ter a companhia constante de um guia turístico bem informado.

Hanke disse que quando a pessoa se aproximava de um lugar interessante, o "Field Trip contava tudo sobre ele. Queríamos dar destaque para essas joias escondidas do mundo". Portanto, você poderia estar passeando com seu cachorro e o aplicativo o alertaria que estava passando por uma casa projetada por Frank Lloyd Wright e daria detalhes sobre sua arquitetura e história. Ou poderia explicar que a esquina onde você está foi um local importante na Revolução Americana.

Logo depois, Hanke percebeu que seu filho estava vivendo uma infância diferente da sua. "Na época, meu filho tinha 11 anos e amava videogames, mas não saía muito de casa", contou. "Então pensei: como aproveitar o interesse do meu filho em videogames, mas fazê-lo sair mais de casa, explorar e se movimentar mais?"

É aí que entra seu próximo jogo, chamado *Ingress*. "A ideia era usar todos os dados e lugares interessantes do app Field Trip e construir um jogo baseado neles", disse Hanke.

O Ingress usa smartphones e GPS para sobrepor um mundo de jogos sobre o mundo real. Pense nele como um jogo de pega-bandeira que pode ser praticado em todo o mundo e com uma história de fundo de ficção científica. Os jogadores escolhem uma equipe e "capturam" novas áreas andando por elas.

O jogo se tornou um fenômeno cult, com 10 milhões de downloads. Seus jogadores eram fanáticos. Hanke disse que a Niantic começou a "receber mensagens de pessoas que disseram que antes eram sedentárias e o jogo as levou a dar 20 mil passos por dia".

Um desses fanáticos era Tsunekazu Ishihara, o líder da Pokémon Company. Pokémon é a franquia de mídia mais lucrativa em todo o mundo, com mais de US$105 bilhões em 2021. Ela gerou mais receita do que Mickey Mouse, Marvel e Star Wars. Uma parceria floresceu.

"Nós usamos muitas ideias do Ingress em um novo jogo", Hanke me disse. Ele usou dados de GPS para colocar Pokémons virtuais em lugares interessantes do mundo real. Os jogadores andavam pelas ruas usando o aplicativo para encontrar, pegar, treinar e lutar com outros Pokémons que aparecem na tela como se estivessem no mundo real do jogador. Eles nomearam o jogo *Pokémon Go.*

Ele ficou popular igual ao McDonald's. Depois de dois meses do seu lançamento, em 2016, ele havia sido baixado mais de 500 milhões de vezes. Agora já ultrapassou a marca de um bilhão de downloads.

"Por que você acha que é um sucesso?" perguntei a Hanke.

Ele conhece jogos que usam o ciclo para nos atrair. "Esses ciclos imitam comportamentos de recompensas da vida real", disse. "Você faz uma coisa; depois recebe uma recompensa e fica feliz por isso. Na vida real, pode ser conseguir comida ou fazer algo que o ajude a sobreviver, e você evoluiu biologicamente para obter uma recompensa disso. Os videogames copiam esse ciclo. Só que com videogames normais, você sente essa euforia apenas sentado no sofá: passa de nível, se sente mais forte, se sente muito bem. E então quer fazer isso outras vezes. Mas isso é um tipo de engano, porque não está fazendo coisas que te ajudam de verdade."

"Trazendo esse ciclo do jogo para o mundo, estamos combinando a euforia falsa que você sente ao jogar um videogame com coisas da vida real que são boas para nós de verdade", contou. "Você pega um Pokémon e fica feliz por isso. Mas também pode ter andado um quilômetro para pegar esse Pokémon. Ou se encontrou com cinco amigos porque queria fazer um ataque e é necessário muitas pessoas para vencer um chefão do Pokémon. Assim, você entra nesse ciclo de jogo altamente envolvente, mas enquanto isso passou um tempo com os amigos, colaborou com pessoas, fez exercício ao ar livre, realizou esses outros comportamentos que evoluímos para praticar a fim de permanecermos saudáveis e felizes."

Você também explora novas partes do mundo, disse Hanke. "Com o app Field Trip aprendemos que não queríamos mandar pessoas a lugares aleatórios jogando Pokémon Go. Por exemplo, não queremos levar alguém para um estacionamento do Walmart. Queríamos levá-las a lugares históricos, instalações artísticas públicas ou negócios locais muito interessantes. Nós recebemos muitas mensagens de pessoas dizendo algo do tipo: 'Havia esse moinho histórico perto do córrego na minha cidade e eu não sabia. E eu corri até lá para pegar um Pokémon. Assim aprendi uma história interessante sobre minha cidade e descobri um lugar muito bonito'", explicou.

O Pokémon Go fez muitos jogadores sedentários se exercitarem ao ar livre. "Muitas pessoas não são motivadas intrinsecamente apenas pelos exercícios, e está tudo bem. Mas essas pessoas são excluídas" por nosso complexo de exercícios atual, afirmou. "Portanto, nossos jogos como Pokémon Go alcançam muitas dessas pessoas e dá a elas uma razão melhor para fazer exercícios ao ar livre e interagirem com outras pessoas. Quando isso acontece, pode ser muito transformador."

Cientistas da Faculdade de Economia de Londres estudaram como a ascensão do Pokémon Go afetou as taxas de depressão. Analisaram dados de pesquisas sobre saúde mental antes e durante o auge do uso do jogo. Eles escreveram: "Afirmamos que o uso de Pokémon Go, um jogo de celular que incentiva atividade física ao ar livre, socialização face a face e exposição à natureza, pode aliviar formas não clínicas de depressão branda em usuários que o estão jogando".

Isso não foi novidade para Hanke. Ele me contou que a Niantic sempre recebe feedback de pessoas em seus eventos comunitários que perderam mais de 45kg, sentiram melhoras em suas saúdes física e mental ou fizeram novos amigos jogando Pokémon Go. Seus jogadores já andaram mais de 16 bilhões de km. "É o empurrão que algumas pessoas precisavam para terem hábitos saudáveis", disse.

É a mesma coisa que acontece de quando os pais escondem vegetais na comida de seus filhos, mas com um jogo. Ele está transformando um ciclo de escassez em um ciclo de abundância — que ajuda pessoas.

Ele reconhece o grande poder e responsabilidade da tecnologia que usa o ciclo de escassez. "A tecnologia está aqui, ela não vai desaparecer", Hanke me contou. "Está nas nossas mãos transformá-la em algo que nos ajude e não seja destrutivo. Se a deixarmos por conta própria e deixarmos acontecer o que tiver que acontecer, muitas coisas ruins vão ocorrer. Será necessária uma quantidade enorme de esforço consciente repetido para sempre para mantê-la sob controle."

Ele falou: "Essa manifestação atual da internet e da tecnologia do consumidor é traiçoeiramente poderosa por causa da forma que ela pode imitar esses ciclos que evoluíram para outros fins e eram necessários para a nossa sobrevivência. Agora eles estão sendo usados por um tipo de sistema falso. Os sistemas de tecnologia ficaram muito bons em imitar esses caminhos de recompensas antigos. Posso afirmar que é muito assustador quando a inteligência artificial é aplicada a eles. Você pode entrar em um aplicativo como o TikTok e em poucos cliques ele saberá exatamente o que desencadeia essa liberação de recompensas, para que você assista cada vez mais vídeos, e lhe dar cada vez mais recompensas".

Atualmente, o TikTok é o aplicativo que mais tira proveito do poder desse ciclo. "O resultado pode ser uma pessoa ficar o dia inteiro em um quarto passando os vídeos. Sem comer direito. Sem estudar. Sem ver pessoas. Apenas existindo."

Haverá mais apps no futuro que atiçarão o ciclo de escassez ainda mais do que o TikTok. Mas também haverá aplicativos que usarão o ciclo para nos levar a fazer coisas que são boas para nós. Como Strava e Sandlot, que promovem exercícios ao ar livre, geralmente realizados em grupos. Ou o iNaturalist, que nos faz ir na natureza para descobrir e aprender sobre diferentes espécies de plantas e animais. No fim das contas, somos nós que devemos estar cientes de quanto e por que estamos caindo no ciclo de escassez e buscar maneiras de transformá-lo em um ciclo de abundância.

"Geralmente não percebemos em que nível nossos comportamentos não são escolhas explicitamente conscientes, mas motivadas por ações químicas subconscientes que são invadidas", Hanke me contou. "Isso gera o que pode ser chamado de adicção. Se não quer chamar assim, é um comportamento repetido altamente incentivado."

As melhores jornadas da vida não são conhecidas nem confortáveis. Suas recompensas não são o destino, a comida, o abrigo, nem o Pokémon virtual, mas como encontramos o desconhecido e o desconfortável ao longo do caminho. São oportunidades para sermos o herói das nossas próprias histórias, para desenvolvermos todas as habilidades que queremos que os seres humanos tenham. Coragem, compromisso, adaptabilidade, resiliência, entre outros. E estarmos mergulhados em um nível mais profundo enquanto melhoramos nossa saúde física e mental.

O livro *Stuart Little,* de E. B. White, que conta a história de um pequeno rato adotado por uma família humana, termina de forma inconclusiva.

White depois comentou que o final o atormentava. "Não porque eu acho que há algo de errado com ele, mas porque as crianças parecem insistir em ter uma vida perfeitamente embalada", escreveu. "Meu motivo (...) para deixar Stuart no meio da sua empreitada era indicar que ela é mais importante do que a descoberta, e uma jornada é mais importante do que a chegada ao destino. Essa é uma ideia muito grande para as crianças entenderem, mas deixei para elas mesmo assim. Uma hora elas a entenderão."

Cada vez que facilitamos nossa busca e removemos a exploração com esforço, desistimos da jornada.

Lembre-se da hierarquia de necessidades de Maslow. Na maior parte do tempo, exploramos o mundo a pé, procurando toda a comida, coisas e informações que precisávamos para suprir níveis mais baixos da hierarquia.

Nosso mundo de abundância significa que muitos de nós não precisamos mais fazer isso. É um bom problema para se ter, no entanto, ainda é um problema.

Mas também é uma oportunidade interessante. Agora que nossas necessidades básicas estão supridas, podemos explorar o topo da hierarquia de Maslow, as necessidades de "autorrealização". Aquela selva mais escondida de significado e felicidade parecia um bom lugar para ser explorado em seguida.

A propósito, o papa não ganha salário nenhum.

Felicidade

O irmão Brendan deu instruções claras. Antes de chegarmos no mosteiro Nossa Senhora de Guadalupe, eu tinha que fazer duas coisas.

Primeiro, ele falou: “com certeza você terá que conhecer a *Regra de São Bento*, que é essencial para a nossa vida no mosteiro”. É um manifesto de 20 mil palavras que orienta monges que vivem em mosteiros. O capítulo 4 da *Regra* expõe 72 “instrumentos para boas ações”. Eles são apresentados como “ferramentas do ofício espiritual”, e basicamente são regulamentações dentro do livro maior de éditos e preceitos.

Algumas dessas 72 regras eram plenamente exequíveis. Por exemplo, a regra número 3: “não cometa assassinato”. Fácil. Ou a número 4: “não cometa adultério”. Mais fácil ainda. A minha esposa é um ser perfeito e as únicas mulheres em um raio de quilômetros do mosteiro eram freiras em um convento. Ou a número 45: “tema o inferno”. Diabos, se tudo que eu ouvi sobre o inferno estiver correto, ele parece assustador mesmo. Então, claro, considere o inferno temido.

Mas algumas dessas diretrizes seriam mais difíceis de serem cumpridas. Como a número 39: “não murmure”. Ou a 27: “não xingue”. Ou as 1, 41, 42, 49, 58, 60, 62 e 72, que mencionam a palavra com *D*. Deus. Essa é uma palavra com a qual eu tive um relacionamento instável pela maior parte da minha vida.

Segundo, devia me preparar para o trabalho braçal. “Certifique-se de trazer roupas para trabalhar e botas”, disse o irmão Brendan. Deixe suas murmurações e a preguiça em casa e venha preparado para trabalhar, meu filho. “O ócio”, dizia a *Regra de São Bento*, “é o inimigo da alma.”

Não, esse não era um daqueles retiros espirituais onde eu pagaria muito dinheiro para ficar sentado na posição de lótus e não fazer nada durante uma semana, esperando encontrar uma resposta magnífica ou algo do tipo, depois de finalmente passar 15 minutos com um guru.

O irmão Brendan nem chamaria minha visita de um retiro. Mosteiros beneditinos recebem visitantes desde seu início, no século VI. O capítulo 61 da *Regra* afirma que "Se um peregrino (...) que vem de um lugar distante quiser viver como um visitante no mosteiro, receba-o por quanto tempo ele desejar, desde que ele siga os costumes do lugar e não incomode o mosteiro com pedidos supérfluos, mas fique satisfeito com o que encontrar."

O mosteiro Nossa Senhora de Guadalupe fica na beira da Floresta Nacional de Gila, no Novo México. É um refúgio espiritual no alto deserto, juntando-se à natureza conforme avança para o norte como uma rede de 3 milhões de acres de montanhas de contornos suaves com cor de ferrugem, cânions profundos e abetos, píceas e pinheiros. A cidade de Silver City, com 9 mil habitantes, fica a 30 minutos de distância por uma estrada de terra montanhosa. O aeroporto mais perto fica a 3 horas de distância, em El Paso, Texas.

Não poderia explicar o motivo de estar no mosteiro Nossa Senhora de Guadalupe com nenhuma coerência ou convicção. Mas acho que tinha a ver com meu desejo por explorar a última linha do capítulo 61, ser "simplesmente contente". Queria entender algumas pesquisas que havia lido, sugerindo que monges beneditinos haviam desvendado o código da felicidade de uma maneira inesperada.

Pesquisadores estudam a felicidade formalmente há décadas. Muitos desses cientistas confiam tanto em seus trabalhos que dão conselhos específicos que afirmam ser "necessário" seguir, se quisermos ser felizes. Se não fizermos o que dizem, não teremos sucesso em alcançar a felicidade.

Mas fiquei um pouco cético com essa pesquisa da felicidade. Depois de lê-la, pude perceber falhas no projeto do estudo, por exemplo, como foi configurado, quem e como ele pesquisou e como mediu a felicidade. Bem parecidos com os problemas da ciência da nutrição.

No entanto, ainda assim é um estudo popular. Os americanos aparentam ser mais sujeitos ao ciclo de escassez da felicidade. Hoje em dia, gastamos mais dinheiro per capita em produtos de bem estar do que qualquer outro país. Afinal de contas, "a busca pela felicidade" foi estabelecida na nossa Declaração de

Independência como um "direito inalienável". Nós basicamente estabelecemos o ciclo de escassez da felicidade no nosso documento mais importante — busque-a sem parar.

Entretanto, dados mostram que somos muito mais infelizes do que outros países desenvolvidos. Cada geração americana é mais infeliz do que a geração que a antecedeu, segundo uma nova pesquisa bem deprimente.

Mas isso não quer dizer que o resto do mundo está pulando de alegria. Todos os tipos de métricas sugerem que estamos vivendo, como David Brooks descreveu, "uma onda crescente de tristeza mundial". Por exemplo, um grupo de pesquisadores do Reino Unido analisou as letras de 150 mil músicas lançadas entre 1965 e 2015. Eles relataram: "O uso da palavra 'amor', por exemplo, praticamente reduziu pela metade em 50 anos". A palavra "ódio" não aparecia em músicas até 1990, e agora aparece em 20 a 30 sucessos por anos. Da mesma forma, as palavras "alegria" e "feliz" diminuíram enquanto "dor" e "sofrimento" aumentaram. Outro grupo analisou milhões de manchetes de notícias e descobriu que elas se tornaram muito mais negativas. A infelicidade mundial bateu o recorde em 2021. Um estudo extenso descobriu que "sentimentos negativos — preocupação, tristeza e raiva — estão aumentando em todo o mundo".

Mas assim como os tsimane, esses monges pareciam ter seu próprio laboratório isolado. A maneira como viviam e encontravam o "simples contentamento" estava em desacordo com alguns dos conselhos dos "laboratórios de felicidade" de várias universidades do país.

Comecei a ler sobre a vida e ideias de São Bento. Como ele cresceu em uma época em que Roma e seu povo haviam se tornado um estudo de caso sobre os aspectos negativos do descontrole do cérebro de escassez. No entanto, Bento conseguiu encontrar uma saída do ciclo do cérebro de escassez que era, como escreveu: "nem severa, nem árdua".

Bento acreditava que os monges e todas as pessoas deveriam ter o suficiente em proporção às suas necessidades, mas nada em excesso. E isso se aplica a tudo: comida, posses, influência etc.

Ele chamou isso de "proporção". É o reconhecimento de que todo ser humano tem necessidades e temperamentos diferentes. A maioria das religiões defendem a moderação e o caminho do meio. Mas Bento entendia que a "moderação" é diferente para cada pessoa. O suficiente pode ser muito para uma pessoa, e ao mesmo tempo pouco para outra. Bento até ensinava que a abnegação e buscar o pouco pode provocar uma atitude orgulhosa e esnobe, onde uma pessoa se acha "mais santa" do que a outra. Acreditava que ter muito ou pouco era uma distração do objetivo principal.

Bento percebeu que todos buscamos a felicidade. Isso é o que está por trás de todas as nossas ações. Ela impulsiona o cérebro de escassez e impulsiona o ciclo de escassez. Mas a tragédia que todos vivem não é não conseguir encontrar a felicidade. É procurar por ela nos lugares errados. Nós a buscamos — como Bento notou em Roma — em posses materiais, poder e respeito, ou em prazeres fugazes como comidas e bebidas. Caímos em um ciclo de escassez acreditando que *desta vez* os símbolos do caça-níquel irão se alinhar e vamos alcançar uma vitória permanente.

Estava escuro na margem da floresta de Gila. Eu estava dirigindo por quase meia hora em uma estrada de terra sinuosa na montanha, com pinheiros escuros em volta, e comecei a pensar que estava perdido.

Então os faróis altos do meu carro iluminaram dois pilares de estuque de 6m que estavam ao lado da estrada. Havia uma cruz no topo de cada um deles. Os pilares se transformaram em grandes paredes curvas. A parede do pilar à direita possuía azulejos decorativos que mostravam uma imagem da Virgem de Guadalupe e letras azuis quadradas que diziam:

MONASTERIO

DE NUESTRA SEÑORA

SANTA MARIA DE GUADALUPE

Fui para o outro lado. Na frente havia um edifício em forma de H. Cada ala tinha pelo menos 9m de altura. As janelas arqueadas e finas com 2m de altura de uma ala brilhava com a luz. O irmão Brendan havia me mandado uma mensagem algumas horas antes para ir para o edifício com as luzes acesas.

Um monge chamado irmão Lawrence estava lá dentro esperando por mim.

Ele apertou minha mão com um sorriso largo. Estava vestindo uma túnica marrom pesada com capuz que ia até o chão. Ela cobria as botas de trabalho marrons e robustas que poderíamos usar para arar um campo ou invadir um pequeno país.

Seus óculos eram redondos e sem aro. Cabeça raspada. Se não fosse pela túnica, poderia presumir que era um trabalhador de TI que praticava *power* ioga. Entramos no meu carro e fomos para os claustros que ficavam a 400m de distância pela estrada de terra.

Esse complexo era coberto de estuque bege-claro e seu telhado era composto por telhas de terracota. No estilo rústico do sudoeste da Espanha. Um sino de 15m de altura emergia de um dos cantos.

O irmão Lawrence e eu demos poucos passos até chegarmos em uma porta de entrada arqueada ao ar livre. Ele apontou para portas duplas talhadas à direita que pareciam da época medieval. "Ali é a capela", sussurrou. "As matinas são exatamente às 3h25 da manhã."

"Eh, desculpe, mas o que são matinas?", perguntei. O irmão Lawrence me lançou um olhar interrogativo. A maioria dos visitantes do mosteiro são tão católicos quanto o papa. Por outro lado, a única missa católica que fui foi uma missa de Quarta-feira de Cinzas para a qual uma babá me arrastou quando eu tinha 7 anos.

"Matinas são o nosso primeiro culto de adoração do dia", disse.

Depois abriu outras portas duplas maiores, marrons e entalhadas, e andamos em claustros ao ar livre. O piso de azulejos espanhóis era suave. As passagens amplas e cobertas contornavam um jardim cheio de rosas selvagens vermelhas e amarelas e um chafariz ornamentado.

Nos aproximamos de outro conjunto de portas de madeira que pareciam ser da época medieval. O irmão Lawrence as abriu e me guiou.

O cômodo era um retângulo longo com teto de 6m. Mesas de madeira alinhadas com cadeiras talhadas à mão percorriam seu comprimento. Cada assento tinha uma grande caneca à frente, sob a qual havia um prato. Um crucifixo de quase 2m estava pendurado na parede de trás, supervisionando tudo.

"É aqui que fazemos nossas refeições", disse o irmão Lawrence. "O café da manhã é às 7h, depois da Laude, nosso segundo culto de adoração, que começa às 6h. Este é o seu assento", disse. Tinha até minha própria placa de identificação. "Michael Easter" rabiscado em um pedaço de madeira em inglês antigo. Eu fiquei na ponta de uma das mesas, sentado ao lado de uma placa de identificação que dizia "Irmão Paul".

O irmão Lawrence deu uma pausa enquanto saíamos do refeitório. "A propósito, o café da manhã é um buffet. Então pode comer o quanto quiser", falou. "E tomamos o café da manhã de pé, então não se sente". Ele abriu um pouco mais a porta e deu outra pausa. "Ah, e comemos em silêncio."

Enquanto voltávamos em direção à capela, o irmão Lawrence apontou silenciosamente mais portas e passagens do complexo. Havia uma cozinha, algumas salas de reunião e uma biblioteca enorme. Os alojamentos ficavam no segundo andar. Cada um dos quarenta monges que vivem no mosteiro Nossa Senhora de Guadalupe tem seu próprio quarto de 3m por 3m. Em cada um deles há uma mesa, uma cadeira, uma estante, uma cama de solteiro e um guarda-roupa para guardar os quatro trajes do monge: duas túnicas pretas para oração e duas marrons para o trabalho. E as botas de trabalho arrasadoras.

O irmão Lawrence entrou em uma caminhonete Toyota T100 dos anos 1990 e o segui por 800m pela estrada de terra para o alojamento dos visitantes. Imagine um lugar para ser alugado no Airbnb onde o dono não quis gastar muito porque provavelmente o inquilino irá quebrá-lo, junto com um monte de quartos no estilo dormitório, tudo compartilhado. As paredes eram quase todas vazias, com exceção de algumas pinturas enquadradas de Joana d'Arc ou da Virgem de Guadalupe.

"O abade é um grande fã de Santa Joana", disse o irmão Lawrence enquanto me guiava por um corredor longo e escuro. Ele abriu a porta do meu quarto. Ali havia uma cama de solteiro, uma cadeira de madeira e uma cômoda de madeira. Sem TV. Sem internet. E nenhum sinal da operadora do celular.

O plano era passar uma semana no mosteiro. Integrar-me aos monges que oram, vivem e trabalham no local, passando a maior parte do tempo em silêncio e isolados da sociedade.

"Vejo você de manhã", o irmão Lawrence sussurrou. Conseguia ouvir suas botas pesadas andando pelo corredor. Elas batiam na terra enquanto ele atravessava a área do estacionamento que ficava na frente da casa de hóspedes. Um motor ligou. Pneus rolaram sobre o cascalho e desapareceram pela noite.

Tomás de Aquino, monge dominicano e filósofo do século XIII, escreveu: "Abaixo dos numerosos e até conflitantes desejos das [pessoas] podemos ver o desejo que dá unidade e significado, força e decisão a todos os desejos humanos.

Todas [as pessoas] buscam o que buscam por uma razão: elas acham que isso as satisfará, acreditam que a realização dos seus desejos as tornará feliz".

"A felicidade", escreveu, "é o objetivo de toda atividade humana. A busca pela felicidade é o terreno comum onde todos os desejos e ambições humanas se encontram."

Quando uma criança olha com anseio para um filhote de cachorro em uma vitrine de pet shop, ela está querendo o cachorro porque está buscando a felicidade. Quando um mineiro trabalha em uma mina de carvão, embora o trabalho seja muito pesado, está procurando carvão porque acredita que seu pagamento o levará à felicidade. Quando uma executiva de vendas se esforça para fechar o próximo grande negócio, está atrás da comissão porque acredita que isso à proporcionará felicidade no final das contas. Quando pegamos uma segunda porção de comida, zoamos alguém na internet, compramos na Amazon de novo, ou fazemos qualquer coisa, estamos tomando essa ação porque acreditamos que nos fará feliz. Quando caímos no ciclo de escassez, é pela felicidade. Até mesmo nossas piores ideias são uma busca pela felicidade.

Mas por quê? Aquino explicou que as pessoas "têm desejos naturais por qualquer coisa exigida pela natureza para o seu bem-estar".

Cientistas começaram a provar que ele estava certo em 1872. Foi quando Charles Darwin começou a publicar teorias sobre o papel das emoções na evolução. À medida que os seres humanos evoluíram em lugares precários, os desejos que investigamos ao longo deste livro nos ajudaram a sobreviver. Cada vez que usávamos uma droga ou conseguíamos mais comida, posses, prestígio ou informação, éramos recompensados com sentimentos bons de prazer ou alegria. Eles, por sua vez, produziam o sentimento misterioso e recompensador que chamamos de felicidade.

Entretanto, os sentimentos eram fugazes porque, no dia seguinte, nós teríamos que batalhar por esses recursos escassos novamente. Era um tipo de ciclo de escassez. Aproveitávamos uma oportunidade de melhorar nossas vidas, sentíamos o suspense enquanto esperávamos pelo resultado imprevisível, e então sentíamos felicidade se fôssemos bem-sucedidos. Mas essa felicidade era breve. Éramos logo empurrados novamente para a insatisfação e anseio, para a ansiedade e suspense de buscar a próxima dose daquilo que achávamos que iria nos proporcionar prazer a alegria. E repetíamos esse ciclo durante toda a nossa vida.

Mas esse ciclo nos manteve vivos. Enquanto evoluíamos, uma felicidade constante nos mataria. Seria um bug, e não um recurso do programa da nossa mente. Se algo nos satisfizesse de forma permanente, teríamos desistido de tarefas que foram necessárias para a nossa sobrevivência e morreríamos. Por isso vivíamos em um ciclo de escassez de felicidade.

É por isso que neurocientistas do Reino Unido dizem que não há base biológica para a felicidade constante. Os cientistas ainda não conseguem identificar uma área do cérebro que controla esse sentimento. Ainda assim, ela não é misteriosa apenas nas imagens cerebrais. É misteriosa no geral.

Pensadores que remontam há milhares de anos e cientistas modernos tentaram definir a felicidade, explicar o que ela é e como podemos fazer para que dure. Mas não tiveram sucesso.

Hoje em dia, o dicionário define a "felicidade" como um "sentimento ou demonstração de prazer ou contentamento". Mas se procurarmos as definições de "prazer" e "contentamento", elas apontam de volta para "felicidade".

Outras pessoas desenvolveram suas próprias definições de felicidade. Mas elas são insuficientes. O filósofo grego Sêneca disse que felicidade é "[aproveitar] o presente sem sentir ansiedade pelo futuro". Dale Carnegie disse que a felicidade é algo "governado pela nossa postura mental". Para Emily Dickinson, ela era "A mera sensação de viver". Para John Lennon, felicidade era uma arma quente. Não é surpresa que muitas dessas definições são tão diferentes.

Pesquisadores de Singapura descobriram que nossa definição de felicidade pode depender de onde crescemos. Sentimentos que a maioria das pessoas nomeia como "felicidade" e situações que elas dizem que as fazem feliz diferem entre as culturas. Cientistas descobriram que no Ocidente os temas que mais aparecem quando as pessoas falam sobre felicidade são "emoções de animação como entusiasmo e alegria" e autoestima. No Oriente, as pessoas se referem a "estados mais calmos como paz e serenidade".

E a maneira que você sente a felicidade muda constantemente ao longo da sua vida, com base em todos os tipos de fatores vistos e não vistos. Onde você nasceu, quem o criou, seu trabalho, com quem convive, e muito mais. Todo momento, pensamento e ação a afeta.

Portanto, talvez seja melhor que não consigamos dar uma definição convicta para a felicidade. Pensando na sua natureza elusiva, os cientistas escreveram:

"um estado de contentamento é desencorajado pela natureza porque isso nos faria baixar a guarda contra possíveis ameaças à nossa sobrevivência".

O problema é que hoje não temos tantas ameaças à sobrevivência. Nosso mundo moderno impôs uma abundância rápida e intensa, cuidando das nossas necessidades básicas. No entanto, nosso cérebro continua jogando fora sentimentos de felicidade como se fossem lixo apodrecendo.

O economista Brad DeLong explica que, antes da Revolução Industrial, as pessoas que viviam de maneira confortável tinham que "obter tais confortos (...) tirando-os de outras pessoas em vez de encontrarem formas de produzir mais para todos". Em outras palavras: se quisessem ser felizes, provavelmente teriam que tornar outras pessoas infelizes.

Mas hoje, DeLong escreveu: "menos de 9% da humanidade vive com menos de US$2 por dia, padrão de vida considerado como 'extrema pobreza', enquanto em 1870 esse número era aproximadamente 70%". Esse valor está ajustado à inflação. "E mesmo em meio a esses 9% [mais pobres], muitos têm acesso à saúde pública e tecnologias de comunicação por celular de grande valor e poder."

Transformamos experiências incríveis em características do dia a dia. DeLong escreveu: "Muitos de nós se acostumaram tanto com o nível diário de felicidade, que ignoramos completamente algo surpreendente. Hoje em dia — até os mais ricos —, raramente nos vemos como sortudos, felizes e afortunados de maneira extraordinária, ainda que, pela primeira vez na história da humanidade, tenhamos mais do que o suficiente".

Produzimos comida, abrigo, roupas e coisas o suficiente para que ninguém *tenha* que passar fome, ficar desabrigado, sofrer com o frio ou com falta de algo (e quando pessoas passam necessidades, é um problema relacionado à distribuição e à política). Mesmo assim, o cérebro de escassez, como aqueles neurologistas do Reino Unido descobriram, ainda anseia e se apega às oscilações emocionais. Ele não consegue sustentar sentimentos felizes.

O mesmo ciclo que nos ajudou a sobreviver no passado — felicidade seguida de insatisfação por toda a vida — atualmente nos deixa cegos para o quão extraordinária é a vida moderna, e nos faz buscar a felicidade em todos os lugares errados.

A pesquisa mostra consistentemente que dinheiro, poder, prestígio, comidas, bebidas, coisas, status — o que Aquino chamou de prazeres "mundanos", e o que eu e você podemos chamar de sonho americano — não proporcionam felicidade duradoura. Por exemplo, os americanos não ficaram mais felizes de 1975 a 1999, embora tenham se tornado 43% mais ricos com base no PIB per capita. Algumas evidências sugerem que, à medida que tivemos mais oportunidades para ter mais dessas coisas, nos tornamos *menos* felizes. Os Estados Unidos estão passando por um declínio grave da felicidade desde cerca de 2015. E o número de americanos que afirmam que eram "muito felizes" recentemente atingiu o patamar mais baixo de todos os tempos em 2018, antes da pandemia.

Talvez ter mais de tudo que evoluímos para desejar, juntamente com nosso complexo industrial de felicidade — ficar obcecado e impor a felicidade — está fazendo com que achemos que qualquer dia onde tudo não corra perfeitamente bem seja ruim, e nos leve a procurar as coisas erradas. Os neurocientistas do Reino Unido escreveram: "Achar que qualquer grau de [insatisfação] é anormal ou patológico está apenas fomentando sentimentos de inadequação e frustração". Pensando na nossa constituição, eles afirmaram: "a insatisfação não representa um fracasso pessoal. Está longe disso. [Isso é] o que nos torna humanos".

Curiosamente, Bento não parecia se importar com a felicidade. Em todas as 20 mil palavras da sua *Regra*, a palavra "felicidade" ou "feliz" não aparece. Mas talvez o resultado de viver seguindo a *Regra* produza felicidade. Pelo menos essa é a crença de Alex Bishop, um professor da Universidade Estadual de Oklahoma que estudou extensamente monges e freiras beneditinos. Ele estuda os humanos ao longo de suas vidas: o que nos faz viver muito, bem e feliz.

Conversei com Bishop antes de ir para o mosteiro.

"Os beneditinos têm pontuações altas de satisfação na vida", ele disse. "Têm uma noção maior de propósito e significado. Elas são mais altas do que no público em geral. E você pode ver isso em outros estudos sobre eles. São felizes de uma forma aprazível."

E as razões para isso não têm muito a ver com o que nos falaram sobre a felicidade. "Há muita confusão e paradoxos sobre a felicidade", ele falou. "É muito variável. Pode mudar em um segundo." Não apenas nossa própria felicidade, mas também o que pensamos que sabemos sobre esse sentimento. "E acredito que é aí que essas comunidades beneditinas ficam interessantes", disse Bishop. "É um estilo de vida bastante austero."

Acordei às 5h30 da manhã. Estava duas horas atrasado para a matina, o culto de oração da madrugada, que acontece na capela. Estava no mosteiro há 8 horas e já havia desobedecido às regras 37 e 38, que nos diz para não sermos apáticos nem preguiçosos.

Enquanto saía da casa de hóspedes, a escuridão envolvia a floresta e a brisa fria balançava um conjunto de sinos de aço suspensos na varanda de trás. Uma pequena lanterna iluminava meu caminho de 800m pela estrada de terra rodeada por floresta que levava à capela. Minha luz contornava pinheiros e juníperos que se erguiam de forma intermitente das laterais inclinadas da estrada. A brisa transportava um cheiro de sálvia. O céu parecia uma rede de estrelas brancas e não havia limite aparente entre o céu e as árvores e montes.

Sentei em um dos bancos de madeira. Às 6h, os monges fizeram uma fila. Vestiam túnicas pretas com capuz e estavam em silêncio. Cada um se ajoelhou em direção ao altar e ocupou uma posição em baias de madeira elevadas que percorriam as paredes atrás dos bancos.

Então começou.

"Dóminus regnávit, irascántur pópuli: qui sedet super Chémbim, moveátur terra", eles cantaram, a música ecoava nas paredes de pedra e no teto de madeira. "Dóminus in Sion magnus: et excélsus super omnes pópulos."

Esse mosteiro é um dos poucos restantes que ainda segue 100% das *Regras*. O capítulo 16 pede que os monges rezem e entoem cânticos oito vezes por dia, todos os dias, sem exceção.

Matinas às 3h25 da manhã. Laudes às 6h. Primas às 7h45. Terças às 9h30. Sextas ao meio-dia. Noas às 14h. Vésperas às 17h. Finalmente, Completas às 19h. Todas essas sessões entoam a Liturgia das Horas, uma série de orações escritas para serem cantadas para louvar e agradecer a Deus.

Há cerca de 20 mil outros monges beneditinos como eles, espalhados por quatrocentos mosteiros em todo o mundo. Todos se isolaram para dedicarem suas vidas a algo maior do que eles mesmos.

No ano 494, quando Bento tinha 14 anos, ele se mudou para Roma a fim de estudar. A cidade e o Império Romano estavam em queda livre. Historiadores dizem que a decadência moral era um fator crucial da ruína. Segundo o Papa Pio XII, Bento "notou heresias de todos os tipos (...) a moral pública e privada estava desmoronando e muitos, principalmente a juventude refinada, estavam tristemente mergulhados na lama do prazer". Bento escreveu que a sociedade romana estava "rindo enquanto morria".

Esse é um fenômeno percebido pelo erudito islâmico do século XIV Ibn Khaldun. Ele descobriu que as sociedades desmoronam em um mesmo padrão. Os fundadores de uma sociedade trabalham em condições dificílimas para fundá-la. Essas condições demandam e incentivam a coesão social, como podemos ver hoje em unidades militares. Entretanto, ao longo do tempo, surgem gerações que ficam muito distantes das adversidades e ética de trabalho originais necessárias para conquistar prosperidade e manter uma sociedade. Essas gerações se tornam fracas, confortáveis e adotam uma atitude de pretensão. Isso destrói a sociedade por dentro enquanto a deixa vulnerável a ataques externos. Isso é exatamente o que aconteceu com Roma, embora tenha levado 500 anos.

Bento afirmou o seguinte: assim como o orgulho precede a queda, o mesmo acontece com o excesso.

Por isso, ele se isolou. O Papa Pio XII escreveu que Bento "prontamente deu adeus aos confortos da vida e aos encantos de uma época corrupta, bem como aos ofícios nobres e sedutores de um futuro promissor (...); deixando Roma, ele buscou lugares solitários na natureza onde poderia se dedicar à (...) contemplação".

"Contemplação" também é uma palavra incerta.

Aparece em temas espirituais e intelectuais. Platão a via como ir além do conhecimento para entender o que é e sempre será *bom*. No Salmo 27:4, ela é "contemplar a beleza do Senhor". O filósofo judeu Maimônides a definiu como um ato espiritual de reconhecer a perfeição moral. O fundador da fé Baha'i, Bahá'u'lláh, achava que era refletir sobre a beleza, Deus, ciência e artes. O profeta muçulmano Maomé a via como valorizar a vida, seu significado e o bem-estar de Alá e da humanidade.

Portanto, a palavra tem profundas conotações espirituais. Definições seculares sugerem que significa tentar compreender algo maior do que nós.

Então como podemos "contemplar" de verdade? Bento fazia isso escapando para uma caverna nas montanhas de Subiaco, Itália. Ele estava seguindo os passos de ermitões cristãos antigos como Paulo de Tebas e Antão, o Grande, que fugiu para o deserto do Egito em 250. Esses Padres e Madres do Deserto acreditavam que a solidão, austeridade e sacrifício eram a melhor forma de encontrar um poder maior.

Pio XII escreveu que, na caverna de Subiaco, Bento "se esforçou por 3 anos para adquirir a perfeição e a santidade, com grande fruto (...). Ele se afastava de todas as coisas terrenas para buscar sozinho e ardentemente as coisas celestiais; (...). Em sua maneira de viver ele encontrou tanta alegria na alma, que todos os prazeres anteriores que havia experimentado pela sua riqueza e conforto se tornaram desagradáveis".

A notícia se espalhou sobre esse místico de cabelo e barba longos que rejeitou o mundo confortável, sofreu as adversidades solitárias da natureza e terminou como um sábio. Sem querer nada. Sem precisar de nada. Apenas tranquilo, com mente limpa e contente.

Os romanos começaram a buscá-lo para obterem conselhos. Todas essas pessoas sentiam que algo faltava em suas vidas. Todo seu desejo de completar a checklist de sucesso da Roma antiga — ser rico, comprar coisas, ter uma boa reputação, exercer poder, realizar o desejo seguinte — não havia os levado para onde esperavam.

Bento tinha boas notícias para essas pessoas. Em sua experiência austera de 3 anos na caverna, aprendeu que a solidão é esclarecedora, mas nós provavelmente não precisamos ir ao extremo como ele. Algo do tipo: "Que bom que fiz isso e aprendi, para que você não precisasse passar por isso". Para ajudar outras pessoas, Bento começou a fundar mosteiros.

Ele fundava um mosteiro, recrutava doze monges, se certificava de que tudo estava funcionando bem e partia para fundar outro. Assim aconteceu até que fundou doze mosteiros. Eles eram lugares onde os monges podiam viver uma vida monástica e ajudar as pessoas a contemplarem um pouco como eles.

Bento escreveu a *Regra* no ano 516, para orientar esses mosteiros. Em algum momento, esse escrito tornou-se um guia da vida monástica no Ocidente, quer os monges fossem beneditinos ou não. Isso ocorreu porque, no verdadeiro estilo beneditino, a *Regra* "não era difícil nem pesada (...). Ele tentou liderar seus discípulos com amor em vez de dominá-los pelo medo", escreveu o Papa Pio XII.

Pio XII explicou que "A vida em comunidade em um mosteiro beneditino temperava e amenizava as severidades da vida solitária, que não era apropriada para todos e até mesmo perigosa para alguns". A *Regra* tem sido chamada de genial por sua adaptabilidade, prudência, discrição e equilíbrio entre severidade e leveza.

Bento entendia de forma inerente que regras fixas geralmente deixam as pessoas desamparadas. Os monges têm um ditado: "Para alguns, mais é dado. Para outros, menos". Por exemplo, um monge que lida bem com interações sociais pode ser designado para um trabalho que o permita falar mais. Dias de jejum também são individuais; a ideia é pegar a quantidade de comida que parece um sacrifício para você. E a maioria dos monges evitam carne, mas alguns deles, principalmente os jovens que têm trabalhos nos quais precisam se esforçar mais fisicamente, a comem para ajudar no desempenho.

Esse tratamento de encontrar e fazer com o suficiente, pensava Bento, nos permite focar no que realmente importa: tempo para descobrir que algo maior do que nós mesmos não está ausente no nosso dia a dia. Ele acreditava que encontramos um propósito maior e satisfação ao ajudar outras pessoas, realizar trabalhos criativos, aprender coisas novas, equilibrar tempo de solidão com tempo com outras pessoas e ter consciência da natureza. E, o mais importante, contemplar o que achamos ser o Grande Mistério Eterno e deixar que nos guie.

A filosofia de vida de Bento pode ser resumida pela frase "*ora et labora*", que significa "reze e trabalhe" em latim. É o lema dos beneditinos.

Os monges praticavam sua fé, ajudavam outros e trabalhavam juntos em uma troca única. Por exemplo, um mosteiro estava cheio de especialistas em laticínios. Outro tinha metalúrgicos. Outro tinha pastores que sabiam tecer uma túnica de lã comum. Dessa forma, os mosteiros trocavam o que produziam para que pudessem se sustentar e também vender para o público para se financiar sem precisarem de doações.

O sol estava começando a nascer sobre a floresta de Gila e a luz entrava na capela. Ela gerava manchas circulares sobre a plataforma de madeira onde os montes ficavam, áreas polidas suavemente por anos em que os monges se ajoelham em oração.

Entoaram os cânticos por 30 minutos. "*Numquid non ego Dóminus, et non est ultra Deus absque me?*" Suas vozes se misturavam com o coro de início da manhã dos grilos e o canto de um galo. Às vezes um monge ou dois cantavam um verso em solo, mas na maior parte do tempo os monges eram como os Eagles, todos juntos em harmonia. E raramente ficavam parados. Os versos os chamavam a se recostar em suas baias de madeira, ficar em pé, fazer reverência ou se ajoelhar.

Esperava ver muitos homens com idade para se aposentar. Eu havia lido estatísticas que afirmam que menos pessoas jovens estavam entrando em organizações religiosas. Mas a maioria dos monges eram mais novos, alguns com 20 anos. O irmão Lawrence me disse que a idade média no mosteiro é de 30 anos.

Um monge mais velho cantou a oração final. Depois o grupo saiu por uma porta lateral. Saí pela porta principal, e um monge — alto, careca e com túnica — abriu as portas duplas que davam para os claustros. O irmão Lawrence me guiou para a porta do refeitório.

Entrei no refeitório. O cheiro de café coado recentemente enchia o ar, o mesmo aroma torrado de uma lanchonete clássica de beira de estrada no início da manhã. Café é o "trabalho" que paga as contas desse mosteiro. Eles torram 544kg de grãos por semana, mas encomendaram uma nova torrefadora para aumentar sua produção.

Alguns monges ficaram em pé em silêncio na frente das suas cadeiras, comendo em canecas. Eu me juntei aos poucos que andavam arrastando os pés até a mesa de madeira onde havia os alimentos do café da manhã. A maior parte da comida é colhida, produzida e preparada lá dentro. Havia pão, iogurte, leite, granola, frutas, ovos e mel.

Os monges pegaram porções pequenas. Afinal, as regras 14 e 36 nos dizem para "amar o jejum" e "não comer muito". Então eu coloquei um pouco do iogurte que foi produzido no mosteiro na minha caneca e acrescentei um pouco de granola sobre ele.

Todos comemos em pé e em silêncio. Tomei um gole de café. Admito que sei me gabar com meu conhecimento sobre café (e espero sinceramente que isso seja a única coisa pela qual eu posso me gabar). Eu entendo de torras, origem dos grãos, sabor de notas e coisas do tipo.

Esse café não era aquela coisa hipster de terceira onda que estou acostumado. Era *café*. Apenas um café bom. Nenhuma nota de casca de laranja, doçura profunda de caramelo ou algo do tipo. Era simples, moderado e consistente. Bem parecido com os monges.

Depois de mais algumas sessões na capela e do almoço, eu estava sentado na varanda da frente da casa de hóspedes quando um Chevrolet Silverado 2500 de

1989 em frangalhos chegou acelerado. Um dos irmãos saiu dele e emergiu em meio à poeira que havia criado ao frear o carro.

Ele tinha cerca de 1,90m e 86kg. Se não fosse um monge, poderia imaginar que era um pedreiro. Parecia ter menos de 30 anos. Talvez uns 28.

Estava vestindo uma túnica de trabalho marrom e óculos aviadores Ray-Ban. Seu corte de cabelo tinha o chamado estilo de tonsura, com sua cabeça toda raspada, exceto por um anel de cabelo em volta da circunferência da sua cabeça. É um visual surpreendente que nunca tinha visto fora de pinturas monásticas antigas e litografias. A maioria dos monges dali têm cabeças raspadas, mas aqueles que estão no caminho para se tornarem padres e professores ainda arrasam com a tradição do corte tonsura.

Ele estendeu sua mão. "Oi", disse, "sou o irmão Caetano." Os monges recebem um novo nome quando são formados como monges. O abade, o mandachuva do mosteiro, os nomeia com um nome de santo. O irmão Caetano tem esse nome por causa de São Caetano, santo padroeiro dos desempregados, dos apostadores e da boa sorte. Os apostadores da minha cidade natal, Las Vegas, geralmente levam consigo moedas com a imagem dele.

"Disseram-me que você vai trabalhar comigo hoje", disse o irmão Caetano.

"Tudo bem. Você está trabalhando com o quê?"

Apontou para uma grande pilha de pedras perto da casa de hóspedes. "Vamos levar essa pilha de pedras para lá", ele disse, apontando para um lugar a 6m de distância.

Levei muito tempo para perceber que ele estava brincando. Dei uma risada. "Bem, acho que seria um tipo de treino", falei. "Sabe, fazer algo fisicamente pesado apenas por fazer."

O irmão Caetano me olhou de forma pensativa. "Não", ele disse. "Isso seria uma bobagem inútil. Vamos fazer algo mais produtivo do que isso."

Então sentei no banco do carona do velho Silverado, que deslizava pela estrada de terra em direção aos claustros. O irmão Caetano estava dirigindo no estilo do filme *Os Gatões*. Pisando fundo no acelerador, sem frear, levando o motor e os amortecedores do carro até o limite enquanto passava por pedras, sulcos e buracos. Uma grande nuvem de poeira explodiu e se expandiu atrás de nós. Quase conseguia ouvir aquele acorde Mi e Waylon Jennings cantando a música de *Os Gatões*: "*Just the good ol' boys / Never meanin' no harm / Beats all you never saw / Been in trouble with the law since the day they was born*".

Em seguida, eu e Caetano estávamos em um jardim de 3m por 3m ligado à lateral do mosteiro. Acabou que nosso trabalho era carregar pedras mesmo, entretanto, com mais propósito.

"Esse jardim é improdutivo, por isso o abade quer se livrar dele", disse o irmão Caetano. "Vamos retirar toda terra e pedras com uma enxada e levá-las para o jardim de rosas dos claustros."

Conforme começamos a cavar, o céu escureceu e ficou úmido. A chuva caiu. Comecei a rezar mentalmente para que esse trabalho acabasse logo. *Ora et labora,* de fato. Bento dedicou um capítulo inteiro da *Regra* para o trabalho. Escreveu: "são monges de verdade quando vivem pelo trabalho de suas mãos", e assim "os irmãos devem se ocupar às vezes com trabalho manual". Em alguns dias, esses monges trabalham duas horas, em outros, quatro horas ou mais. Bento era sábio quanto à natureza do trabalho.

Quatro horas de trabalho com foco por dia parece ser a quantidade ideal para a produtividade. Os maiores pensadores da história como Charles Darwin, Charles Dickens, Ingmar Bergman, e G. H. Hardy defendiam essa carga horária de trabalho. "Quatro horas de trabalho criativo por dia é o limite", disse Hardy, um dos maiores matemáticos da história.

A ciência já provou que Bento, Hardy e os outros estavam certos. Nos anos 1950, um grupo de cientistas fez um estudo com vários pesquisadores do país sobre seus hábitos de trabalho. Paradoxalmente, descobriram que mais trabalho não promove mais produtividade. Os pesquisadores que trabalhavam com afinco por 20 horas por semana eram os que mais produziam artigos científicos. Eles lançavam o dobro da quantidade de estudos em comparação a seus colegas que passavam 35 horas por semana no laboratório. Mas esses pesquisadores estavam muito melhores do que os que passavam 60 horas por semana no laboratório. O último grupo era o que menos produzia artigos.

Pesquisas que se seguiram sugerem que trabalhar 4 horas por dia nos permite encontrar o equilíbrio ideal entre o trabalho duro e o descanso adequado. Podemos trabalhar intensamente por 4 horas de maneira eficaz. Se for menos que isso, nosso desempenho não será bom. Se for mais do que isso, ficamos propensos a exagerar, a nos lesionar pelo trabalho físico ou a sofrer um esgotamento profissional pelo trabalho mental. E isso interfere nos nossos futuros dias de trabalho.

A parte boa é que podemos suportar quatro horas de trabalho por dia, sete dias por semana. E apesar da regra de que o domingo é o dia para descanso, muitos monges trabalham aos domingos. Se não, ninguém comeria e a fazenda iria para o brejo.

Acomodar visitantes e se sustentar são apenas as partes práticas desse trabalho. Enquanto cavávamos, o irmão Caetano me deu um tipo de sermão no monte de terra sobre o chamado maior do trabalho. Gênesis 1 e 2, os primeiros capítulos de Velho Testamento, nos dizem que os humanos foram feitos para trabalhar. E o sentido do trabalho não é terminá-lo. É realizá-lo. O trabalho, ele disse, pode ser uma forma de oração e devoção. É uma forma de se aproximar de algo maior do que o trabalho em si.

Qualquer trabalho do mosteiro serve a um bem maior. Permite que os irmãos se aproximem de Deus, ajudem a comunidade à sua volta, entre outras coisas. Um beneditino descreveu o trabalho como um "chamado para a consciência e atenção plena". Ele escreveu:

> *O trabalho pode expressar nosso relacionamento com o mundo à nossa volta. Como tal ele nem sempre será recompensador, assim como a vida. Mas se acredito que o trabalho não passa de algo instrumental (pagar contas), nunca vou notar o que mais pode ser. Se eu, de forma simplista, igualar a autossatisfação com o valor do trabalho, perderei o que qualquer trabalho, até mesmo o entediante, pode proporcionar. Em contrapartida, buscar dimensões mais profundas no trabalho pode me motivar a não ser explorado nele, a não exagerar, a não reduzir minha vida a quanto eu posso realizar ou igualar minha autoestima com minhas contribuições no trabalho, ou com o que ganho de poder ou talentos. Afinal, eu não possuo nada disso; eles são visitantes e podem nunca me chamar. Chegará o dia em que eles nunca mais me visitarão.*

Lembre-se que esse beneditino não está falando sobre, digamos, realizar milagres. O trabalho monástico raramente é bonito. Envolve muito trabalho manual e afazeres.

"Por isso, esse trabalho que estamos fazendo aqui", disse Caetano, projetando sua voz pela chuva, "é uma metáfora. É uma metáfora sobre persistência, sobre paciência, sobre estar disposto a sofrer pelo bem comum. É amar e se aproximar de algo maior".

Algumas pessoas alegam que muitos trabalhos modernos são sugadores de almas. Por exemplo, em 2013, o renomado e falecido antropólogo David Graeber propôs uma teoria que chamou de "Trabalhos de Merda". Ele a descreveu em 2018 em um livro best-seller com o mesmo título. Graeber afirmou que entre 30% a 60% de todos os trabalhos hoje são de "merda" e que essa taxa está crescendo com o tempo.

Ele escreveu que esses trabalhos geram uma "violência psicológica profunda". Mas um time de cientistas da Universidade de Cambridge analisou todos os dados e descobriu que sim, se você acreditar que seu trabalho é inútil, isso provavelmente abalará seu bem-estar. Mas eles escreveram: "A proporção de trabalhadores que descrevem seus empregos como inúteis é baixa, está diminuindo e tem pouca relação com as previsões de Graeber". Na verdade, muitos dos trabalhos que Graeber identificou como sendo "trabalhos de merda" apresentaram os maiores níveis de satisfação no trabalho.

Essa é a questão. Nenhum trabalho é inútil desde que você seja tratado bem e pode perceber que provavelmente ele está ajudando alguém em outro lugar.

"Beneditinos são capazes de obter significado a partir do seu trabalho", disse Bishop, o pesquisador de felicidade dos beneditinos. Ele disse que essa dependência do trabalho até a velhice — extrair significado em tarefas simples — pode explicar por que os monges tendem a envelhecer melhor, baseado nas medidas de como estão saudáveis e satisfeitos.

Gostei da oportunidade de conversar com o irmão Caetano. Praticamente todo meu tempo antes de trabalhar com ele foi em silêncio. E essa é a regra de lá. O silêncio é santificado.

As regras 53 a 55 têm a ver com barulho. Barulhos com a boca. Conversar. Por exemplo, a regra 53 é "não gostar de conversar muito" e a 54 é "não falar palavras inúteis". E de 20h até às 8h os monges dão início ao que eles chamam de o Grande Silêncio. Como uma freira explicou: "Toda fala, exceto em casos de grande necessidade, é proibida durante esse tempo".

Um monge francês, no início do século XX, defendeu esse silêncio: "Nosso silêncio não é apenas um vazio e morte. Pelo contrário, ele deve se aproximar cada vez mais, e também nos aproximar, da plenitude da vida". Os seres humanos aumentaram o barulho do mundo em aproximadamente quatro vezes, e pesquisas comprovam os benefícios de passar um tempo em silêncio. Elas mostraram que isso reduz o estresse e melhora o foco e a produtividade.

É permitido conversar durante o trabalho. E Caetano e eu conversamos. Mas não era apenas jogar papo fora; cada assunto era cheio de significado. "Entrei no mosteiro porque não há chamado maior que esse", disse o irmão Caetano. "E se não funcionar, bem, não considero que desperdicei meu tempo se o passei dedicando minha vida a Deus."

A chuva havia se tornado uma garoa. Em um momento, não estou brincando, o irmão Caetano parou de cavar, olhou para mim e disse: "Fazemos isso por amor". Ele parou, pensou e terminou. "E amar é estar vulnerável e disposto a se ferir." Depois ele continuou a cavar e fiquei lá igual a um idiota tentando absorver todas as camadas de insights naquela fala.

No fim das nossas duas horas de trabalho, Caetano e eu nos sacudimos para tirar a terra. Ele me guiou pelos claustros. O cheiro de café torrado ficava mais forte a cada passo. Ele abriu duas portas duplas. Uma torrefadora de café grande e preta funcionava a todo vapor. O irmão Lawrence estava ao lado, escrevendo algumas coisas em uma prancheta.

Antigamente, o mosteiro Nossa Senhora de Guadalupe se financiava vendendo móveis. "Eram móveis bonitos, com estilo antigo do sudoeste", disse o irmão Lawrence. "Eram esculpidos à mão e feitos de mogno e algaroba. Todos amavam o trabalho. O mundo gostava tanto deles que começou a pedir mais. Então as pessoas nos diziam que tínhamos que terminar as peças em prazos arbitrários, como se estivessem terminando uma casa ou quisessem buscá-las."

Ele deu uma pausa e sorriu. "Mas nós temos um horário e um chamado diferente do mundo moderno. Há um motivo pelo qual *ora* vem antes em 'ora et labora'", disse. "Por isso, desistimos desse trabalho e agora vendemos café."

Aparentemente há uma expressão em francês para descrever o estilo de trabalho de lá. É "*un travail de bénédictin*". Significa "um trabalho de beneditino". Ela descreve, como o acadêmico e ensaísta Jonathan Malesic falou: "o tipo de projeto que alguém só pode realizar em um longo período de tempo por meio de um esforço paciente, modesto e constante. É o tipo de coisa que não pode ser apressada (...). É um trabalho que não fica bonito em um relatório de receitas trimestrais. Ele não maximiza as horas faturáveis. Não dá pagamento por horas extras".

Tudo que um beneditino produz é *bem* produzido. Feito para durar. Forma e função se unem. Vemos isso nas abadias que São Bento fundou há 1.500 anos e que ainda estão de pé hoje e na marcenaria ornamentada que adorna a capela do mosteiro Nossa Senhora de Guadalupe.

O irmão Lawrence explicou o apelo do trabalho em nossa mente e corpo quando disse: "É um uso de tempo e atenção ativo, não passivo. Ficar na internet ou na televisão é passivo". Um hobby manual pode criar um ciclo de abundância porque é ativo e recompensador de forma que produz algo tangível.

O mesmo acontece com o café, disse ele. Permite que os monges tenham a mesma abordagem metódica e manual que tinham com a produção de móveis. Mas podem produzir mais e mais rápido. "Podemos produzir café sem que isso interrompa nossa oração", disse o irmão Lawrence. A operação de café começou quando um dos irmãos viajou para o Brasil para ajudar a estabelecer um mosteiro lá. No caminho, ele conheceu um homem que tinha uma plantação de café que produzia grãos premiados que, na época, só existiam no Brasil.

O café e vários outros projetos pagam as contas. Mas os irmãos não possuem nada. Nada mesmo.

"Fazemos um voto de pobreza", o irmão Lawrence falou. "Por isso, pessoalmente, não tenho nada. Não tenho uma conta bancária. Não tenho nada no meu nome." Seus itens diários são, basicamente, emprestados do mosteiro. Laura Zerra ficaria orgulhosa.

Os mosteiros beneditinos são, de fato, uma tentativa radical de vida em comunidade. Mas o fato de que os beneditinos alcançaram o que as comunidades hippies dos anos 1960 não conseguiram alcançar não é falado. Um pesquisador beneditino explicou que um mosteiro "exige a pobreza pessoal, mas não eleva a condição de pobreza como se simplesmente ser pobre fosse algum tipo de virtude".

Não ter nada, como um bispo inglês explicou no início do século XX, é "uma fraqueza, não uma força. O único propósito, a única justificativa [para não ter nada] (...) é para que [um monge] possa ser mais livre". Ao se desapegarem de coisas materiais, os monges ficam mais livres para se apegarem a algo maior. Se tudo é de todos, nada tem um significado especial além de ser uma ferramenta para o trabalho. É equipamento, não coisa.

Os sinos da capela cantaram, nos chamando. O irmão Caetano me disse que o trabalho do dia seguinte seria cavar mais. Como o livro de Êxodo diz: "Que mais trabalho seja imposto aos homens, para que possam se esforçar".

Meu primeiro dia foi seguido por mais dias do mesmo: acordar cedo, ir para a capela, comer uma refeição, descansar, ir para a capela, comer uma refeição, descansar, trabalhar, descansar, ir para a capela, comer uma refeição, ir para a capela, dormir. Senti uma serenidade na repetição. Fiquei mais calmo e conectado. Não socialmente, mas comigo mesmo. Viver aquele cronograma também me fez ter mais respeito ainda pelos monges de lá. Principalmente os de 20 anos. Todos eles planejam ficar lá até o dia que morrerem.

Imagine alguém lhe perguntando o que você estará fazendo em qualquer dia aleatório daqui a décadas e você poder falar uma agenda precisa no mesmo minuto.

Seus amigos e membros da sua família irão para a faculdade, se casarão, comprarão casas, terão filhos, sofrerão os altos e baixos do trabalho, paternidade, doença e saúde e envelhecerão. Enquanto isso, os monges de lá vão orar e trabalhar. Como é agora e sempre será.

Durante os descansos, eu ficava na casa de hóspedes lendo, ou em pé em um pedaço de terra de 3m por 3m, no estacionamento da capela, que recebia sinal de celular, e mandava mensagens para a minha esposa.

Eu estava gostando de aprender mais sobre o catolicismo. A fé é a base da cultura ocidental, da sua moral e das suas lendas, e eu nunca havia aberto uma Bíblia.

Cresci em uma cidade cuja população era pelo menos 95% mórmon. Eu era um dos 5%, apesar de metade da minha família ser mórmon.

Ser um ateu na terra dos Santos dos Últimos Dias tinha seus altos e baixos. A maioria das funções comunitárias acontecia pelas alas da igreja local, então passei muito tempo sozinho. Uma vez uma garota do ensino fundamental terminou comigo em público quando descobriu que eu não era mórmon. Mas situações como essa aconteciam de forma silenciosa com frequência. E também vi a fé excluir pessoas por motivos que elas não podiam mudar, como homossexualidade. Quando era mais novo, isso era estranho para mim. (Desde então, a igreja se tornou mais receptiva a grupos LGBTQIAPN+ e ao casamento homoafetivo, apesar de a maioria das pessoas da comunidade LGBTQIAPN+ alegar que a igreja tem muito trabalho a fazer.)

Mas nem tudo era exclusão. Alguns da comunidade se envolveram e me ajudaram. Por exemplo, quando eu tinha 15 anos, um líder dos escoteiros, que era mórmon, percebeu que eu estava ficando menos ativo entre os escoteiros. O escotismo era conduzido pelo mormonismo, e na época eu estava ficando mais interessado por garotas e guitarras. Aparentemente esse cara fez com que sua missão pessoal fosse que eu alcançasse minha posição de Escoteiro Águia. E consegui.

Também pude perceber que a fé mórmon dos meus avós indubitavelmente tornou suas vidas mais ricas. Deu propósito ao meu avô depois de ele ter se aposentado na casa dos 50 anos. Ela o apresentou a amigos e proporcionou uma visão de mundo comum para sua rede. Deu-lhe uma boa desculpa para parar de beber e fumar.

Provavelmente por esse motivo, minha mãe, que era solteira, achou que alguma exposição à espiritualidade faria bem a mim. Ela me levava para a Igreja Unitária Universalista, quando eu era criança. Naquela fé, a única regra espiritual parecia ser que não havia regras além do óbvio. Não mate, roube ou adultere. Entendido. Além disso, as pessoas eram instruídas a aceitar todo mundo e acreditar no que queriam. Na escola dominical, as crianças aprendiam uma religião diferente a cada ano. Gostei da coisa da aceitação. Mas a experiência também parecia uma mistura de show do Grateful Dead com uma aula básica de Teologia. As coisas espirituais não me desciam.

No fim dos meus 20 e tantos anos, no auge do alcoolismo, um amigo me perguntou o que eu pensava sobre religião e Deus. Falei exatamente o seguinte para ele: "Se uma pessoa precisa de histórias de fada-madrinha, regras e a promessa de uma boa vida após a morte para ser um humano decente, essa pessoa não presta." Disse isso no caminho para o bar, para desmaiar de tanto beber e destruir minha vida.

Imagine uma pessoa tão ignorante assim. Em seu trabalho *Imagens Cintilantes,* a intelectual e crítica cultural Camille Paglia escreveu: "Zombar da religião é imaturo, sintoma de uma imaginação atrofiada".

A visão de Paglia agora parece certa para mim. Pronunciei minha visão ignorante sobre Deus e religião uma noite antes de me tornar sóbrio. No dia seguinte acordei rodeado pelo caos. Isso acontecia com frequência. Entretanto, dessa vez, algo estranho aconteceu. Pude ver que meu alcoolismo iria me matar cedo. Parecia que um portal se abriu por um momento. Percebi que se queria fazer a coisa certa, apesar de saber que isso traria todo tipo de sofrimento físico e mental, eu poderia ter uma chance. Isso foi há mais ou menos uma década, hoje estou sóbrio e, enquanto escrevo, ainda não estou morto.

Naquele momento, passei a acreditar ser totalmente possível existir algo maior em jogo. Parecia que Deus tinha ouvido minha baboseira da noite anterior e dito: "Não acredita? Veja isso, otário".

Agora eu acho que existe algo muito maior. Chamo de Deus porque a linguagem é limitada e a palavra é conveniente. Também percebi que não tenho que entender completamente a ideia que tenho de Deus. Como falei anteriormente, eu também estaria mentindo se não admitisse que minha crença tem altos e baixos. Por isso fiquei um pouco hesitante pela *Regra* mencionar Deus 122 vezes. Eu teria que confrontar esse fundamento instável e falar sobre isso com homens que têm completa certeza de suas crenças. Na verdade, fiquei com um pouco de inveja pelos monges conseguirem crer com todo o coração.

Como jornalista científico e professor, acredito que a ciência nos oferece muitas respostas. Mas ao longo de todo meu tempo em campo, conversando com pessoas em todo espectro da vida, aprendi que uma das coisas mais importantes em ser humano — as coisas que mais mudam a vida de uma pessoa e de uma comunidade para melhor — não podem ser mensuradas. Por milhares de anos, encaramos essas "coisas", essas ideias, por meio de lendas e rituais. Então surgiu a ciência e começou a ajudar a explicar por que certas ideias e tradições funcionam ou não. Começamos a medir com números, dados e valores. Em algum lugar do caminho desvalorizamos essas coisas mais importantes e imensuráveis.

No meu trabalho e pensamento, agora acho que isso é um equilíbrio entre ciência e alma. Se focarmos muito na ciência, perdemos os aspectos mais importantes da experiência humana. Se focarmos muito na alma, podemos ser levados ao engano.

Já vi ideias religiosas melhorarem e arruinarem vidas. Apesar da minha hesitação, o melhor da minha vida aconteceu quando eu estava mais em sintonia com minha noção vaga de Deus e mais desconectado de mim mesmo. Então vamos chamar isso de um empate.

Domingo após a missa, eu encontrei com o irmão Brendan fora dos claustros. "Quando as pessoas sofrem com coisas ruins, elas começam a orar", ele me disse. "E há uma razão para isso. Sabemos intuitivamente que há algo maior do que nós mesmos, mesmo que não saibamos o que é." Uma pesquisa sugere que ele está certo.

Cientistas da Dinamarca rastrearam as pesquisas diárias pelo termo "oração" no Google em 95 países durante o início da pandemia. Ele atingiu o maior nível de pesquisa já registrado, com um crescimento de 50%. Os pesquisadores dizem que metade do mundo orou pelo fim do coronavírus. Escreveram que "O aumento se deve a uma demanda intensificada pela religião: Oramos para lidar com a adversidade". A pesquisa mostrou que até mesmo os ateus são mais propensos a recorrer à oração em momentos de estresse.

E isso não é nada novo. Por exemplo, depois dos ataques de 11 de setembro, 90% dos americanos se aproximaram da religião. Mesmo que não oremos regularmente, oramos em momentos difíceis.

"As pessoas são buscadoras naturais. Queremos uma perspectiva simples, verdadeira e universal. Buscamos a felicidade de forma incansável, mas geralmente temos uma mentalidade limitada. Nós achamos que ela está nas próximas férias ou na próxima compra. Eu, eu, eu, acumular, comer, beber, adquirir", disse o irmão Brendan. No entanto, principalmente quando algo ruim acontece, "percebemos que devemos pedir ajuda. Então oramos. E isso ajuda. A oração ajuda. É fácil, não custa nada e leva apenas 30 segundos. A oração eleva seu coração e mente para algo maior do que você. Existe a oração mental, vocal, meditação".

Ele começou a falar sobre a prática católica de rezar o rosário. "É uma oração onde você pega cenas da vida do Senhor, que têm um aspecto sobrenatural e misterioso, e pensa sobre elas. Por exemplo, como a noite no jardim, onde Jesus sabia que seria crucificado no dia seguinte e orou por todos nós."

Isso não é muito diferente da prática koan do budismo zen. Koans são declarações, anedotas, perguntas ou trocas verbais paradoxais e enigmáticas com as quais os praticantes ponderam para ajudar a meditação e gerar um despertar espiritual. Por exemplo: "Quando as duas mãos são batidas, um som é produzido; qual é o som de uma mão batendo palma?"

Praticantes de koan admitem que não eles têm nenhum sentido — até que começa a ter. E quando começam a ter, podem provocar uma mudança mental que nos liberta.

"A oração só pode ser realizada por humanos", disse o irmão Brendan. "Podemos conseguir graça pela oração. Ela pode trazer benefícios diretos às nossas almas. Pode mudá-las para o bem, assim, tudo que fizermos imediatamente depois será melhor para os outros e, por sua vez, pra nós. Ela pode nos ajudar a nos concentrar menos em nós mesmos e sermos menos focados na mentalidade limitada."

A meditação é como se fosse uma Kim Kardashian da espiritualidade hoje: recebe todas as atenções. Mas pesquisas mostram que tanto a meditação quanto a oração tradicional podem gerar mudanças positivas em perspectiva, reduzir estresse e nos ajudar a controlar melhor nossas emoções. Por exemplo, pesquisadores da Polônia descobriram que meditadores budistas e pessoas católicas que oram experimentaram mudanças positivas iguais nas atividades elétricas de seus cérebros. Ambos métodos provocaram ondas cerebrais associadas a menos estresse e mais contentamento.

A pesquisa sugere que devemos tentar o que acreditamos ser o melhor para nós. Por exemplo, um estudo descobriu que católicos estressados perceberam uma redução maior na sua frequência cardíaca e em outras medidas relacionadas ao estresse quando oraram, em vez de meditarem. Por outro lado, uma pessoa que se dá melhor com a meditação provavelmente se sentiria melhor com ela.

Depois de analisar a pesquisa, não pude deixar de entender que a questão não é *como* você está orando. É *que* você está orando.

Portanto, seja uma oração para Jesus ou para Alá, ou uma meditação com koans ou com sua respiração ou, como Mary Oliver explicou sobre sua prática: "Não sei exatamente o que é uma oração. O que eu sei é como prestar atenção, me deitar na grama, me ajoelhar na grama, como estar inerte e abençoada, como andar pelos campos". Apenas faça algo que lhe ajude a se desconectar de si mesmo.

Depois de participar de vinte sessões na capela, descobri que me identifico com a visão de Oliver. Minha parte favorita de cada dia era às 6h45 da manhã. Enquanto os irmãos terminavam os Salmos e se dedicavam à oração silenciosa, eu saía da capela. Ficava sentado na escada dos claustros para assistir o sol nascer sobre a natureza. Observava pássaros sendo pássaros, insetos sendo insetos e o sol emergindo e iluminando um novo dia. Não acho que os irmãos estejam errados em sua abordagem diante do silêncio. É no silêncio que ouvimos.

Quinto dia, 14h. Eu tinha grandes planos de continuar cavando aquele monte de terra e pedras. Estava no estacionamento esperando o irmão Caetano. Minhas luvas de couro estavam enfiadas no bolso traseiro da minha calça de trabalho de lona. Então o padre Matthew se aproximou de mim.

O padre Matthew comanda todas as sessões da capela. É o padre chefe no mosteiro Nossa Senhora de Guadalupe e a potência intelectual daquele lugar, pelo que eu havia concluído. Um monge me contou que ele fala seis idiomas. "Vamos dar uma caminhada", disse.

Enquanto atravessávamos o estacionamento em frente à capela, o irmão Caetano deu uma freada deslizante na caminhonete Chevrolet. Ele se projetou um pouco para fora, pela janela do lado do motorista.

"Ouvi dizer que você não vai trabalhar comigo hoje!", ele gritou.

"Vou dar uma caminhada com o padre Matthew", eu disse.

"Ok, divirta-se! Aquele monte de terra estará te esperando amanhã!"

O irmão Caetano pisou fundo no acelerador, levantando poeira e pedrinhas.

Padre Matthew nos levou a uma estrada de terra para além dos campos, estufas e galinheiros do mosteiro.

Depois entramos em uma trilha cheia de grama, passando por um pinheiro grosso que tinha uma placa de metal redonda e triangular presa nele. Letras maiúsculas arqueadas entre as duas pontas da placa diziam: "TRILHA DE DIVISÃO CONTINENTAL".

Exatamente 1.278km dos 4.873km da Trilha de Divisão Continental cortam o estado do Novo México de norte a sul. Andaríamos por alguns quilômetros da trilha que passa pelas terras do mosteiro.

A trilha serpenteava e descia, perdendo elevação enquanto passava pelo alto deserto. Estava cheia de uma grama verde exuberante que havia crescido demais. "Choveu muito este ano", disse o padre Matthew. "Geralmente é muito mais fácil ver a trilha."

Perguntei-lhe a mesma coisa que havia perguntado a todos os monges: "Como você veio parar aqui?"

"Estava na universidade e era fascinado pelo dinheiro", disse. "Fazia engenharia porque achava que era o que mais me daria dinheiro naquela época. E acabei tendo dois empregos de verão que me pagavam muito bem, mas foi algo inesperado. Por causa deles, tinha uma garantia de emprego com uma remuneração bastante alta quando me formasse."

Isso foi na década de 1980, em Midland, Texas, trabalhando com petróleo. "Naquela época ocorreu um boom no setor petrolífero", disse o padre Matthew. "Os negócios iam tão bem que havia uma revendedora da Rolls-Royce em Midland, que era uma cidade de 80 mil habitantes. Um ponto no mapa na Bacia do Permiano no oeste do Texas."

O compositor Robert Hunter, da banda Grateful Dead, escreveu uma letra que dizia: "De vez em quando você recebe a luz / Nos lugares mais esquisitos, se olhar direito". Para o padre Matthew, a luz brilhou do ornamento cromado do capô de um Rolls-Royce que cruzava os campos petrolíferos áridos e cheios de poeira de Midland.

"Parecia artificial de uma forma muito gritante. Ninguém com quem eu trabalhava queria estar em Midland, na verdade. Mas a única razão pela qual eles estavam lá era o dinheiro", disse. O padre Matthew explicou que a ideia era trabalhar em um emprego que não queria até completar 63 anos, em um lugar em que não queria estar, para que pudesse dirigir um carro pelo qual pagou várias vezes o salário médio americano. Assim, exibiria aquele carro para outras pessoas que estavam trabalhando em um emprego que elas não queriam, em um lugar onde não queriam estar, para que também pudessem dirigir um carro luxuoso.

"Percebi que o dinheiro não iria satisfazer a minha alma", falou.

O padre Matthew parece James Carville, mas com o corte de cabelo de tonsura. Ele estava usando um chapéu de sol de aba larga, feito de poliéster absorvente. Do tipo que pessoas idosas que gostam de ficar ao ar livre compram na REI. Sua túnica de trabalho marrom ia até as linguetas das suas botas de caminhada da Timberland.

Então começou a repetir as palavras de Tomás de Aquino. "Essa busca por posses, títulos ou dinheiro é toda uma busca por felicidade. Nós nos convencemos que a próxima coisa, realização, refeição, bebida, promoção ou aumento de salário nos fará feliz", disse. "E não há nada de errado com nenhuma dessas coisas. Por exemplo, se eu beber para relaxar e desfrutar da companhia de meus amigos, não tem problema algum. Se eu comprar algo que me ajudará a alcançar um objetivo maior, ótimo. Mas essas coisas podem proporcionar uma felicidade falsa e fugaz. E podemos correr atrás dela. Muitas pessoas usam essas coisas e experiências para se distrair, escapar da realidade e anestesiar algo, e isso é destrutivo."

Padre Matthew tem 60 anos, mas se move como uma pessoa com metade da sua idade. Não houve nenhuma demora na colina e nem hesitação em seus pés. Bishop, o pesquisador da felicidade beneditina, me disse que a maioria dos monges que ele estudou tende a permanecer com um peso saudável durante toda a vida e a se manterem dinâmicos pela maior parte dos seus anos. Isso se deve à *Regra* que, lembre-se, fala sobre o exagero de comida e pede que os monges se movam e trabalhem todos os dias. "Se você puder continuar a se mover e andar pelo seu ambiente, isso provoca mais satisfação com a vida. É uma razão pela qual monges e freiras parecem ter uma maior qualidade de vida e serem mais felizes conforme envelhecem", Bishop contou.

Após 20 minutos, o padre Matthew parou em uma pequena mas robusta saliência de granito cinza, que estava cozinhando sob o sol. Ao redor, algumas figueiras da Índia emergiam da terra marrom-clara. Atrás deles havia alguns pinheiros e arbustos. Botânicos da Universidade Western do Novo México dizem que há mais de duas mil espécies de plantas na Floresta Nacional de Gila.

"É ali que as cascavéis vivem", disse. "Elas se aquecem nas pedras e têm estado bem ativas esse ano, então tome cuidado."

Eu ouvi um riacho ao longe enquanto descíamos. "Podemos nos convencer de que coisas mundanas nos farão felizes", disse o padre Matthew. "Quando as conseguimos, nos sentimos bem, mas aquela felicidade não dura. Então procuramos a próxima coisa que nos dará felicidade. Vivemos em uma grande máquina publicitária que nos convence que o mundo gira em torno de nós. Perdi as contas de quantas pessoas vi que pareciam ter tudo — um emprego com uma boa remuneração, casa e carros bons, uma esposa e uma família amorosa —, passam por uma crise de meia-idade e vêm para cá." Às vezes o mosteiro tem as respostas. Às vezes não. Mas o importante é que eles começaram a fazer perguntas e procurar pelo estranho lugar que pode lhes mostrar a luz.

"Por outro lado, também já conheci várias pessoas muito ricas que estão perfeitamente felizes porque têm algo maior em suas vidas", disse. Sua riqueza não era prioridade. Elas apenas tinham um emprego que as pagava relativamente mais do que outros empregos.

Quando chegamos ao riacho, o padre atravessou as rochas negras. Elas ficavam inclinadas e desciam dos dois lados, orientando o rio como um pequeno cânion. Os bancos de rochas eram lisos devido aos anos de água correndo sobre eles, cavando cada vez mais fundo. Ele pulou para o outro lado do rio.

O riacho passava por nós, entrando em um amplo lago que se confinava em um banco de rochas negras. Sentamos naquele banco para continuar a conversa.

Contei ao padre Matthew minha visão de como tudo que nós sabemos de verdade sobre a felicidade é que ceder constantemente aos nossos desejos — o que os monges do mosteiro chamam de "mundanismo" — parece gerar infelicidade no longo prazo. Quando entendemos isso, a felicidade não fica tão custosa como imaginamos.

"Você pode ver isso aqui, neste mosteiro", disse ele. "Veja todos esses homens jovens daqui e as mulheres do convento. Apesar da austeridade, da carga de trabalho e de todas essas coisas que podem parecer provações e um completo desperdício de tempo, todas essas pessoas são felizes."

Pensei em como assumir e superar desafios tem sido tão recompensador para mim. Principalmente os desafios intelectuais ou grandes desafios físicos na natureza, como uma caçada no interior ou uma corrida longa em trilha. "Parece que realizar coisas difíceis é recompensador para nós", falei.

"Sim, isso pode ser recompensador", ele disse. "De uma forma natural. Mas lembre-se de que isso tem uma duração. Você pode fazer isso por sessenta anos e não ter mais nada além disso. Seu corpo mudará. O desafio é parte disso. Uma parte integral disso. Mas os desafios não podem ser sempre físicos. Nós temos corpos e almas. Você tem que cuidar e desafiar seu corpo e mente, mas também sua alma."

Uma pinha flutuou rio abaixo. Nós a assistimos vindo à superfície, se movendo com o fluxo e entrando em um pequeno redomoinho. Então ele continuou: "Você vai morrer — tem que aceitar isso. Por mais saudável que esteja agora, um dia você não estará assim. Seu corpo desaparecerá. E depois? Você terá apenas uma alma. Portanto, também precisa pensar nisso. Precisa encontrar um significado mais profundo. Essa é a questão. As pessoas se concentram muito na felicidade. Ninguém nunca estará completamente feliz o tempo todo porque a felicidade é um alvo que está em movimento. É melhor nos concentrarmos em coisas que sabemos que são boas e buscá-las. Assim, a felicidade se tornará um produto derivado. Ela vem quando colocamos todo o resto em ordem e a subordinamos ao objetivo maior. Para nós, o objetivo maior é buscar a Deus."

Ele está certo quando diz que a felicidade é um alvo em movimento. Até mesmo a ciência da felicidade é instável, e nós não entendemos completamente o que faz todo mundo feliz. No entanto, ainda buscamos o que ouvimos que vai nos fazer feliz, e tomamos decisões a partir de dados questionáveis.

Décadas de pesquisa sobre a felicidade são inconclusivas sobre a proporção exata de quanto da nossa felicidade vem de nossas escolhas. Por exemplo, um grupo de cientistas afirmou que 50% dela vem dos nossos genes, 10% das nossas circunstâncias de vida e 40% das nossas escolhas. Isso significa que nossas ações determinam 40% da nossa felicidade. Entretanto, um outro estudo mostra que nossas escolhas influenciam apenas 15% da nossa felicidade.

Mas quem se importa com o número exato? A questão é que a ciência concorda que podemos mudar um certo nível da nossa perspectiva. E isso tem a ver com, como o psicólogo e sábio pesquisador da felicidade russo, Dmitry Leontiev escreveu: "a forma como organizamos nossas vidas, nos relacionamos com as pessoas, os objetivos que buscamos, com o que está nas nossas mãos e é um objeto da nossa escolha".

Portanto, a verdadeira pergunta é: quais são as escolhas certas? O que podemos fazer para alterar aqueles 40% ou 15%, ou qualquer que seja a porcentagem?

Estudos diferentes e cursos, livros e podcasts famosos baseados nesses estudos falam sobre uma mistura de atenção plena, gratidão e sociabilidade. Os monges, é claro, praticam a oração, um tipo de atenção plena árdua que é diferente da meditação que está em alta.

Eles também tem uma abordagem semelhantemente contraintuitiva em relação à gratidão, que para eles não tem a ver com bençãos, mas com sacrifício e escassez. Um monge me disse que a austeridade e as privações os ajudam a focar no que importa. E assim, quando recebem uma refeição maior ou outro item raro que achamos comum no dia a dia, isso se torna uma benção pela qual sentem uma profunda gratidão. A privação ocasional faz com que o ordinário se torne extraordinário.

Pesquisas modernas e milhares de anos de sabedoria sugerem, de fato, que é difícil para os humanos reconhecerem e valorizarem as bençãos se elas estiverem ao alcance em todos os momentos. Viver privações de forma proposital pode nos ajudar a perceber como é bom ter — apreciar as maravilhas do nosso mundo de abundância. É uma ideia integrada à mitologia antiga e à maioria das religiões. Pense na Quaresma, no Ramadã ou no Yom Kippur.

Podemos passar algum tempo na natureza, completamente afastados dos confortos modernos. Podemos escolher um ou dois confortos e nos privar deles por um tempo. Funciona como uma reinicialização profunda. Então, quando tivermos essas coisas de volta, podemos experimentar verdadeiramente como elas são maravilhosas. A gratidão geralmente vem da escassez, uma ideia embasada pela neurociência moderna.

Também podemos sentir isso ao doar, disse Bishop. "Doar algo que você tem, mas que outras pessoas não têm é importante para a gratidão", ele disse. "Acredito muito que pessoas que vivem vidas longas e boas se dedicam de forma consistente a ajudar outras pessoas."

Entretanto, talvez a maior diferença entre a pesquisa e conselhos modernos sobre felicidade e a forma de vida dos monges é a sociabilidade. Ou, na verdade, sua falta.

Pesquisadores de felicidade da Universidade de Yale afirmam que estar com outras pessoas é "uma condição necessária para uma taxa de felicidade muito alta". Ou seja: sem vida social, sem felicidade.

Os cientistas apontam para pesquisas que descobriram que pessoas sociáveis são felizes. Mas os monges do mosteiro Nossa Senhora de Guadalupe são um enigma. Eles vivem juntos, sim, mas não acho que os chamaria de totalmente sociáveis. Ficam em silêncio durante a maior parte de suas vidas e ignoram uns aos outros na maior parte do dia. A palavra "monge" vem da palavra grega *monos,* que significa "solitário" ou "sozinho".

Apesar de sua falta de sociabilidade convencional, esses monges são felizes. Bishop me contou que redes sociais são importantes, mas provavelmente não são o aspecto mais importante, como aprendemos. Principalmente conforme envelhecemos. "Os monges têm o que é chamado de apoio antecipatório", disse. "Eles podem não conversar ou interagir com muitas pessoas, mas sabem que se precisarem de ajuda de alguém ou apenas de um estímulo, podem contar com o outro. Acredito que isso é importante para a felicidade."

E podemos construir esse apoio antecipatório internamente. "Descobrimos que pessoas que passam dos 100 anos e que estão muito satisfeitas com suas vidas tendem a ser religiosas", falou. "Quando tudo se vai, quando tudo se perde, e nem tudo vai bem para essas pessoas, elas ainda têm esperança. Elas ainda tem algo no qual buscar alívio. É como se fosse um mecanismo de sobrevivência para a longevidade. Deus é alguém em quem elas podem depender, conversar, confiar e sentir que podem contar."

É claro que faz bem construir boas relações humanas. Mas uma sociabilidade forçada pode ser contraproducente, e focar tanto nela provavelmente nos levou a esquecer do outro lado da moeda da felicidade. "Há uma diferença entre o isolamento e a solidão, e eles geralmente estão associados", disse Bishop. "A solidão é proposital e intencional."

O renomado psicólogo inglês Anthony Storr escreveu sobre a solidão: "Algumas das experiências psicológicas mais profundas e reparadoras que os indivíduos enfrentam acontecem internamente e são relacionadas distantemente, quando muito, às interações com outros seres humanos". Seu trabalho mostrou que a psicologia moderna valoriza tanto os relacionamentos humanos que pode orientar mal as pessoas.

Forçá-lo pode até criar problemas. Nossos mundos e relacionamentos sociais às vezes nos fazem sofrer, como mostrou o trabalho do pesquisador Cameron Anderson, da Universidade da Califórnia, em Berkeley. Buscar relacionamentos humanos apenas pela nossa felicidade pode gerar um ciclo de escassez vazio e pernicioso.

Pesquisas e o senso comum sugerem que é melhor ter um grande amigo com o qual você se importa verdadeiramente e com quem pode contar do que um milhão de amigos medíocres. Para alguns monges do mosteiro, esse " grande amigo" parece mesmo ser Deus. Há um monge lá que vive como um ermitão. Ele tem uma pequena cabana na floresta. Deve ter uns 55 anos e só o vi duas vezes. Não fala nada quando vai pegar a refeição. Depois volta para a natureza alegremente.

Outros monges como esse existiram ao longo da história. As pessoas que vemos como um exemplo da felicidade alcançavam esse estado com frequência ao se isolar da sociedade. Elas se retiram para a solidão quando querem encontrar esclarecimento e felicidade total. Buda fazia isso. Jesus fazia isso. Maria Madalena, considerada a apóstola dos apóstolos, viajou para a França depois da ressurreição de Jesus e viveu o resto da sua vida sozinha em uma caverna. Santo Antão, um dos primeiros e maiores Padres do Deserto, viveu sozinho no deserto por mais de 30 anos. O Dalai Lama disse: "Buscar a solidão como um animal selvagem. Essa é a minha única ambição". Ele afirma que precisamos de solidão para nos entender e nos transformar verdadeiramente.

Passar tempo sozinho e sem interferências permite que nos afastemos do barulho e façamos perguntas mais profundas. Isso pode até nos fazer pensar de maneira diferente. Melhor.

Edward Gibbon, intelectual inglês do século XVIII disse que a solidão "é a escola dos gênios". Ele não está errado. Isaac Newton, em isolamento e sozinho devido a uma epidemia de praga em 1665, viveu seus anos mais produtivos revolucionando nosso entendimento da matemática e da gravidade. Gregor Mendel, um frade, descobriu o início da genética enquanto estudava plantas sozinho. Charles Darwin chegou ao cerne das suas ideias sobre evolução ao se isolar em casa depois de sua jornada de 5 anos no HMS *Beagle.* Nikola Tesla, provavelmente o maior inventor de todos os tempos, disse: "A mente se torna mais aprimorada e aguçada em reclusão e solidão ininterrupta (...). A originalidade prospera na reclusão, livre de influências externas".

Tesla estava certo em suas ideias sobre originalidade e solidão. Ela também impulsiona a criatividade. Georgia O'Keeffe, Frida Kahlo, Emily Dickinson, Marcel Proust, Beethoven, Steve Jobs e outros tiraram proveito do poder criativo da solidão.

Pesquisas novas estão provando que todos eles estão certos. Um time de cientistas da Universidade de Buffalo descobriu recentemente uma grande falha na ideia de que *precisamos* de outros para sermos felizes. Eles analisaram as pesquisas existentes e descobriram que grande parte do trabalho se concentra em pessoas que estão sozinhas por causa de medo ou ansiedade. Em outras palavras, essas pessoas não queriam estar sozinhas, mas estavam por causa de um problema psicológico.

É tão surpreendente assim que perguntar para um monte de pessoas ansiosas e aterrorizadas que não têm amigos se estão infelizes levaria a alguns dados que sugerem que ter menos amigos pode fazer uma pessoa menos feliz? Não.

Com isso em mente, cientistas estudaram grupos que chamaram de "antissociais". Essas pessoas não têm ansiedade social ou outros medos, e simplesmente preferem ficar sozinhas. Dê a elas uma escolha entre ir a uma festa ou passar a noite em casa, sozinho, lendo um bom livro, e elas escolherão uma festa consigo mesmas, obrigado.

Os cientistas descobriram que essas pessoas pontuaram mais na criatividade e pareciam tão felizes quanto nossas contrapartes sociais.

Entendo isso. Muitos dos meus momentos que considero terem sido os "mais felizes" foram empreitadas solitárias. Caminhadas de manhã cedo em lugares bonitos. Escrevendo, pensando e transformando energia criativa em uma arma para realizar algo.

Embora eu escolha esses momentos de solidão, eles podem ser desafiadores no início. Já passei por momentos de profunda solidão. Mas ao superar esse desconforto e tentar desvendar suas revelações mais profundas, tive insights. Emergi do abismo interno como uma pessoa melhor — com autoconhecimento e autoconfiança maiores. Percebi que não preciso do outro para me sentir bem. Esse processo de se sentir bem pode ser igual ao deserto descrito em Jeremias 2:6: "uma terra árida e cheia de covas, uma terra seca e de trevas, terra pela qual ninguém passa e onde ninguém vive".

Mas a liberdade reside na austeridade. Quando voltamos desse abismo, somos uma versão melhor de nós mesmos. Mais sociais, prestativos, gratos e empáticos. Valorizando mais nossos bons relacionamentos.

Quando pressionados, os pesquisadores da felicidade reconhecem que milhões de pessoas ao longo da história encontraram grande significado e satisfação no profundo trabalho da solidão. Mas eles alertam que ela não é algo para "pessoas comuns". Eu discordo. Os monges discordam. Milhares de anos de lendas e tradição cultural discordam. Quem, exatamente, é comum?

Se não explorarmos esse abismo, podemos nos privar de níveis elevados de felicidade, significado, conexão e insight. Ele pode ajudar a nos tornarmos extraordinários. Como um monge anônimo escreveu sobre a solidão no século XIX: "Você arrisca muita coisa ao hesitar se jogar no abismo."

Tudo isso significa que a felicidade é um alvo em movimento. Entendemos o que faz algumas pessoas felizes, mas não todas. Quando buscamos a coisa mais nova que todos dizem que nos fará felizes, tomamos decisões a partir de dados questionáveis e mutáveis. É como se estivéssemos sempre moldando nossa vida para se encaixar à descoberta do estudo sobre felicidade mais recente.

O padre Matthew olhou para o horizonte e disse: "Apenas colocamos todos os aspectos das nossas vidas em ordem e os subordinamos ao objetivo principal, que é buscar a Deus. Se você se concentrar apenas em você e na sua felicidade, primeiro, você vai machucar outras pessoas e depois destruirá sua própria felicidade. A forma de nos tornarmos felizes é esquecendo de nós mesmos e amando Deus".

Claro, Deus não é a resposta para todos. Não está nem perto disso. Mas talvez tudo se resuma a entender que não somos o centro do universo, que há outras coisas maiores do que nós. Não necessariamente conseguimos quantificar essas coisas, e elas não são encontradas em prazeres fugazes, fama, seguidores, dinheiro, coisas ou aplicativos. Nosso bem-estar parece ser determinado não por um único ponto final, mas por uma média contínua das nossas ações. E também por uma disposição para explorar nosso interior, em vez de correr atrás da próxima coisa que achamos que nos fará felizes. A espiritualidade contraria o que o cérebro de escassez nos impulsiona a fazer e nos pede para realizar um trabalho profundo.

Isso significa escapar do ciclo de escassez da felicidade ao remover a oportunidade. A oportunidade que estamos buscando não é mais "ser feliz". A busca pela felicidade por si só, como o padre Matthew disse, pode ser como um tiro que sai pela culatra. Em vez disso, a oportunidade se torna uma variedade de resultados que são úteis para nós e para outras pessoas. E como todas as recompensas imprevisíveis das nossas ações se acumulam, ficamos felizes.

O padre Matthew viu seu relógio. A Véspera iria começar em quarenta minutos, então nos levantamos e caminhamos pela trilha sinuosa de volta para o mosteiro. Quando chegamos na capela, ele parou e se virou para mim.

"Se não se importar que eu diga, acho que você está em busca", disse. "Com todas as suas viagens e aprendizado, você não vai encontrar o que está buscando na Terra. É preciso se libertar do tempo e do espaço e encontrar algo maior. Essa procura tem acontecido desde o início da humanidade."

Ele continuou: "Pergunte-se: O que devo fazer com minha vida? Para onde devo ir? O que deveria fazer? Quem sou eu? O que significa toda essa linda ordem? Essas são perguntas que você tem que fazer a si mesmo seriamente e responder. Você é o único que pode fazer isso. No final de tudo, é você e algo maior. Esse é o drama de toda vida humana. E vale a pena ser parte disso".

Portanto, talvez a felicidade seja o esforço dramático de uma caminhada longa e dura com nenhum destino aparente. O terreno é difícil e o clima não está sempre perfeito. É um passeio em direção a um abismo. Mas em algum momento do caminho, ao tentarmos nos concentrar menos em nossos desejos imediatos em cada passo, percebemos que somos felizes, mesmo que a jornada não tenha acabado.

EPÍLOGO

O que Fazemos Agora

No meu último dia no mosteiro, entrei na capela para a Matina. Todos os monges se enfileiraram às 3h25 da manhã, como fazem todos os dias. Como farão pelo resto de suas vidas.

"*In Deo salutáre meum, et glória mea: et spes mea in Deo est.*"

Escutei seus cantos ecoarem das paredes de pedra na luz fraca. Uma brisa fria entrava pelas janelas trincadas e pela porta. Depois de 15 minutos, eu me levantei e voltei para o meu carro, dirigindo pela longa estrada de terra novamente, voltando para Las Vegas.

Passei todas as 9 horas de viagem em silêncio. Era um bom momento para começar a processar meus últimos dois anos investigando o cérebro de escassez e como ele me mudou.

Estava em uma estrada de duas pistas vazia, que cruzava planícies áridas e onduladas. O sol nascia no meu retrovisor, deixando o céu atrás de mim completamente dourado. Pensei em uma conversa que tive no início da jornada.

Antes de ir para o Iraque a fim de pesquisar sobre adicção, viajei a San Diego para me encontrar com Mike Moreno. Ele agora trabalha com startups de tecnologia, mas passou mais de uma década no Oriente Médio trabalhando para várias agências governamentais, inclusive anos como um oficial de operações da CIA. Muito desse tempo foi no Iraque, no auge do combate.

Ele havia concordado em me dar um curso intensivo de um dia sobre sobrevivência. Era o professor certo para a minha situação.

Ele me pegou no aeroporto e jogou minha bagagem no banco de trás da sua SUV, que tinha uma mala cheia de fita adesiva, algemas, cordas, lacres, capuzes e armas.

Moreno e eu passamos pelo porto e fomos para o interior, para dentro do deserto acidentado e montanhoso da fronteira dos EUA com o México. Para cima e para baixo em estradas de terra rodeadas por arbustos secos e envoltos pelo calor implacável. Estávamos do lado americano, a 16km de Tecate, quando encontramos um pequeno cânion onde poucas pessoas vão.

Soldados são fortemente armados, usam colete à prova de balas e estão integrados a um grupo de outros soldados que também são fortemente armados e usam coletes à prova de balas. Eles têm segurança com armas e números.

"Mas o que você vai fazer no Iraque e o que eu fiz para a CIA são muito parecidos", ele disse. "Nós dois trabalhamos sozinhos e em grande parte sem defesa em ambientes agitados para conseguir informação de fontes. Sei que você pode conseguir informações. Mas precisa aprender a sobreviver se algo der errado."

Moreno apresentou muita teoria sobre a arte de evitar perigos e sequestros. Mas também sobre como poderia escapar se fosse sequestrado.

Primeiro, aprendi habilidades comportamentais, por exemplo, como interagir com os locais. Como me comportar para que possíveis sequestradores pudessem começar a me ver como um ser humano. "O Estado Islâmico simplesmente não vai te libertar", afirmou. "Mas falar e fazer as coisas certas nos momentos certos pode fazer com que eles façam algo tipo afrouxar um pouco suas amarras. E isso pode ser uma deixa."

Depois me ensinou as habilidades técnicas. Como escapar se minhas mãos fossem amarradas na minha frente ou atrás de mim com algemas, lacres ou fita adesiva. Como reagir se alguém apontasse uma arma para o meu rosto ou viesse por trás de mim e a apontasse para a minha cabeça. Como escapar do porta-malas de um carro. Como usar eficazmente uma série de ferramentas de sobrevivência urbana que ele me falou para comprar. Como aumentar minhas chances de sobreviver a um tiro.

Nossa conversa era interrompida de vez em quando pelo barulho das hélices de helicópteros. A Patrulha da Fronteira dos EUA examina a área regularmente do alto. Em certo momento percebemos que o que estávamos fazendo provavelmente parecia pelo menos um crime de categoria média. Moreno escondia a arma falsa que estava segurando. Eu escondia meus pulsos amarrados. Nós dois ríamos.

Finalmente estávamos bronzeados e sentados na porta traseira do seu SUV. "Todas essas habilidades que lhe ensinei", disse Moreno, "você nunca terá que usá-las — até que tenha que usá-las. E sua vida dependerá delas."

Continuou: "Mas o que eu quero mesmo que você leve daqui, é que saiba que se algo der errado, sua sobrevivência dependerá da sua vontade de viver. Algumas pessoas simplesmente desistem. Mas as que escapam e sobrevivem têm vontade de viver. Nunca param. Nunca desistem. Elas se agarram à vida, suportam a dor, juntam forças e nunca param de tomar a decisão de fazer coisas difíceis que as levem em direção à sobrevivência".

E no fim das contas isso é, segundo ele, uma escolha. Então deu uma pausa.

"Honestamente, estou com inveja que você vai para o Iraque", contou. Nós passamos 8 horas falando sobre todas as razões pelas quais minha ida para lá não era favorável para a longevidade. "Por quê?", perguntei, bastante incrédulo.

"Bem", ele disse, "havia uma pureza, foco de vida e missão ali. Os extremos da condição e da experiência humanas colocam a vida em um foco muito nítido. Eles o recalibram de uma forma que você pode nunca voltar a ver como via antes. Eles fazem lembrar o que é importante de verdade na vida."

Eu havia lido relatos iguais. Por exemplo, em *The Things They Carried*, Tim O'Brien contou sua experiência como soldado no Vietnã: "Em sua essência, talvez, guerra é apenas outro nome para morte, e no entanto, qualquer soldado dirá a você, se ele contar a verdade, que a proximidade da morte traz consigo uma proximidade correspondente à da vida. Depois de um tiroteio, sempre há um imenso prazer por estar vivo".

Depois perguntei sobre isso à minha amiga Jaala Shaw. Ela passou anos ensinando crianças em zonas de conflito, como no Afeganistão. "Esses ambientes difíceis são meus lugares favoritos no mundo", contou. "Não por causa do conflito, mas por causa do significado que as pessoas e eu encontramos na vida, apesar das circunstâncias difíceis. Algumas pessoas acham que eu anseio pelo perigo. Não é isso. Na verdade, tem mais a ver com a vida. Você aprende a viver com mais significado quando pode morrer a qualquer momento."

Outro amigo, Yohance Boulden, um soldado que foi cinco vezes para o Afeganistão e Iraque, falou a mesma coisa. "Não acho que vou superar o tempo que passei lá", disse. "Na guerra, coisas que não valorizamos se tornam importantes e passamos a valorizá-las. Você fica feliz com cartas, comida quente, banho quente. Se sente mais vivo e focado quando decisões parecem ter uma consequência maior."

Quando voltei do Iraque, liguei para Moreno. "Eu entendi", falei a ele. Expliquei como havia algo contraintuitivamente vivificante que a tensão de estar no Iraque impunha. Sempre ficava virando minha cabeça para os lados. Cada ação parecia ter uma grande consequência.

E fiquei lá apenas uma semana. Entendi que quanto mais tempo ficasse, mais risco correria. Não apenas fisicamente, mas também psicologicamente.

"Sinto muita culpa quando me lembro do tempo que passei lá", Moreno me contou. "As circunstâncias com certeza afetaram seriamente minha saúde mental, mas também me fizeram uma pessoa melhor, mais grata e útil. Elas mudaram completamente o que considero um problema."

Há uma linha tênue entre estresse pós-traumático e crescimento pós-traumático. Algumas pessoas que têm experiências como as de Moreno, Shaw e Boulden nunca voltam a ser quem eram antes.

"É muito difícil", Moreno falou sobre seus sentimentos complicados. "Não quero que meus filhos passem pelo que eu passei. Mas eles precisam ter experiências na vida que mudem suas perspectivas e façam com que valorizem as coisas. E, claro, não apenas meus filhos. Todo mundo."

Enquanto dirigia para casa voltando do mosteiro, pensei muito sobre a vontade de viver. Por quase todo tempo nossos ancestrais tinham que colocar a vontade de viver em prática. A cada dia lutávamos para ter mais, impulsionados pelo ciclo de escassez que levava à persistência. E quando encontrávamos o que estávamos procurando, vivenciávamos grandes recompensas. Como Zentall disse: "Esse valor psicológico extra encoraja a persistência futura e nos dá energia para continuar procurando. Acho que isso se traduz no mundo moderno quando os humanos valorizam mais as coisas que tiveram que trabalhar arduamente e por mais tempo para conseguir".

Mas esses ciclos de escassez do nosso passado eram diferentes dos que são oferecidos para nós hoje. Desejávamos prazer e facilidade, mas raramente conseguíamos essas coisas. Nossos ciclos de escassez eram desafiadores e desconfortáveis no curto prazo, mas recompensadores no longo prazo. A vontade de viver era imposta.

O grande milagre da vida hoje é que nossa sobrevivência não exige mais a prática constante da nossa vontade de viver. Mas também há um risco integrado a essa promessa.

Boulden me contou: "O que mais me incomoda hoje é ver pessoas reclamando sobre coisas banais ou desperdiçando seu tempo. Pessoas que desperdiçam seu tempo me incomodam muito. As pessoas rotulam isso como se eu estivesse sendo um veterano irritado. Mas acho que é uma questão de ver cada momento como algo precioso e saber que estou vendo a perda de tempo". Essa é uma fala comum entre veteranos de guerra. E depois das minhas viagens a lugares extremos e difíceis, vejo isso em mim mesmo. Nós só temos uma chance para viver.

O ciclo de escassez, como ocorre com frequência no nosso mundo moderno, se inverteu. Hoje ele nos leva a buscar confortos a curto prazo, como substâncias que alteram nosso estado mental de consciência, diversão online e compras. Essas coisas são legais e divertidas se usadas de forma consciente e com moderação. Mas também podemos cair facilmente e com frequência no ciclo de escassez moderno por motivos diferentes da diversão — à custa de recompensas a longo prazo, crescimento e significado. E é aí que os problemas ascendem à superfície.

Esses são problemas físicos, psicológicos e até espirituais. No entanto, é difícil escapar do ciclo porque ele é bom e oferece um escape em curto prazo dos problemas que causa. E ele é muito natural para nós. Estamos fazendo o que nossa espécie sempre fez — só que em um campo de atuação radicalmente novo. Essas são as águas nas quais nadamos. Os pombos engaiolados de Zentall só apostam porque precisam de algo que pareça o exercício da vontade de viver.

As pessoas que conheci na minha jornada são muito parecidas com o tiktaalik, aquele peixe ancestral que deixou a água em busca de outra coisa. Ou com os pombos de Zentall, que foram libertos em ambientes naturais e pararam de apostar. Ou com Moreno, Shaw, Boulden, Zerra, Vande Hei e os monges, que se colocaram em posições que impuseram a vontade de viver.

Moreno disse: "Como podemos transmitir as lições dessas experiências sem que as pessoas tenham que vivê-las? Acho que uma parte disso é assumir pequenos riscos no dia a dia. Buscar aventuras e experiências que constroem perspectivas".

Esses riscos e aventuras podem ser grandes e pequenos. Os problemas de escapar para o ciclo de escassez geralmente são um sinal. Eles indicam que está na hora de fazer escolhas desconfortáveis que forçam a vontade de viver.

Os engenheiros dos caça-níqueis de Las Vegas me disseram que uma pessoa presa no ciclo de escassez para apenas por três motivos: a oportunidade desaparece, as recompensas param de chegar ou a repetição desacelera.

Aprendemos a cair na adicção quando uma substância ou comportamento nos dá uma oportunidade fácil de solucionar nossos problemas e melhorar nossas vidas por um breve momento. Mas podemos, como o Dr. Abdul-Razaq falou, nos esforçar para resolver nossos problemas de uma forma diferente e criar oportunidades novas e melhores para nós mesmos.

Podemos resistir à atração dos números que reduzem experiências humanas complexas e belas em sua complexidade a um jogo simples. Podemos determinar por nós mesmos as recompensas que queremos em um comportamento. Elas não precisam ser curtidas, contagem de seguidores, notas, salários, classificações e pontos. Podemos inventar nosso próprio jogo com objetivos diferentes que aprimoram a forma com que gastamos nosso tempo e interagimos com outras pessoas. Esses objetivos serão mais difíceis de serem medidos, mas serão muito mais relevantes do que qualquer coisa que podemos quantificar.

Podemos desacelerar a repetição rápida embutida no nosso sistema alimentício moderno comendo comidas tsimane, os alimentos que os humanos comem por milhares de anos. E, se precisarmos, remover a oportunidade completamente, ao não deixarmos comidas que nos atraem em casa.

Podemos reduzir a nossa frequência de compras ao vê-las através das lentes de equipamentos, não coisas. É a adoção de uma mentalidade utilitária e sua aplicação às nossas posses atuais e futuras para realizar mais daquilo que melhora de verdade nossas vidas e nos dá significado. Fazer com que os itens "valham seu peso" e solucionar problemas criativamente com o que temos são profundamente recompensadores e provocam resultados melhores. Uma vez que vivenciamos essas recompensas, a recompensa imprevisível que uma compra futura pode provocar se torna menos atraente.

Podemos resistir ao nosso cérebro informívoro e seu desejo por certeza e respostas para cada desconhecido. Podemos perceber que as recompensas imprevisíveis das informações que lemos na internet geralmente nos orientam de forma errada. Elas nem sempre melhoram nossas vidas ou nossa compreensão e nos estressam com frequência. Podemos fazer o que os humanos do passado faziam: exercitar nosso impulso de explorar; atravessas novas fronteiras no mapa e nas nossas mentes. Podemos ir para o mundo e nos esforçar para conhecer o desconhecido. É isso que proporciona sabedoria, entendimento e uma vida repleta de histórias.

Podemos inverter os ciclos de escassez para ciclos de abundância. Isto é, encontrar hobbies que tenham as três partes do ciclo de escassez mas nos ajudem a fazer coisas que são boas para nós. Como o que Zerra faz ao caçar galhadas ou o que Hanke fez com *Pokémon Go.* Muitas atividades na natureza nos fazem cair no ciclo. Por exemplo, pescar, observar pássaros, colecionar pedras e muitas outras coisas imitam o ciclo de escassez. Não, a repetibilidade não é tão rápida como a que vamos encontrar no TikTok ou em caça-níqueis — nós não iremos pescar peixes ou ver águias-de-cabeça-branca a cada 2 segundos — mas quanto mais trabalho a atividade exige, mais recompensadora ela se torna. Ao longo do tempo, estaremos fazendo o que sempre foi bom para nós.

Ou pode ser explorar um novo lugar e ver quais recompensas imprevisíveis ele pode conter, tão simples como ir a um novo restaurante sem antes pesquisar por ele no Google. Ou pode ser mudar nossa busca por felicidade para algo tangível que aumenta nossa felicidade pelo caminho, como ajudar outras pessoas, fazer a coisa certa ou entender melhor a nós mesmos.

Também podemos usar o ciclo de escassez para obter mais do que queremos. Podemos usá-lo no trabalho para manter nossos colegas engajados. Por exemplo, a renomada psicóloga comportamental Karen Pryor notou que empregadores que promovem almoços especiais e inesperados para seus funcionários geralmente recebem feedback melhor e mais lealdade do que os empregadores que colocam os almoços especiais no calendário. É o mesmo almoço — mas recompensas imprevisíveis são mais emocionantes. Ou se quisermos que nosso filho tenha um bom comportamento, podemos recompensá-lo regularmente cedo, mas aos poucos mudar para recompensas imprevisíveis. Lembre-se de que a maioria das espécies ficam entediadas se receberem a mesma recompensa toda vez que realizam um comportamento. Isso se torna trabalho. Dar recompensas aleatórias faz com que seja mais provável que as pessoas permaneçam engajadas. Por isso, na próxima vez que seu filho ou filha limpar o quarto, dê uma recompensa — no início, todas as vezes, e depois apenas algumas vezes.

Devemos procurar o ciclo sempre que nos encontrarmos presos em um comportamento ruim. Pense na permanência em relacionamentos ruins. Como

Pryor explicou: "Se você entrar em um relacionamento com alguém que é fascinante, charmoso, sexy, divertido e atencioso, e gradualmente a pessoa se tornar mais desagradável e até abusiva, apesar de ainda te mostrar o seu lado bom de vez em quando, você viverá por esses momentos cada vez mais raros onde receberá aquele reforço maravilhoso: a atenção fascinante, charmosa, sexy e divertida." Isso nos leva a permanecer com a pessoa graças ao poder das recompensas imprevisíveis. Entretanto, quando entendemos o que está acontecendo, é mais fácil nos afastar.

Melhorar nossas vidas ainda exige que passemos pelo desconforto no curto prazo para que alcancemos a realização no longo prazo. Isso deve guiar nossas ações hoje.

Nosso cérebro de escassez resiste naturalmente a isso; ir pelo caminho mais difícil não fazia sentido até agora. Os monges me ensinaram que entrar nesse abismo nebuloso de fazer as perguntas mais difíceis sobre nós mesmos e nossas intenções e deixar que as respostas nos guiem pode ser desconfortável, frustrante e, às vezes, sombrio. Mas estar disposto a ir lá e, apesar dos desafios, ter vontade de viver faz com que a vida valha a pena ser vivida. Essa é a história humana. Depois de analisar milhares de anos de mitologia em diversas culturas, Joseph Campbell explicou a história da seguinte forma: A caverna que você tem medo de entrar possui o tesouro que você procura.

Quando pensei nas experiências que mais me transformaram para melhor — experiências que me tornaram mais grato, presente, empático e prestativo — todas foram difíceis. Quando passei pelo martírio de me tornar sóbrio, minha vida melhorou muito. Tive que reaprender sobre a vida, a vivê-la e a trabalhar para consertar os destroços externos e internos do meu passado.

E tem sido um processo de evolução constante. Quando me sentei do lado do riacho com o padre Matthew e contei a ele como tem sido recompensador me desafiar fisicamente e intelectualmente, ele me ajudou a descascar outra camada da cebola da vida. "Sim, isso pode ser gratificante em um nível natural. Mas lembre-se de que isso só dura um tempo... e no final das contas pode ser destrutivo", ele disse. "Você precisa cuidar e desafiar seu corpo e mente, mas também sua alma."

Ele me ajudou a ver que quando deixei o ciclo de escassez da adicção, caí em outro tipo de ciclo de escassez. O do perfeccionismo. Comecei a me exercitar intensamente, me tornei obcecado pelo trabalho, entre outras coisas. Desenvolvi um pavor por falhar ou parecer mal — revelando qualquer destroço restante.

Nesse ciclo de escassez, senti a satisfação a curto prazo e a clareza de mensurar o meu progresso em números como salário, elogios e vendas de livros.

Minha jornada para entender o ciclo de escassez me fez começar a tentar entender a vida. Comecei a desvendar por que continuava a buscar mais — do álcool aos elogios. Geralmente é um trabalho agonizante. No entanto, quanto mais perguntas fazemos, mais revelações recebemos. Estou indo devagar para aquele abismo incerto e encontrando coisas mais profundas sobre mim mesmo que não sabia que estavam lá.

Mas esse abismo tem me forçado a exercitar de novas maneiras a vontade de viver. E comecei a amar a escuridão do abismo. Porque talvez o objetivo do abismo não é ver a escuridão. Talvez seja melhorar como ser humano enquanto adentro nele. Calejar meus pés, desenvolver resistência, aprimorar meu ofício da vida e vivê-la.

E talvez seja a mesma coisa para você também. Quando eu estava em Bagdá com Ehab e Nader, os dois oficiais da inteligência iraquiana, eles me perguntaram por que queria conversar com eles.

"Estou escrevendo um livro", respondi.

Ehab riu enquanto assoprava fumaça de tabaco com cheiro de limão. "Você não venderá muitos livros aqui", ele disse. "Não lemos muitos livros. Nós temos problemas. Livros são para pessoas com vidas tranquilas." Todos rimos muito.

É claro que ele estava brincando. Mas às vezes penso nessa brincadeira porque ela tem um elemento de verdade.

Conforme a Strip de Las Vegas começou a aparecer no para-brisas do meu carro, lembrei das palavras que aquele monge anônimo escreveu no século XIX. "Você arrisca muita coisa ao hesitar se jogar no abismo."

Agradecimentos

Agradeço à minha esposa, Leah, por toda sua ajuda e humor enquanto eu trabalhava neste projeto. Obrigado por ouvir os meus fluxos de pensamento incessantes, ler os primeiros rascunhos deste livro e me ajudar a melhorá-lo. O trabalho está melhor graças a você.

Obrigado aos meus dois cachorros, Stockton e Conway, por me ajudarem a lembrar da regra 62: Não leve a vida tão a sério.

Obrigado à minha mãe, a destemida, por todo seu apoio e encorajamento para que eu me dedicasse à escrita.

Obrigado ao meu editor, Matthew Benjamin. Agora somos um casal velho e rabugento, e isso fez com que nossos livros ficassem melhores. Que possamos ficar ainda mais velhos e rabugentos em futuros projetos.

Obrigado aos meus agentes literários, Jan Baumer e Steve Troha, por lerem minhas palavras e me apoiarem.

Obrigado a todos os meus amigos que leram as primeiras versões desse trabalho e compartilharam sabedoria comigo. Principalmente a Trevor Kashey, por suas observações brilhantes e dignas de Dr. Evil. Você me ajudou a entender muitos temas desse livro e sou grato eternamente pelas suas reflexões e amizade.

E Bill Stump, Bill Stieg, Ben Court, Ebenezer Samuel (que pratica CrossFit em segredo, pelo que me disseram), Cynthia Shumway, Jason e Emily McCarthy, Tom Thayer, Brady Holmer e Tyler Daswick. O livro está melhor graças a todos vocês.

Obrigado a todas as pessoas das páginas deste livro que se disponibilizaram para conversar comigo, me acolher e responder às minhas perguntas incessantes. Sou grato a Thomas Zentall, Daniel Sahl, Thi Nguyen, Sally Satel, Maia Szalavitz, Kevin Hall, Rachel Laudan, Stephan Guyenet, Mike Roussell, Michael Gurven, Mark Vande Hei, Stephanie Preston, John Hanke, Caroline Rose, Alex Bishop e muitos outros. Saudações especiais para os meus amigos no Iraque e na Amazônia, Mike Moreno e Laura Zerra por me manterem vivo em lugares estranhos. E, é claro, aos monges do mosteiro Nossa Senhora de Guadalupe, por me fazerem descascar a cebola da vida.

Finalmente, obrigado a todos que dedicarem seu tempo e atenção ao ler esse livro. Espero que aprendam algo daqui que melhore sua vida.

Sobre o Autor

MICHAEL EASTER é autor de *A Crise do Conforto* e professor na Universidade de Nevada, em Las Vegas. Ele escreve e dá palestras mostrando como os seres humanos podem aproveitar a ciência moderna e a sabedoria evolutiva para terem um desempenho melhor e viver vidas mais saudáveis e gratificantes. Seu trabalho foi implementado por equipes profissionais de esportes, unidades militares de elite, empresas da Fortune 500, universidades de ponta, entre outros. Ele vive na beira do deserto em Las Vegas com sua esposa e seus dois cachorros. Para receber mais ideias e dicas para melhorar sua vida, assine a *newsletter* gratuita *2 Percent Newsletter* em eastermichael.com/newsletter. [Conteúdo em inglês.]

Índice